普通高等教育机电类规划教材

汽车设计课程设计指导书

王国权　龚国庆　编

徐石安　主审

机械工业出版社

本书是车辆工程专业学生进行汽车设计课程设计的指导书。全书从结构设计、参数选择、强度分析等方面，对离合器、万向传动装置、驱动桥、悬架、转向系和制动器等汽车底盘和车身各主要总成系统，进行了全面详细的陈述，结合汽车动力总成匹配的设计实例，介绍了汽车设计方法和理论的具体应用。本书指出了汽车设计课程设计的要求与方法，并在附录中给出了设计任务。

本书是高等院校车辆工程专业教材，也可供从事汽车设计和研究的工程技术人员参考。

图书在版编目（CIP）数据

汽车设计课程设计指导书/王国权，龚国庆编. —北京：机械工业出版社，2009.11（2025.6 重印）

普通高等教育机电类规划教材

ISBN 978-7-111-28650-9

Ⅰ. 汽…　Ⅱ. ①王…②龚…　Ⅲ. 汽车—设计—高等学校—教材　Ⅳ. U462

中国版本图书馆 CIP 数据核字（2009）第 202880 号

机械工业出版社（北京市百万庄大街 22 号　邮政编码 100037）
策划编辑：赵爱宁　责任编辑：尹法欣　版式设计：霍永明
封面设计：王伟光　责任校对：刘怡丹　责任印制：刘　媛
三河市骏杰印刷有限公司印刷

2025 年 6 月第 1 版第 19 次印刷
184mm×260mm · 13.75 印张 · 337 千字
标准书号：ISBN 978-7-111-28650-9
定价：39.80 元

电话服务　　　　　　　　　　网络服务
客服电话：010-88361066　　机　工　官　网：www.cmpbook.com
　　　　　010-88379833　　机　工　官　博：weibo.com/cmp1952
　　　　　010-68326294　　金　书　网：www.golden-book.com
封底无防伪标均为盗版　　机工教育服务网：www.cmpedu.com

序

汽车被称为"改变世界的机器"。由于汽车工业具有很强的产业关联度，因而被视为一个国家经济发展水平的重要标志。近10年来，我国汽车工业快速而稳步发展，汽车产量年均增长15%，是同期世界汽车产量增长量的10倍。汽车工业正在成为拉动我国经济增长的发动机。汽车工业的繁荣，使汽车及其相关产业的人才需求量大幅度增长。与此相应地，作为人才培养主要基地的汽车工业高等教育也得到了长足发展。据不完全统计，迄今全国开办汽车类专业的高等院校已达百余所。

从未来发展趋势看，打造我国自主品牌、开发核心技术是我国汽车工业的必然选择，但当前我国汽车工业还处在以技术引进、加工制造为主的阶段，这就要求在人才培养时既要具有前瞻性，又要与我国实际情况相结合。要在注重培养具有自主开发能力的研究型人才的同时，大力培养知识、能力、素质结构具有鲜明的"理论基础扎实，专业知识面广，实践能力强，综合素质高，有较强的科技运用、推广、转换能力"特点的应用型人才。这也意味着对我国高等教育的办学体制、机制、模式和人才培养理念等提出了全新的要求。

为了满足新形势下对汽车类高等工程技术人才培养的需求，在中国机械工业教育协会机械工程及自动化学科教学委员会车辆工程学科组的领导下，成立了教材编审委员会，组织制定了多个系列的普通高等教育规划教材。其中，为了解决高等教育应用型人才培养中教材短缺、滞后等问题，组织编写了"普通高等教育'十一五'汽车类专业（方向）规划教材"。

本系列教材在学科体系上适应普通高等院校培养应用型人才的需求；在内容上注重介绍新技术和新工艺，强调实用性和工程概念，减少理论推导；在教学上强调加强实践环节。此外，本系列教材将力求做到：

1）全面性。目前本系列教材包括汽车设计与制造、汽车运用与维修、汽车服务工程、物流工程等专业方向，今后还将扩展专业领域，更全面地涵盖汽车类专业方向。

2）完整性。对于每一个专业方向，今后还将继续根据行业变化对教学提出的要求填平补齐，使之更加完善。

3）优质性。在教材编审委员会的领导下，继续优化每一本教材的规划、编审、出版和修订过程，让教材的生产过程逐步实现优质和高效。

4）服务性。根据需要，为教材配备 **CAI** 课件和教学辅助教材，召开新教材讲习班，在相应网站开设研讨专栏等。

相信本系列教材的出版将对我国汽车类专业的高等教育产生积极的影响，为我国汽车行业应用型人才培养模式作出有益的探索。由于我国汽车工业还处于快速发展阶段，对人才不断提出新的要求，这也就决定了高等教育的人才培养模式和教材建设也处于不断变革之中。我们衷心希望更多的高等院校加入本系列教材建设的队伍中来，使教材体系更加完善，以更好地为高等教育培养汽车专业人才服务。

中国汽车工程学会　常务理事
中国机械工业教育协会车辆工程学科　副主任
林　逸

前　言

　　"汽车设计课程设计"是汽车设计制造专业学生一个必修的实践教学环节，是锻炼学生解决工程实践与培养创新能力的一种具体手段。通过完成汽车某一总成的设计，或者解决某一具体设计实例问题，学习选择汽车总成设计方案的思路，确定相应的机械结构，选取合理的参数，绘制合格的设计图样，进行汽车设计的初步训练，达到对前期所学"汽车构造"、"汽车理论"、"汽车设计"等课程专业知识的综合应用。"汽车设计课程设计"是培养应用型车辆工程技术人才实践技能的一个极其重要环节。

　　由于我国汽车工业发展的特殊性，国内出版的汽车设计方面的资料和设计手册相当匮乏，有些参考书有机械结构而无具体参数，或者结构、参数过于陈旧、老化，缺乏实用价值。目前没有一本可用于指导"汽车设计课程设计"的参考书，来帮助学生进行课程设计，也给教师指导课程设计造成了很大的障碍。为方便学生进行汽车结构设计的训练，我们搜集国内出版或者刊印的当前主流车型的有关设计方面的资料，经过整理编写了这本指导书。鉴于目前国内高校大都使用王望予教授主编的《汽车设计》，因此，本书结合该书讲授内容，设计了七个课程设计题目：汽车动力总成匹配与总体设计、离合器设计、制动器设计、悬架设计、驱动桥设计、转向系设计和万向传动装置设计，给出了各个题目详细的设计过程。

　　全书由北京信息科技大学机电工程学院王国权教授和龚国庆副研究员整理编写而成，王国权编写前4章及附录，龚国庆编写绪论及后3章。本书的编写得到北京市教育委员会科技发展计划面上项目（KM200611232002，KM200811232002）资助，北京市优秀人才培养计划（20071D050600168）、2007年北京市中青年骨干教师培养计划的支持。在编写过程中，北京信息科技大学机电工程学院郝静如教授、田竹友教授给予了很多指导和帮助，在此表示衷心的感谢！

　　清华大学汽车工程系徐石安教授在百忙中拨冗仔细审阅了全书，并提出了许多建设性的意见，对于提高该书的质量和应用价值起到了关键的作用，在此表示深深的敬意和感谢！

　　本书参考和引用了国内已经出版和刊印的有关汽车设计方面许多资料，在此对这些文献的作者一并表示感谢。

　　由于时间仓促，对现有资料的学习研究还不够深入，内容和图表有不妥之处，敬请使用者批评、指正，我们将在今后的学习工作中及时补充整理，以便对读者有更多的帮助。

编　者

2009 年 4 月

目 录

绪论 汽车设计课程设计的目的与方法

一、汽车设计课程设计的目的

"汽车设计课程设计"就是锻炼汽车设计制造专业学生解决工程实践问题与培养创新能力的一种具体手段，是培养应用型车辆工程技术人才实践技能的一个极其重要环节，着力点在于训练学生解决工程实际问题的能力。

进行汽车设计课程设计的目的：

1）为综合应用"汽车构造"、"汽车理论"、"汽车设计"等课程的专业知识打下良好基础。

2）学习查阅和应用国家标准，培养按国家标准设计应用系统的习惯。

3）掌握汽车结构设计的方法和特点。

4）掌握汽车结构设计的一般步骤。

二、课程设计的方法

通过进一步明确选定题目的结构特点与工作原理，综合应用前期所学的"汽车构造"、"汽车理论"、"汽车设计"等课程的知识，查阅有关汽车设计手册，了解相关产品的最新结构、技术参数与生产供应厂家的信息，进行分析、计算、对比，确定设计对象的具体结构和工作方案，选择和优化相应的设计参数，绘制符合标准的设计图样。然后，通过对设计过程中方案的制定、结构参数的确定、计算方法的选择等进行总结，撰写结构严谨、层次清晰、语言准确、文理通顺、条理清楚的设计说明书。

具体设计步骤如下：

1）分析设计要求和性能参数。

2）确定结构方案，绘制整体设计布局图或方案图。

3）进行总成结构的选型及参数计算，绘制总成装配图的设计图样。

4）进行主要零部件的结构选型及设计计算，进行强度校核，绘制零部件结构图。

5）撰写课程设计说明书。

三、课程设计的组织管理与实施

本课程设计要求学生根据所学到的汽车专业知识，在两到三周内完成一种汽车常用总成机构的设计，绘制相应的零部件图和装配图，编写设计说明书一份。

课程设计的组织管理与实施过程可按以下步骤进行。

1. 下达课程设计任务书

根据课程设计教学大纲的要求及《课程设计指导书》的内容，编写符合规范的课程设计任务书，并在正式进行课程设计的前一周将课程设计任务书下发给学生。

2. 任务分派及组织动员

根据学生总数、题目的难易程度以及工作量的大小，按照每5~7人一组分派任务。分派任务时，人员的配备应合理。每组应指定一名组长和一名副组长，负责具体工作的分派、借（还）结构件及工具等。具体工作包括结构的拆装及测量、总成和零部件的平面（三维）图样的绘制、设计说明书的撰写等，具体工作应落实到每一个人，做到"人人有事做"。

在正式开始课程设计之前，应认真做好组织动员工作。指导教师应向学生阐明工作内容、应达到的要求以及工作进度安排等。

3. 认真履行指导过程

为提高指导效率，每位指导教师指导的学生人数应不多于半个自然班。指导教师应严格按照工作进度表的要求，督促学生按时完成工作量。指导教师在指导过程中应耐心细致地对学生进行指导，及时解答和处理学生提出的问题，发现问题应及时解决；督促学生严格遵守规范要求，保证学生绘制的图样尽量做到方案可行、结构合理、工艺规范、符合标准。

指导教师应认真做好考勤记录工作，记录每位同学的出勤情况和工作态度，为评定成绩提供依据。

4. 成绩考核

学生课程设计的成绩应由三部分组成：平时出勤及工作态度、图样和说明书工作量的大小及完成的质量、答辩情况等。各分项的成绩可按百分制给定，最终成绩经折算后可按优、良、中、及格、不及格等五级给定。指导教师应严格执行成绩评定标准，做到客观、公正、公平、合理。

指导教师应认真批改设计图样和说明书，并做好成绩的登记和分析工作。学生答辩时，应严格遵守答辩程序和要求，根据学生陈述的工作内容、工作质量和回答问题的情况等各方面给定答辩成绩。

5. 各类文件的整理与归档

课程设计结束后，指导教师应及时写出总结报告（包括课程设计总体情况介绍、取得的成绩和收获、存在的问题、搞好课程设计的建议及具体措施等内容）。

需要提供的文件应包括：课程设计教学大纲、汽车设计课程设计指导书、课程设计任务书、任务分派表、出勤记录表、成绩评定表、课程设计总结报告以及课程设计管理条例等。

四、设计说明书的撰写

设计说明书是对整个设计过程的总结，是图样设计的基础和理论依据，也是进行设计审核的依据，是产品设计的重要技术文件之一。因此，编写设计说明书是设计工作的重要环节之一。对于课程设计来说，设计说明书是反映设计思想、设计方法以及设计结果等的主要手段，是评判课程设计质量的重要资料。

设计说明书也是审核设计是否合理的技术文件之一，主要在于说明设计的正确性，故不必写出全部分析、运算和修改过程。但要求分析方法正确，计算过程完整，图形绘制规范，语句叙述通顺，文字符合科技文献书写规范。

设计说明书的主要内容为：

（1）封面 包括设计题目，作者，作者单位，设计时间等。

（2）前言 前言主要是对设计背景、设计目的和意义进行总体描述，让读者对说明书有一个总体的了解。

（3）目录　应列出说明书中的各项标题内容及页码，包括设计任务书和附录。

（4）正文　说明书正文主要叙述设计依据和设计过程，主要由以下几部分组成（以驱动桥的设计为例）：

1）设计任务书。

2）任务与背景分析。

3）驱动桥的设计。

① 驱动桥的结构方案设计。

② 主减速器设计。

③ 差速器设计。

④ 车轮传动装置设计。

⑤ 驱动桥壳设计。

⑥ 驱动桥其他结构元件的设计。

4）设计总结。

5）致谢。

6）参考文献（不少于7篇）。

封面内容如下所列。

×××××大学

汽车设计课程设计说明书

（题　目）
_____

姓　　名：_____

班　　级：_____

专业名称：_____

指导教师：_____

日　　期：_____

第一章 汽车动力总成匹配与总体设计

第一节 整车主要目标参数的初步确定

一、发动机的选择

1. 发动机的最大功率及转速的确定

汽车的动力性能在很大程度上取决于发动机的最大功率。参考附录中题目一的参数，如要求设计的载货汽车最高车速是 $u_a = 90 \text{km/h}$，那么发动机的最大功率应该大于或等于以该车速行驶时，滚动阻力功率与空气阻力功率之和，即

$$P_{emax} \geqslant \frac{1}{\eta_T} \left(\frac{m_a g f}{3600} u_{amax} + \frac{C_D A}{76140} u_{amax}^3 \right) \tag{1-1}$$

式中，P_{emax} 是发动机最大功率（kW）；η_T 是传动系效率（包括变速器、辅助变速器传动轴万向节、主减速器的传动效率），$\eta_T = 95\% \times 95\% \times 98\% \times 96\% = 84.9\%$，传动系各部件的传动效率如表 1-1 所示；$m_a$ 是汽车总质量，$m_a = 32000 \text{kg}$；g 是重力加速度，$g = 9.8 \text{m/s}^2$；f 是滚动阻力系数，由试验测得，在车速不大于 100km/h 的情况下可认为是常数。轮胎结构、充气压力对滚动阻力系数有较大影响，良好路面上常用轮胎滚动阻力系数如表 1-2 所示。取 $f = 0.012$；C_D 是空气阻力系数，一般中重型货车可取 $0.8 \sim 1.0$，轻型货车或大客车取 $0.6 \sim 0.8$，中小型客车取 $0.4 \sim 0.6$，轿车取 $0.3 \sim 0.5$，赛车取 $0.2 \sim 0.4$，这里取 $C_D = 0.9$；A 是迎风面积（m^2），取前轮距 $B_1 \times$ 总高 H，$A = 2.065 \times 3.390 \text{m}^2$。

表 1-1 传动系各部件的传动效率

部 件 名 称	传动效率（%）
4~6 挡变速器	95
辅助变速器（副变速器或分动器）	95
单级减速主减速器	96
双级主减速器	92
万向传动节	98

$$C_D A = 0.9 \times 2.065 \times 3.390 \text{m}^2 = 6.3 \text{m}^2$$

故 $$P_{emax} \geqslant \frac{1}{0.849} \left(\frac{32000 \times 9.81 \times 0.012}{3600} \times 90 + \frac{0.9 \times 2.065 \times 3.390}{76140} \times 90^3 \right) \text{kW} = 181.98 \text{kW}$$

也可利用比功率的统计值来确定发动机的功率值。

如选取功率为 181.98kW 的发动机，则比功率为

表 1-2 良好路面上常用轮胎滚动阻力系数

轮胎种类	滚动阻力系数
中重型载货车用子午线轮胎	0.007 ~ 0.008
中重型载货车用斜交轮胎	0.010 ~ 0.012
轻型载货车用子午线轮胎	0.008 ~ 0.009
轻型载货车用斜交轮胎	0.010 ~ 0.012
轿车用子午线轮胎	0.012 ~ 0.017
轿车用斜交轮胎	0.015 ~ 0.025

$$\frac{1000P_{emax}}{m_a} = \frac{1000 \times 181.98}{320000} kW/t = 5.687 kW/t$$

参考日本五十铃、德国奔驰、瑞典斯堪的维亚等国外同类型汽车,其比功率都在 6kW/t 以上,即整备质量 32t 的汽车,其发动机应该具有的功率 $P_e = 6 \times 32 = 192kW$;再考虑该载货汽车要求具有相对较高的车速,因此初步选择汽车发动机的最大功率为 200kW。

2. 发动机最大转矩及其转速的确定

当发动机最大功率和其相应转速确定后,可通过下式确定发动机的最大转矩。

$$T_{emax} = 9549 \frac{\alpha P_{emax}}{n_p} \tag{1-2}$$

式中,T_{emax} 是发动机最大转矩(N·m);α 是转矩适应性系数,标志着当行驶阻力增加时,发动机外特性曲线自动增加转矩的能力,$\alpha = \dfrac{T_{emax}}{T_p}$,$T_p$ 是最大功率时的转矩(N·m),α 可参考同类发动机数值选取,初取 $\alpha = 1.05$;P_{emax} 是发动机最大功率(kW);n_p 是最大功率时的转速(r/min)。

所以
$$T_{emax} = 9549 \times \frac{1.05 \times 200}{2200} N \cdot m = 911.5 N \cdot m$$

一般用发动机适应性系数 $\Phi = \alpha \dfrac{n_p}{n_T}$,表示发动机转速适应行驶工况的程度,$\Phi$ 值越大,说明发动机的转速适应性越好。采用 Φ 值大的发动机可以减少换挡次数,减轻司机疲劳、减少传动系的磨损和降低油耗。通常,汽油机取 1.2 ~ 1.4,柴油机取 1.2 ~ 2.6,以保证汽车具有适当的最低稳定车速。初取 $n_T = 1450 r/min$,则 $\dfrac{n_p}{n_T} = 1.52$,$\Phi = 1.05 \times 1.52 = 1.596$。

二、轮胎的选择

轮胎的尺寸和型号是进行汽车性能计算和绘制总布置图的重要原始数据,因此,在总体设计开始阶段就应选定。选择的依据是车型、使用条件、轮胎的额定负荷以及汽车的行驶速度。为了提高汽车的动力因数、降低汽车质心的高度、减小非簧载质量,对公路用车,在其轮胎负荷系数以及汽车离地间隙允许的范围内,应尽量选取尺寸较小的轮胎。同时还应考虑与动力—传动系参数的匹配和对整车尺寸参数（例如汽车的最小离地间隙、总高等）的影响。表 1-3 中给出了部分国产汽车轮胎的规格、尺寸及使用条件。通过查阅货车轮胎标准 GB2977—2008《载重汽车轮胎规格、尺寸、气压与负荷》和参考同类车型所选轮胎规格，各轴轮胎规格选择如下：

前轴轮胎规格为 11.00R20，轮胎数量为 2；中间轴轮胎规格为 11.00R20，轮胎数量为 2；后轮并装双轴双胎，型号为 11.00R20，轮胎数量为 8。所选轮胎的单胎最大负荷 28700N，气压 0.74MPa，加深花纹，外直径 1090mm。

表 1-3　部分国产载货汽车轮胎的规格、尺寸及使用条件

轮胎规格	层数	主要尺寸/mm				使用条件			
		断面宽	外直径			最大负荷/N	相应气压 $P/(10^{-1}\text{MPa})$	标准轮辋	允许使用轮辋
			普通花纹	加深花纹	越野花纹				
9.00—20 (9.00R20)	10 12 14	259	1018	1030 (1025)	1038 (1030)	18350 20500 22550	4.9(5.3) 6.0(6.3) 7.0(7.4)	7.0	7.00T, 7.5, 7.50V, 7.0T
10.00—20 (10.00R20)	12 14 16	278	1055	1067 (1060)	1073 (1065)	21600 24050 26300	5.3(5.6) 6.3(6.7) 7.4(7.7)	7.5	7.5V, 8.0, 8.0V, 8.00V
11.00—20 (11.00R20)	14 16	293	1085	1100 (1090)	1105 (1095)	26250 28700	6.3(6.7) 7.4(7.7)	8.0	8.00V, 8.5, 8.50V, 8.5V
12.00—20 (12.00R20)	16 18	315	1125		1145 (1135)	30850 32700	6.7(7.0) 7.4(7.7)	8.5	8.50V,9.00V
12.00—24 (12.00R24)	16	315	1225		1247 (1238)	34700	6.7(7.0)	8.5	8.50V,9.00V

三、传动系最小传动比的确定

普通载货汽车最高挡通常选用直接挡，若无分动器或轮边减速器，则传动系的最小传动比等于主减速器的主减速比 i_0。主减速比 i_0 是主减速器设计的原始数据，应在汽车总体设计时就确定。

载货汽车为了得到足够的功率储备而使最高车速有所下降，如图 1-1 中的 i_{01} 曲线所示，i_0 可按下式选择

$$i_0 = (0.377 \sim 0.472)\frac{r_r n_p}{u_{a\max} i_{gh}} \qquad (1-3)$$

式中，r_r 是驱动车轮的滚动半径（m），所选轮胎规格为 11.00R20 的子午线轮胎，其自由直径 $d = 1090$mm，因计算常数 $F = 3.05$，故滚动半径 $r_r = \dfrac{Fd}{2\pi} = \dfrac{3.05 \times 1090}{2 \times 3.1416}$mm $= 529.4$mm $= 0.5294$m；

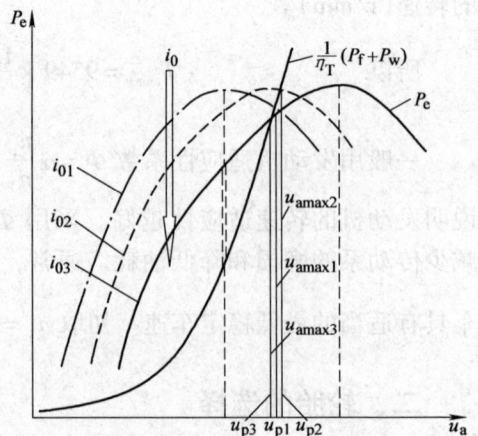

图 1-1　不同主减速比时的汽车功率平衡图

n_p 是发动机最大功率时的转速，$n_p = 2200 \mathrm{r/min}$；$u_{amax}$ 是最高车速，$u_{amax} = 90 \mathrm{km/h}$；$i_{gh}$ 是变速器最高挡传动比，$i_{gh} = 1.0$。

所以 $i_0 = (0.377 \sim 0.472) \times \dfrac{0.5291 \times 2200}{90 \times 1.0} = 4.876 \sim 6.104$，初取 $i_0 = 5.0$。

根据所选定的主减速比 i_0 的值，就可基本上确定主减速器的减速形式（单级、双级以及是否需要轮边减速器），并使之与汽车总布置所要求的离地间隙相适应。

汽车驱动桥离地间隙要求如表 1-4 所示。其中，重型载货汽车的离地间隙要求在 $230 \sim 345 \mathrm{mm}$ 之间。

表 1-4 汽车驱动桥离地间隙

车 型		离地间隙/mm
轿车	微型	120~190
	小型	
	中级	120~230
	高级	130~160
载货汽车	微型、轻型	190~220
	中型	210~275
	重型、超重型	230~345
越野汽车	微型、轻型	220~280
	中型、重型	280~400
客车	小型	180~220
	中型、大型	210~290

四、传动系最大传动比的确定

传动系最大传动比为变速器的 I 挡传动比 i_{gI} 与主减速比 i_0 的乘积。

i_{gI} 应根据汽车最大爬坡度、驱动车轮与路面的附着条件、汽车的最低稳定车速以及主减速比和驱动车轮的滚动半径等综合确定。

汽车爬陡坡时车速不高，空气阻力可以忽略，则最大驱动力用于克服轮胎与路面间的滚动阻力及爬坡阻力。故有

$$\frac{T_{emax} i_{gI} i_0 \eta_T}{r_r} \geqslant m_a g (f\cos\alpha_{max} + \sin\alpha_{max}) = m_a g \psi_{max} \tag{1-4}$$

则由最大爬坡度要求的变速器 I 挡传动比为

$$i_{gI} \geqslant \frac{m_a g \psi_{max} r_r}{T_{emax} i_0 \eta_T} \tag{1-5}$$

式中，α_{max} 是道路最大坡度角，设计要求最大爬坡度为 30%，即坡度角 $\alpha_{max} = 16.7°$；ψ_{max} 是道路最大阻力系数。

$$\psi_{max} = (f\cos\alpha_{max} + \sin\alpha_{max}) = 0.012 \times \cos16.7° + \sin16.7° = 0.30$$

前面已经计算得 $r_r = 0.5291$m；发动机最大转矩 $T_{emax} = 911.5$N·m；主减速比 $i_0 = 5.0$；传动系传动效率 $\eta_T = 0.849$。所以

$$i_{gI} \geqslant \frac{32000 \times 9.81 \times 0.301 \times 0.5291}{911.5 \times 5.0 \times 0.849} = 12.88$$

根据驱动车轮与路面附着条件

$$\frac{T_{emax} i_{gI} i_0 \eta_T}{r_r} \leqslant G_2 \varphi \qquad (1\text{-}6)$$

求得变速器的 I 挡传动比为

$$i_{gI} \leqslant \frac{G_2 \varphi r_r}{T_{emax} i_0 \eta_T} \qquad (1\text{-}7)$$

式中，φ 是道路的附着系数，在良好路面上取 $\varphi = 0.8$；G_2 是汽车满载静止于水平路面时，驱动桥承受的载荷（N），初步设计采用双联车桥驱动，每个驱动桥承受的质量为 13t，则

$$i_{gI} \leqslant \frac{13000 \times 9.81 \times 0.8 \times 0.5291}{911.5 \times 5.0 \times 0.849} = 13.951$$

综上所述，初步选取变速器 I 挡传动比 $i_{gI} = 12.96$。

第二节　传动系各总成的选型

一、发动机的选型

根据所需发动机的最大功率和最大转矩及相应转速，初步选择上海柴油机股份有限公司的型号为 6CL320—2 的发动机，以及潍柴动力股份有限公司的型号为 WD615.56、WD615.50 的两款发动机，它们的主要技术参数如表 1-5 所示，外特性曲线分别如图 1-2a、b、c 所示。

表 1-5　所选发动机的主要技术参数

	单位	6CL320—2	WD615.56	WD615.50
缸径/行程	mm	114/144	126/130	126/130
排量	L	9.0	9.726	9.726
额定工况功率/转速	kW/(r/min)	235/2200	193/2200	206/2200
最大转矩/转速	N·m/(r/min)	1272/1356	1100/1500	1160/1100
最低燃油消耗率	g/(kW·h)	≤198	≤198	≤198
质量	kg	640	875	875
满足排放要求		欧Ⅲ	欧Ⅱ	欧Ⅱ
外形尺寸(长×宽×高)	mm	1363×925×794	1586×582×1025	1586×582×1025

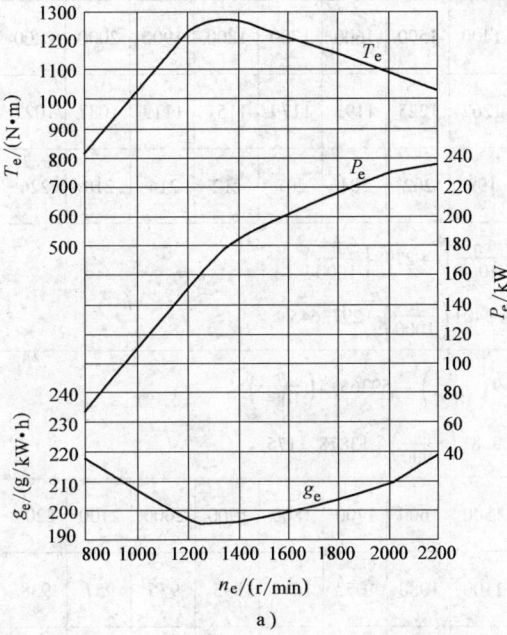

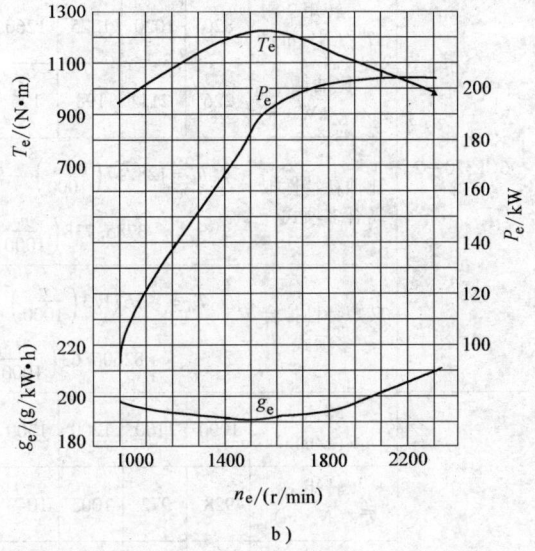

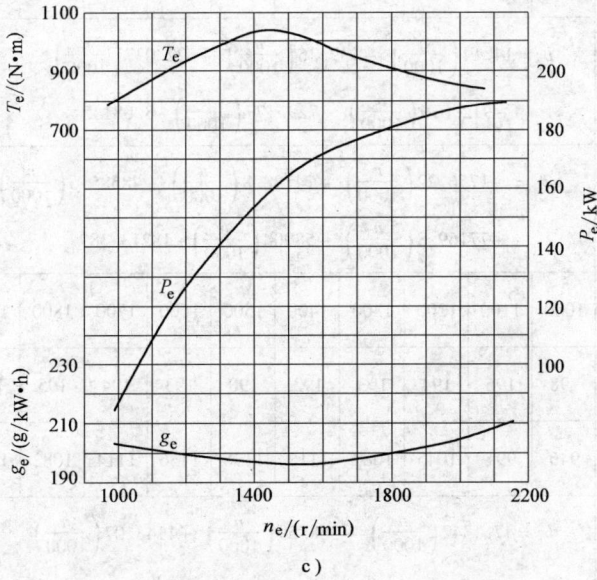

图 1-2　所选发动机的外特性曲线图
a）上柴 6CL320—2 的外特性曲线　b）潍柴 WD615.56 的外特性曲线
c）潍柴 WD615.50 的外特性曲线

由图可知，潍柴 WD615.56 和潍柴 WD615.50 的转速范围为 1000～2200r/min；上柴 6CL320—2 的转速范围为 800～2200r/min。

从上述发动机的外特性曲线可得其转矩特性、比油耗特性，并且用最小二乘法拟合成五次多项式，结果如表 1-6 所列。

表1-6　由发动机外特性曲线算得的转矩、比油耗特性

上柴 6CL320—2	转速 $n_e/(\text{r/min})$	800	1000	1200	1300	1360	1400	1500	1600	1700	1800	1900	2000	2200
	转矩 $T_e/(\text{N}\cdot\text{m})$	820	1020	1225	1260	1300	1262	1225	1193	1179	1151	1119	1087	1022
	比油耗 $g_e/(\text{g/kW}\cdot\text{h})$	226	211	198	196	198	199	202	204	207	212	214	219	226
	比油耗特性拟合多项式	$b_e = 128.47\left(\dfrac{n}{1000}\right)^5 - 969.328\left(\dfrac{n}{1000}\right)^4 + 2798\left(\dfrac{n}{1000}\right)^3$ $- 3785.738\left(\dfrac{n}{1000}\right)^2 + 2336.3401\left(\dfrac{n}{1000}\right) - 297.645$												
	转矩特性拟合多项式	$T_q = -2671.3\left(\dfrac{n}{1000}\right)^5 + 20288.9\left(\dfrac{n}{1000}\right)^4 - 59365.5\left(\dfrac{n}{1000}\right)^3$ $+ 82606.63\left(\dfrac{n}{1000}\right)^2 - 53709.87\left(\dfrac{n}{1000}\right) + 13878.1175$												
WD615.56	转速 $n_e/(\text{r/min})$	1000	1100	1200	1300	1400	1500	1600	1700	1800	1900	2000	2100	2200
	转矩 $T_e/(\text{N}\cdot\text{m})$	928	972	1005	1043	1081	1100	1080	1052	1019	995	976	957	938
	比油耗 $g_e/(\text{g/kW}\cdot\text{h})$	206	204	202	200	199	198	197	198	199	201	203	204	207
	比油耗特性拟合多项式	$b_e = 14.14\left(\dfrac{n}{1000}\right)^5 - 139.26\left(\dfrac{n}{1000}\right)^4 + 522.037\left(\dfrac{n}{1000}\right)^3$ $- 912.079\left(\dfrac{n}{1000}\right)^2 + 729.177\left(\dfrac{n}{1000}\right) - 8.08145$												
	转矩特性拟合多项式	$T_q = -1756.22\left(\dfrac{n}{1000}\right)^5 + 14798.8\left(\dfrac{n}{1000}\right)^4 - 48585.6\left(\dfrac{n}{1000}\right)^3$ $+ 77169.8\left(\dfrac{n}{1000}\right)^2 - 58908\left(\dfrac{n}{1000}\right) + 18213.389$												
WD615.50	转速 $n_e/(\text{r/min})$	1000	1100	1200	1300	1400	1500	1600	1700	1800	1900	2000	2100	2200
	比油耗 $g_e/(\text{g/kW}\cdot\text{h})$	198	196	194	193	192	190	193	194	195	198	200	207	212
	转矩 $T_e/(\text{N}\cdot\text{m})$	946	991	1045	1082	1118	1136	1136	1114	1082	1050	1027	991	950
	比油耗特性拟合多项式	$b_e = 47.1342\left(\dfrac{n}{1000}\right)^5 - 368.59\left(\dfrac{n}{1000}\right)^4 + 1143.07\left(\dfrac{n}{1000}\right)^3$ $- 172276.4\left(\dfrac{n}{1000}\right)^2 + 1237.684\left(\dfrac{n}{1000}\right) - 138.54751$												
	转矩特性拟合多项式	$T_q = -1240.57\left(\dfrac{n}{1000}\right)^5 + 10479.6\left(\dfrac{n}{1000}\right)^4 - 34534.4\left(\dfrac{n}{1000}\right)^3$ $+ 54909.51\left(\dfrac{n}{1000}\right)^2 - 41648.259\left(\dfrac{n}{1000}\right) + 12981.4476$												

二、离合器的初步选型

根据发动机的最大转矩，初步选定东风传动轴有限公司生产，转矩容量为2700N·m 的

DSP430 拉式膜片弹簧离合器。该离合器与 WD615.56 发动机匹配时，其后备系数为 2.45；与 WD615.50 匹配时，其后备系数为 2.33；与 6CL320—2 匹配时，其后备系数为 2.13。

三、变速器的选型

由于重型汽车的装载质量大，使用条件复杂，同时，重型货车满载与空载的质量变化极大，欲保证重型汽车具有良好的动力性、经济性和加速性，需要采用多挡变速器。因为，挡位数越多，发动机发挥最大功率附近高功率的机会越大，可以提高汽车的加速与爬坡能力；同时也增加发动机在低燃油消耗率转速范围工作的机会，提高汽车的燃油经济性。目前，组合式机械变速器已成为重型汽车的主要形式，即以一到两种 4~6 挡变速器为主体，通过更换系列齿轮副和配置不同的副变速器，得到一组不同挡数、不同传动比范围的变速器系列。

根据发动机最大转矩和变速器的 I 挡传动比，初步选择中国第一汽车集团公司生产的 10 挡组合式机械变速器，变速器型号：CATS10—130，额定输入转矩为 1274N·m，该变速器最高挡采用直接挡，传动比范围为 1~12.961。变速器各挡速比见表1-7。

表 1-7　所选变速器各挡速比

I	II	III	IV	V	VI	VII	VIII	IX	X	倒 I	倒 II
12.961	9.693	7.370	5.540	3.846	3.37	2.520	1.916	1.440	1.000	12.938	11.301

四、传动轴的选型

该车前后轴距较大，为了提高传动轴的临界转速，避免共振以及考虑整车总布置上的需要，常将传动轴分段。当传动轴分段时，需加设安装在车架横梁上的弹性中间支承，以补偿传动轴轴向和角度方向的安装误差，以及车辆行驶过程中由于弹性支承的发动机的窜动和车架等变形所引起的位移。弹性元件能吸收传动轴的振动，降低噪声。这种弹性中间支承不能传递轴向力，它主要承受传动轴因动不平衡、偏心等因素引起的径向力，以及万向节上的附加弯矩所引起的径向力。

一般驱动桥传动轴均采用一对十字轴万向节。十字轴万向节两轴的夹角 α 不宜过大，当 α 由 4°增至 16°时，滚针轴承寿命将下降至原寿命的 1/4。十字轴万向节夹角的允许范围如表 1-8 所示。

表 1-8　十字轴万向节夹角的允许范围

万向节安装位置或相联两总成			α 不大于
离合器—变速器；变速器—分动器 （相联两总成均装在车架上）			1°~3°
驱动桥传动轴	汽车满载静止时	一般汽车	6°
		越野汽车	12°
	行驶中的极限夹角	一般汽车	15°~20°
		短轴距越野汽车	30°

初步选取重庆重型汽车集团传动轴有限责任公司生产的重型汽车传动轴总成，编号为 006，工作转矩为 15000N·m。

五、驱动桥的选型

驱动桥处于传动系的末端，其基本功用是增大由传动轴传来的转矩，将转矩分配给左、右驱动车轮，并使左、右驱动车轮具有差速功能；同时，驱动桥还要承受作用于路面和车架之间的垂向力、纵向力和横向力。

1. 驱动桥结构形式和布置形式的选择

驱动桥的结构形式与驱动车轮的悬架形式相关。绝大多数载货汽车的驱动车轮采用非独立悬架，相应地采用非断开式驱动桥。

现代多桥驱动汽车都采用贯通式驱动桥的布置形式。

在贯通式驱动桥的布置中，各桥的传动轴布置在同一纵向铅垂平面内，且相邻两桥的传动轴是串联布置的。其优点是不仅减少了传动轴的数量，而且提高了各驱动桥零件的相互通用性，并且简化了结构，减少了体积和质量，成本较低。

2. 主减速器结构形式选择

减速器形式的选择与汽车的类型及使用条件有关，主要取决于由动力性、经济性等整车性能所要求的主减速比 i_0 的大小及驱动桥的离地间隙、驱动桥的数目及减速形式等。

双级主减速器有两级齿轮减速组成，结构复杂、质量大，制造成本也显著增加，仅用于主减速比较大（$7.6 \leqslant i_0 \leqslant 12$）且采用单级减速不能满足既定的主减速比和离地间隙要求的重型汽车上。

单级贯通式主减速器用于多桥驱动汽车的贯通桥上，其优点是结构简单，主减速器的质量较小，尺寸紧凑，并可使中、后桥的大部分零件，尤其是使桥壳、半轴等主要零件具有互换性。

综上所述，由于所设计的载货汽车的轴数和驱动形式为 8×4，以及单级减速双联主减速器具有结构简单等诸多优点，又能满足使用要求。所以，选用单级减速双联主减速器。

3. 驱动桥的选型

根据计算的主减速比，初步选择重庆红岩汽车车桥厂的单级减速双联驱动桥，产品型号：20048302。中、后桥均采用铸钢桥壳，中、后驱动桥承载能力均为 13t，最大输入转矩 40000N·m，大于最大的输入转矩 1274×12.961N·m $= 16512.31$N·m，主减速器传动比 i_0 =4.875 和 5.833 两种。因车速要求较高，就选 i_0 = 4.875 计算，如果汽车阻力功率曲线与发动机功率曲线不能交在其最大功率点上，再进行调整。

第三节　整车性能计算

一、配置潍柴 WD615.56 发动机时的整车性能计算

1. 汽车动力性能计算

（1）汽车驱动力和行驶阻力　汽车行驶过程中必须克服滚动阻力 F_f 和空气阻力 F_w 的作用，加速时会受到加速阻力 F_j 的作用，上坡时会受到重力沿坡道的分力——坡度阻力 F_i 的作用。汽车行驶时驱动力与行驶阻力的平衡方程式为

$$F_t = F_f + F_w + F_i + F_j \tag{1-8}$$

发动机在转速 n 下发出的转矩 T_e，经汽车传动系传递到驱动轮上的驱动力 F_t 按下式计算

$$F_t = \frac{T_e i_g i_0 \eta_T}{r_r} \tag{1-9}$$

式中，T_e 是发动机转矩（$N \cdot m$）；i_g 是变速器速比；i_0 是主减速器速比，$i_0 = 4.875$；η_T 是传动系效率，$\eta_T = 0.849$；r_r 是车轮的滚动半径（m），$r_r = 0.5294 m$。

在驱动轮不打滑的情况下，发动机转速 n（r/min）所对应的汽车车速 u_a（km/h）为

$$u_a = 0.377 \frac{n r_r}{i_g i_0} \tag{1-10}$$

滚动阻力 F_f 为

$$F_f = m_a g \cos\alpha f \tag{1-11}$$

式中，g 是重力加速度，$g = 9.81 m/s^2$；α 是坡道的坡度角（°）；f 是滚动阻力系数，同式（1-1）说明。

空气阻力 F_w 为

$$F_w = \frac{1}{2} C_D A \rho u_a^2 \tag{1-12}$$

式中，C_D 是空气阻力系数，$C_D = 0.55$；A 是迎风面积，即汽车行驶方向的投影面积，$A = 2.065 \times 3.390 m^2$；$\rho$ 是空气密度，一般取 $\rho = 1.2258 N \cdot s^2 \cdot m^{-4}$；$u_a$ 是汽车行驶速度（m/s），若 u_a 以 km/h 计，则 $F_w = \frac{C_D A}{21.15} u_a^2$。

坡度阻力 F_i 为

$$F_i = m_a g i \tag{1-13}$$

式中，i 是道路坡度，计算时 i 取值从 0% 到 40%。坡度阻力 $F_i = m_a g \sin\alpha$ 随坡度角 α 的增加而增大，且与变速器挡位和车速无关。

将各挡驱动力 F_t 随车速 u_a 的变化关系和不同坡度 i 时的 $F_f + F_w + F_i$ 随 u_a 的变化关系画在同一张图上，则形成汽车的行驶性能曲线。由汽车的行驶性能曲线可知该车的最高车速、最大爬坡度、挡位的使用情况及各挡位某车速的爬坡能力。

选用上柴 6CL320—2 发动机时，汽车行驶性能曲线如图 1-3 所示。

从图 1-3 可以看出，最高车速应在 90km/h 以上，一挡时最大爬坡度接近 40%。

由图 1-3 可计算一挡最大爬坡度：

一挡时汽车能克服的最大行驶阻力为 $F_f + F_i + F_w = 6741.9 N$，对应的最大爬坡驱动力为 $F_t = 128786.6 N$，$F_i = F_t - (F_f + F_w) = (128786.6 - 6741.9) N = 122044.7 N$，由 $F_i = m_a g \sin\alpha$，得 $\alpha = \arcsin\left(\frac{F_i}{m_a g}\right)$，$\alpha_{1max} = 21.26°$，$i_{1max} = 38.91\%$。

（2）汽车的加速性能计算 加速阻力 F_j 可按 $F_j = F_t - (F_f + F_i + F_w)$ 计算。为计算最大

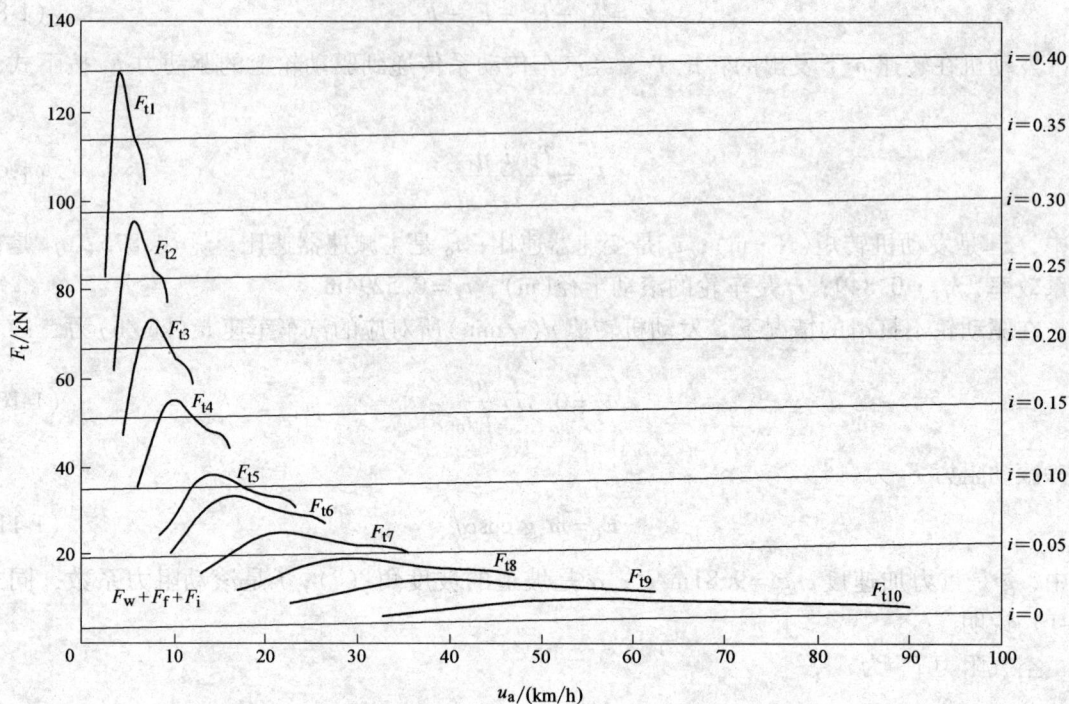

图 1-3   选用上柴 6CL320—2 发动机时汽车行驶性能曲线

加速能力，这里就取道路坡度为零的平直道路上行驶进行计算。

$$F_j = \delta m_a a = F_t - F_f - F_w，由此可得 a = \frac{F_t - F_f - F_w}{\delta m_a} \qquad (1-14)$$

式中，δ 是汽车旋转质量换算系数，δ 按式 $\delta = 1 + \delta_1 + \delta_2 i_g^2$ 估算，取 $\delta_1 \approx \delta_2 = 0.04$，$i_g$ 为变速器速比。通过计算得汽车各挡加速度曲线如图 1-4 所示。

进而绘制各挡加速度倒数曲线如图 1-5 所示。

由 $a = \dfrac{\mathrm{d}u_a}{\mathrm{d}t}$ 得 $\mathrm{d}t = \dfrac{1}{a}\mathrm{d}u_a$，故

$$t = \int_0^t \mathrm{d}t = \int_{u_1}^{u_2} \frac{1}{a}\mathrm{d}u_a \qquad (1-15)$$

通过上式可求得汽车从初始车速 u_1 全力加速到 u_2 的加速时间 t，结合汽车的行驶性能曲线，可以作出该汽车连续换挡加速时间曲线如图 1-6 所示。

同样方法，可以计算出选用 WD615.56、WD615.50 发动机时，汽车的性能曲线，分别如图 1-7 ~ 图 1-14 所示。

2. 汽车经济性能计算

汽车的燃油经济性是汽车使用中的另一项重要性能。汽车设计开发过程中，常需要在实际样车制成之前，根据发动机特性和汽车功率平衡图对汽车的燃油经济性进行估算，最简单、最基本的是等速行驶百公里燃油消耗量的估算。对货车来讲，等速百公里燃油消耗量是在满载时以最高挡在水平良好路面上等速行驶 100km 的燃油消耗量。

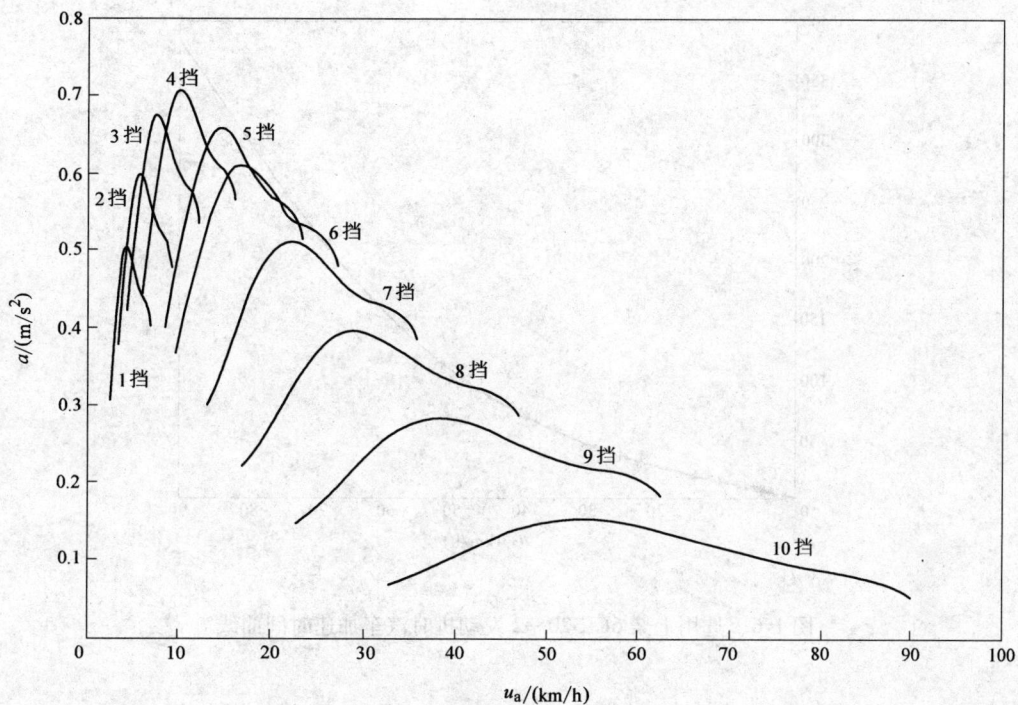

图 1-4　选用上柴 6CL320—2 发动机时汽车各挡加速度曲线

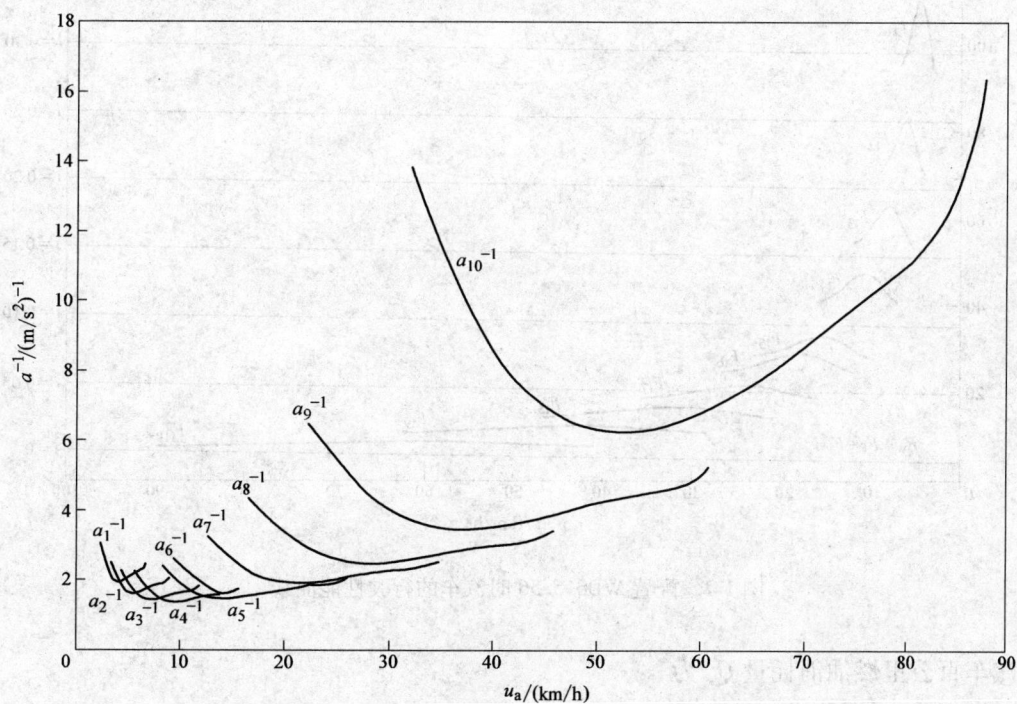

图 1-5　选用上柴 6CL320—2 发动机时各挡加速度倒数曲线

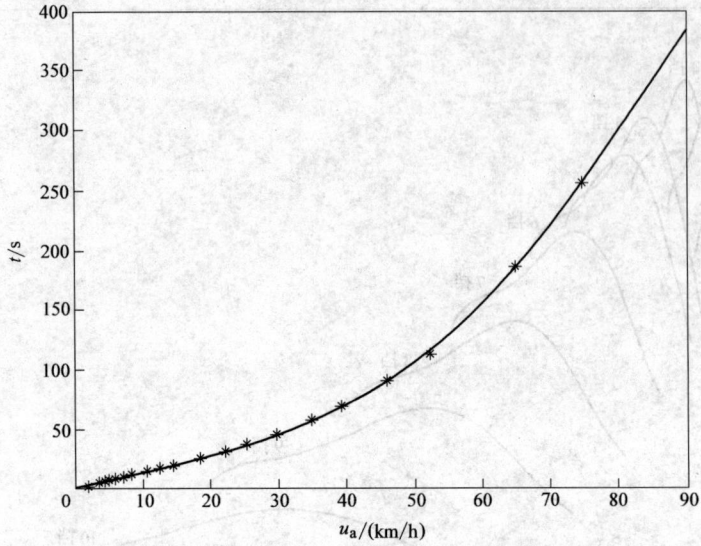

图 1-6　选用上柴 6CL320—2 发动机时汽车加速时间曲线

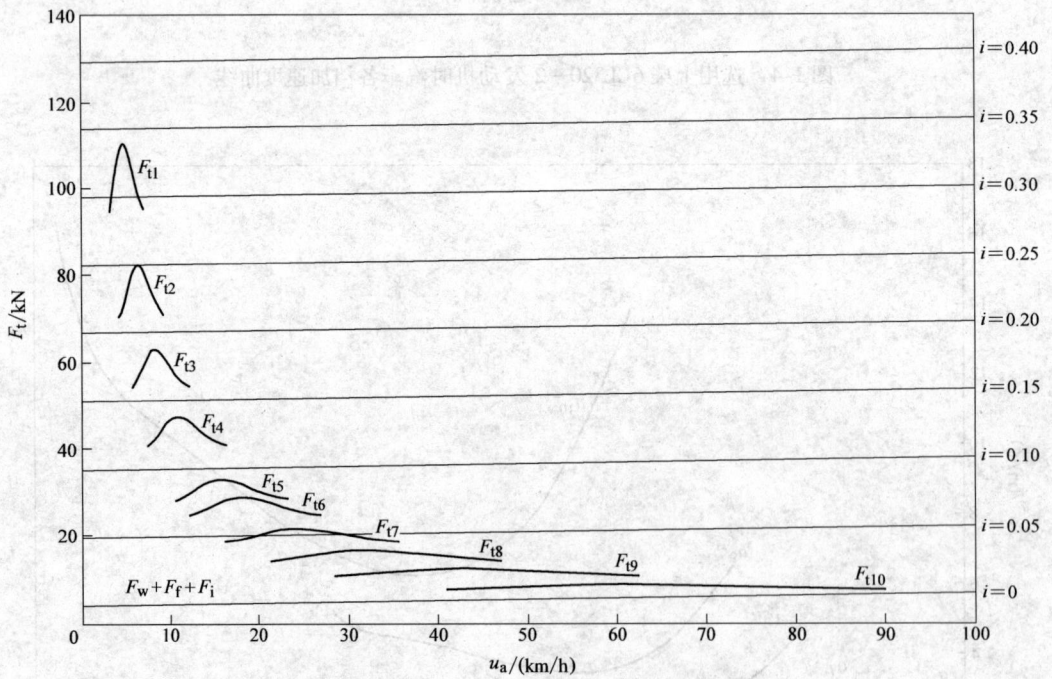

图 1-7　配置 WD615.56 时汽车的行驶性能曲线

汽车百公里燃油消耗量 Q_s 为

$$Q_s = \frac{P g_e}{1.02 u_a \rho g} \tag{1-16}$$

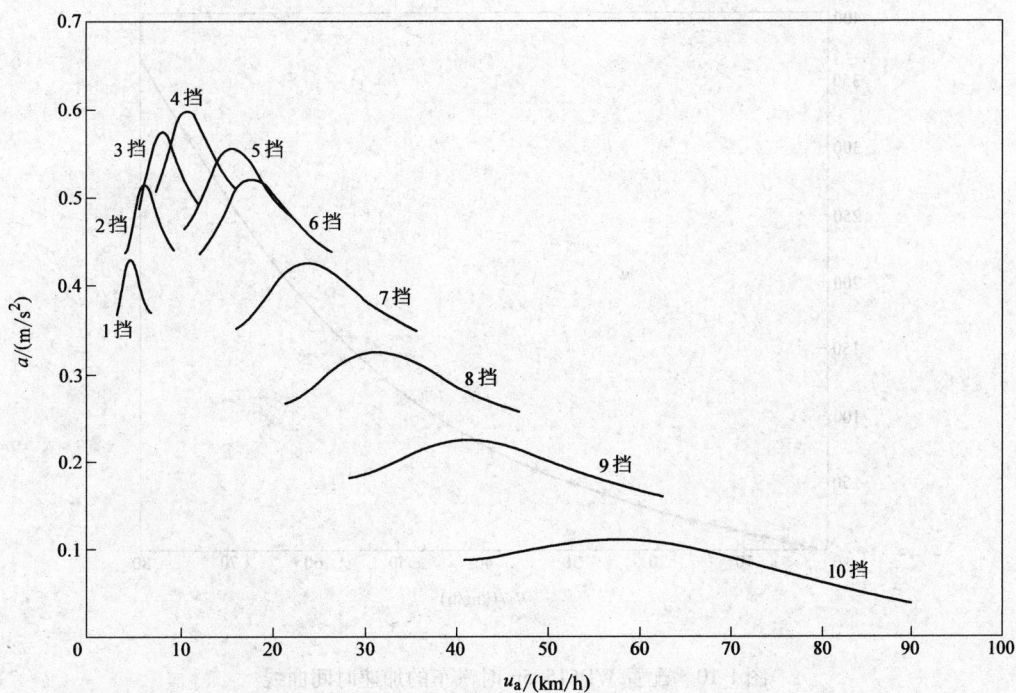

图 1-8 配置 WD615.56 时汽车的加速度曲线

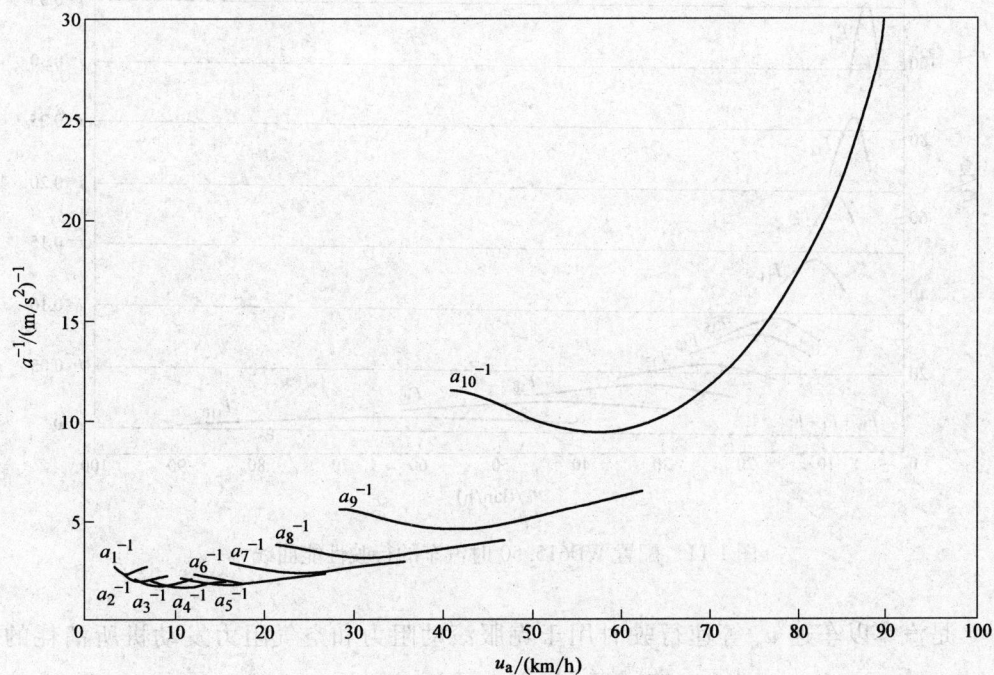

图 1-9 配置 WD615.56 时汽车的加速度倒数曲线

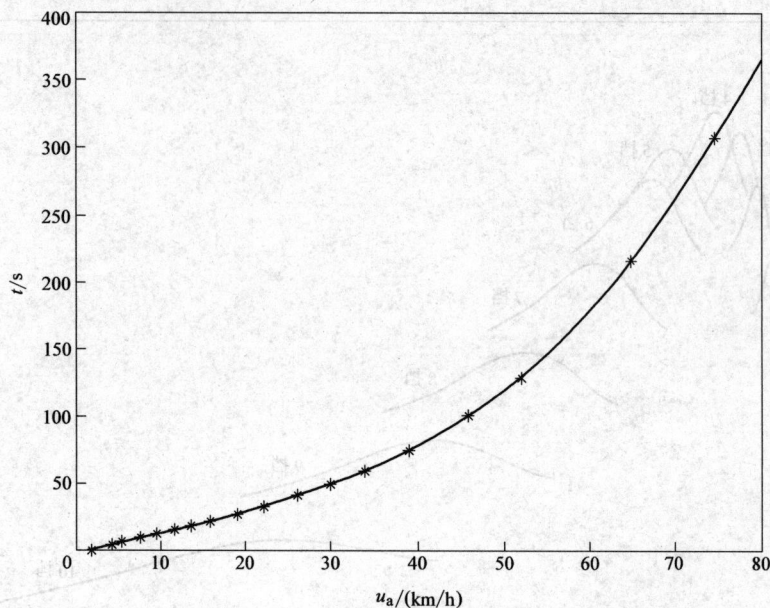

图 1-10　配置 WD615.56 时汽车的加速时间曲线

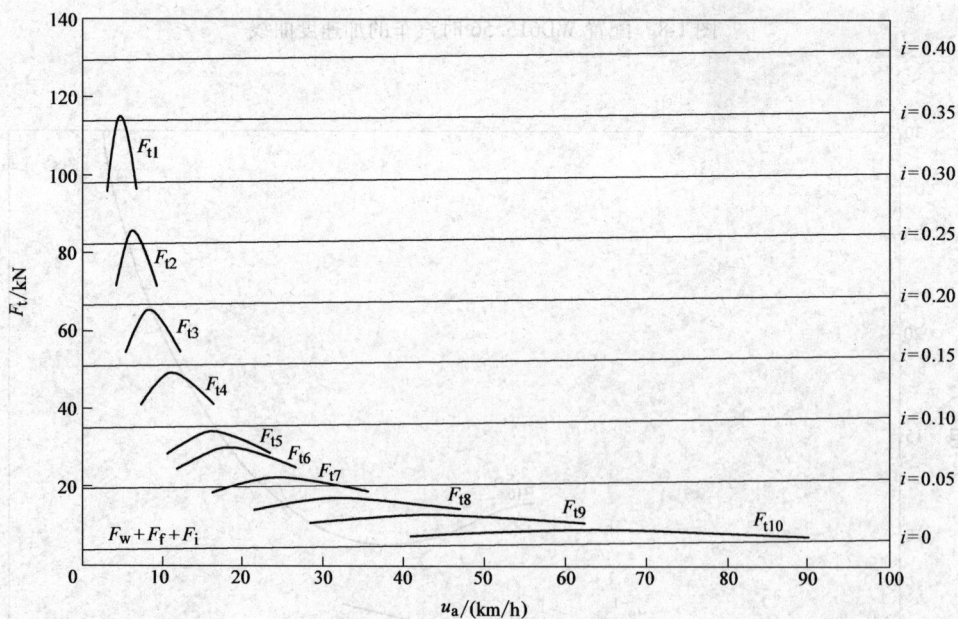

图 1-11　配置 WD615.50 时汽车的行驶性能曲线

式中，P 是汽车以车速 u_a 等速行驶时用于克服滚动阻力和空气阻力发动机所消耗的功率（kW），$P = \dfrac{1}{\eta_T}(P_f + P_w) = \dfrac{1}{\eta_T}\left(\dfrac{m_a g f u_a}{3600} + \dfrac{C_D A u_a^3}{76140}\right)$；$\eta_T$ 是传动系效率，$\eta_T = 0.849$；m_a 是汽车总质量；f，C_D，A 同式（1-1）说明；g_e 是燃油消耗率（g/(kW·h)），可根据发动机转速从外

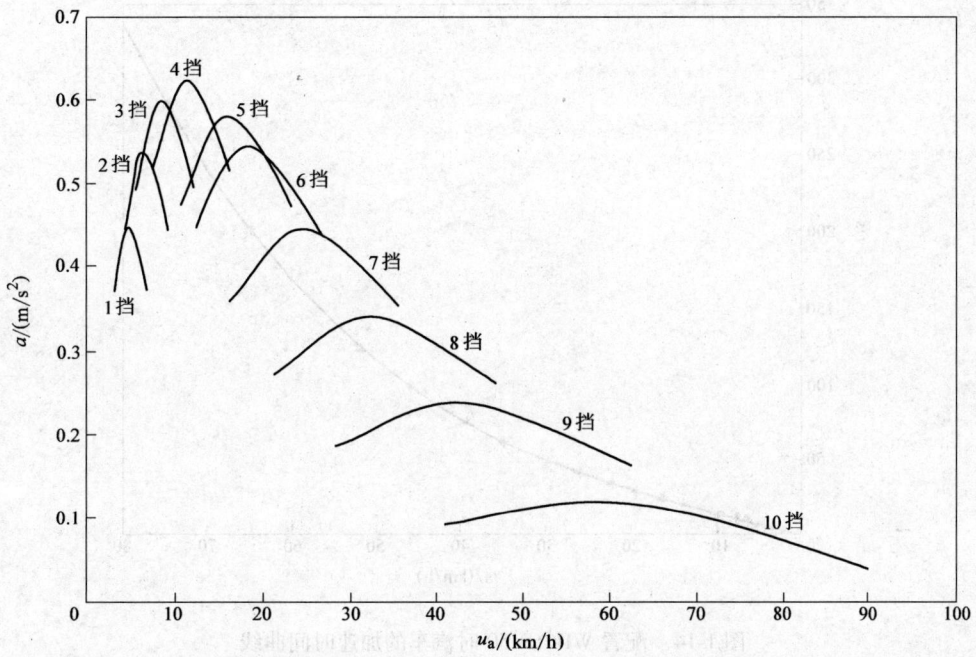

图 1-12　配置 WD615.50 时汽车的加速度曲线

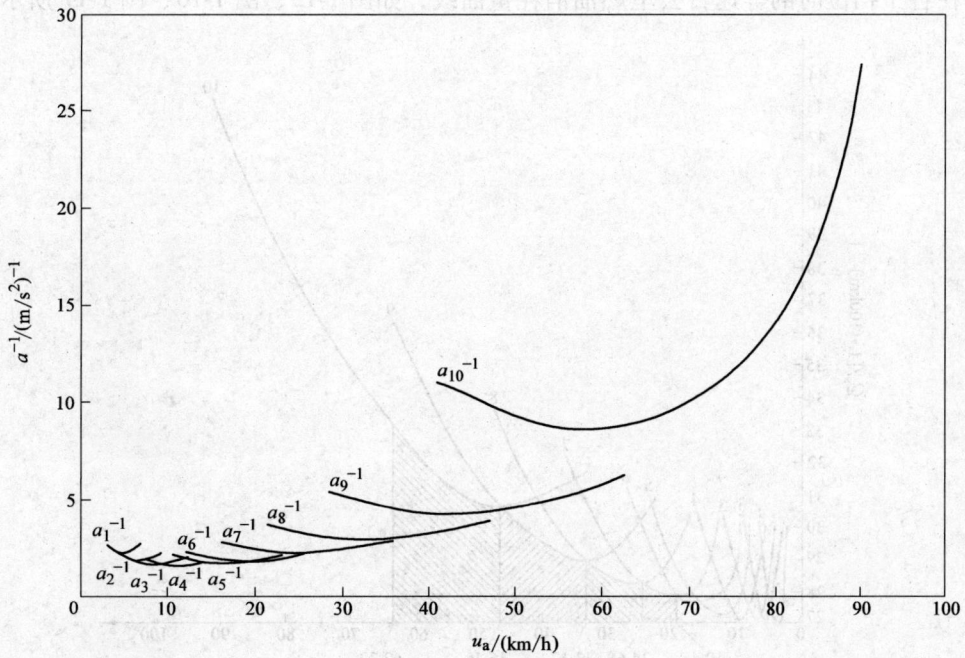

图 1-13　配置 WD615.50 时汽车的加速度倒数曲线

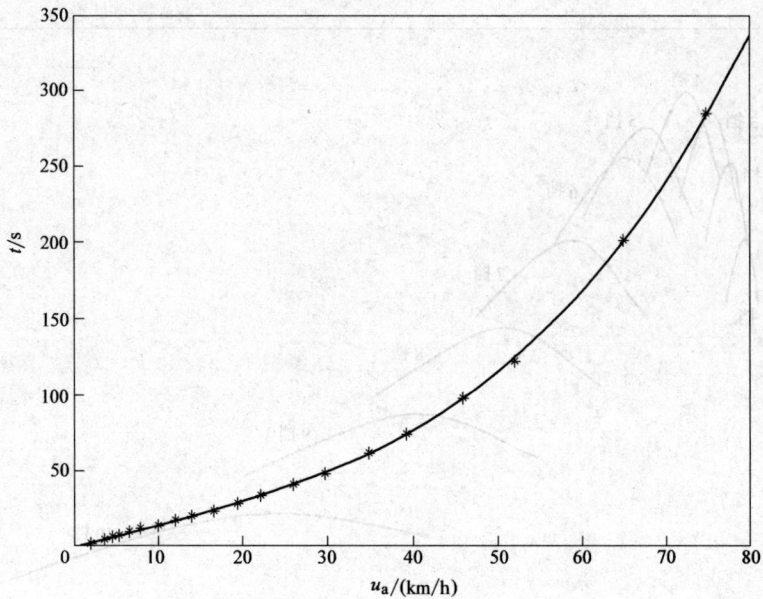

图 1-14　配置 WD615.50 时汽车的加速时间曲线

特性曲线上读取；u_a 是汽车车速(km/h)；ρg 是燃油的重度，柴油取 7.94～8.13N/L，取 ρg =8.04N/L。

这里，为了便于比较汽车在不同挡位、不同车速的油耗性能，计算选用三种不同发动机时汽车在各个挡位时的等速百公里燃油消耗量曲线，如图 1-15、图 1-16、图 1-17 所示。

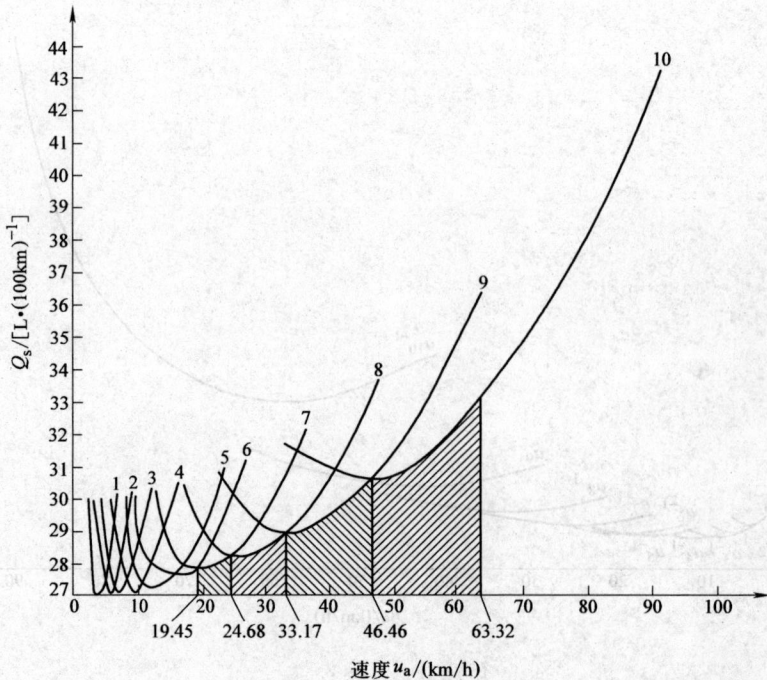

图 1-15　配置 6CL320—2 发动机时汽车各挡位的等速百公里燃油消耗量曲线

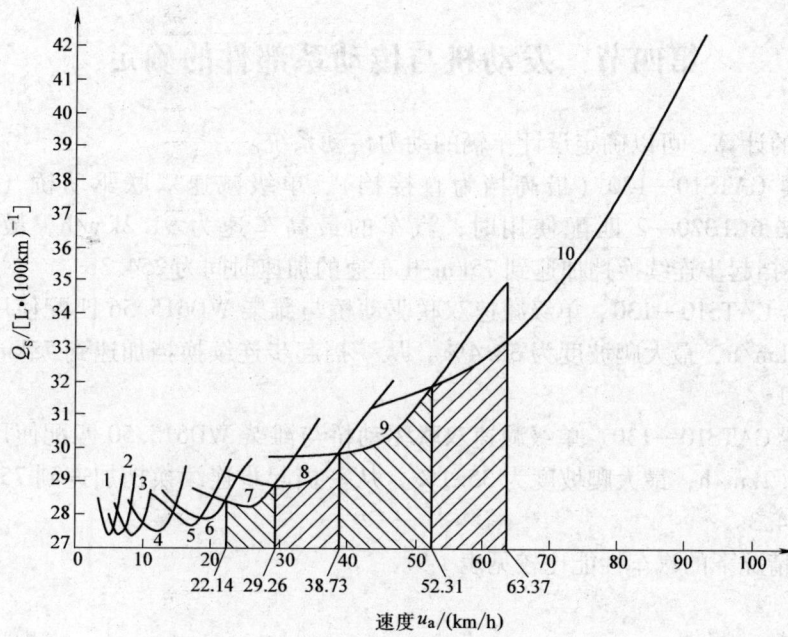

图 1-16 配置 WD615.56 时汽车各挡位的等速百公里燃油消耗量曲线

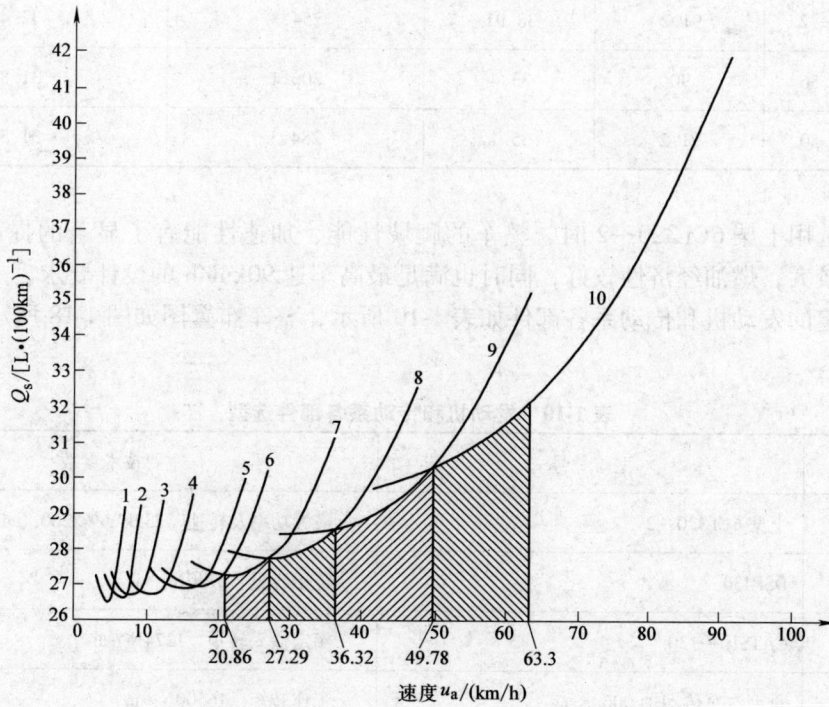

图 1-17 配置潍柴 WD615.50 时汽车各挡位的等速百公里燃油消耗量曲线

第四节　发动机与传动系部件的确定

根据前面的计算，可以确定设计车辆的动力传动系统。

1）变速器 CATS10—130（最高挡为直接挡）、单级减速双联驱动桥（主减速比为 4.875）与上柴 6CL320—2 匹配使用时，汽车的最高车速为 91.2km/h，最大爬坡度为 38.91%，从一挡起步连续换挡加速到 75km/h 车速的加速时间为 254.3s。

2）变速器 CATS10—130、单级减速双联驱动桥与潍柴 WD615.56 匹配使用时，汽车的最高车速为 90km/h，最大爬坡度为 33.4%，从一挡起步连续换挡加速到 75km/h 车速的加速时间为 306.1s。

3）变速器 CATS10—130、单级减速双联驱动桥与潍柴 WD615.50 匹配使用时，汽车的最高车速为 91.2km/h，最大爬坡度为 35.1%，从一挡起步连续换挡加速到 75km/h 车速的加速时间为 284.3s。

三种匹配情况下的汽车性能比较见表 1-9。

表 1-9　选择不同发动机时的汽车动力性能

发动机型号	整车主要性能			
	最高车速 u_a /(km/h)	最大爬坡度 i(%)	一挡起步加速到 75km/h 的时间 t/s	以常用车速等速行驶时百公里燃油消耗量 Q_s/(L/100km)
上柴 6CL320—2	91.2	38.91	254.3	32.4
潍柴 WD615.56	90	33.4	306.1	31.8
潍柴 WD615.50	91.2	35.1	284.3	31.5

可见，选用上柴 6CL320—2 时，整车的爬坡性能、加速性能有了显著的提高，经济车速的范围也较大，燃油经济性较好，同时也满足最高车速 90km/h 的设计要求。

最后确定的发动机和传动系各部件如表 1-10 所示，整车布置图如图 1-18 所示。

表 1-10　发动机和传动系各部件选型

部件	型　号	主要技术参数
发动机	上柴 6CL320—2	最大功率及转速　235kW/(2200r/min)
离合器	DSP430	转矩容量　2700N·m
变速器	CATS10—130	额定输入转矩　1274N·m
传动轴	重型汽车传动轴 006	工作转矩　16500N·m
驱动桥	重庆红岩单级减速双联驱动桥 20048302	额定输入转矩　16512N·m

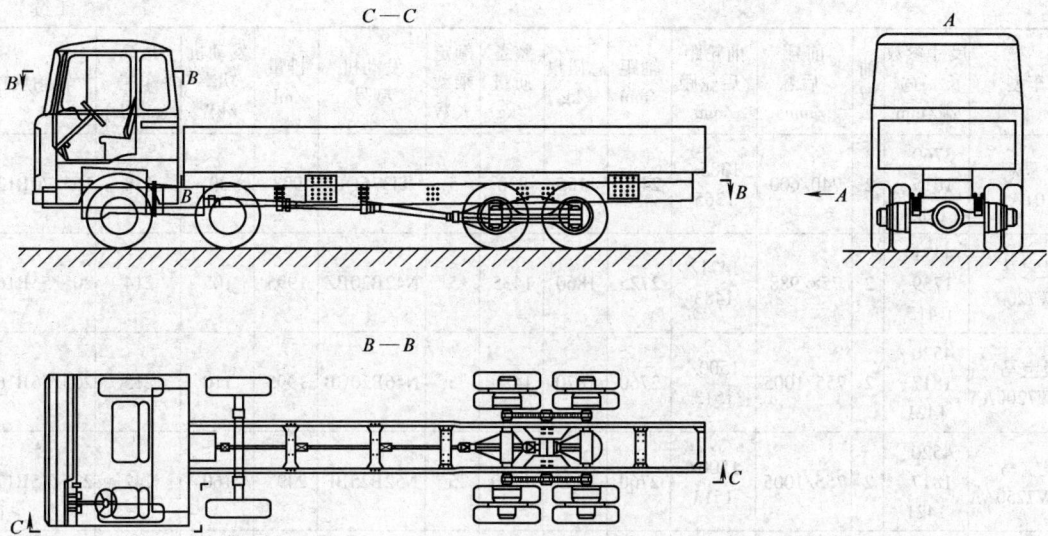

图 1-18　整车总体布置草图

第五节　一些车型的技术参数

表 1-11　部分乘用车型的技术参数

车型	尺寸参数长、宽、高/mm	轴数	前悬/后悬/mm	前轮距/后轮距/mm	轴距/mm	总质量/kg	整备质量/kg	额定乘载人数	发动机型号	排量/mL	发动机功率/kW	最高车速/(km/h)	轮胎规格
北京现代 BH7160A	4525、1725、1425	2	915/1000	1485/1475	2610	1740	1305	5	G4GA	1599	82	171	185/65R15，195/65R15
北京现代 BH7181MW	4747、1820、1440	2	952/1095	1540/1530	2700	1875	1435	5	G4GB	1795	96	181	205/65R15，205/60R16
北京现代 BH7330AW	4800、1832、1475	2	960/1110	1565/1550	2730	2101	1661	5	G6DB	3343	173	220	225/50R17
北京奔驰 7300	4818、1822、1450	2	831/1133	1577/1570	2845	2175	1720	5	272943	2997	170	248	225/55R16
北京奔驰 7180	4818、1822、1450	2	831/1133	1577/1570	2854	2115	1605	5	271941	1796	120	227	225/55R16
北京奔驰 7260	4818、1822、1450	2	831/1133	1577/1570	2854	2105	1605	5	112913	2597	130	233	225/55R16
天津一汽威乐 TJ7156U	4185、1660、1510	2	820/995	1440/1420	2370	1365	990	5	丰田 5A	1498	66	178	175/65R14

（续）

车型	尺寸参数 长、宽、 高/mm	轴数	前悬 /后悬 /mm	前轮距 /后轮距 /mm	轴距 /mm	总质量 /kg	整备 质量 /kg	额定 乘载 人数	发动机 型号	排量 /mL	发动机 功率 /kW	最高 车速 /(km/h)	轮胎规格
天津夏利 TJ7101AL	3760、 1615、 1385	2	740/600	1385/ 1365	2420	1155	830	5	TJ376QE	993	39	138	165/70R13
华晨宝马 BMW7200	4471、 1739、 1415	2	758/988	1471/ 1483	2725	1860	1435	5	N42B20BZ	1995	105	214	205/55R16
华晨宝马 BMW7200AA	4520、 1817、 1421	2	755/1005	1500/ 1513	2760	1870	1480	5	N46B20CB	1995	110	215	205/55R16
华晨宝马 BMW7250AA	4520、 1817、 1421	2	755/1005	1500/ 1513	2760	1965	1540	5	N52B25BF	2497	160	242	225/45R17
一汽红旗 CA7180G	4792、 1814、 1422	2	1016/1089	1476/ 1483	2687	1710	1300	5	CA4GE/74	1780	70	170	205/60R15 185/80R14
一汽红旗 CA7200MT	4670、 1780、 1435	2	960/1035	1540/ 1540	2675	1840	1321	5	马自达 LF	1999	99	197	205/55R16
一汽红旗 CA7202D	4890、 1814、 1422	2	1091/1112	1476/ 1483	2687	1760	1483	5	PSA RHY	1997	66	165	205/60R15
一汽红旗 CA7202E3	4890、 1814、 1422	2	1091/1112	1476/ 1483	2687	1760	1360	5	日产 VG20	1998	92	175	205/60R15
一汽红旗 CA7460L1	6481、 1980、 1478	2	1075/1416	1611/ 1659	3990	3100	2500	7	ROMEO 462	4600	158	168	P225/ 60VR16H
一汽大众 AUDI A6L2.8	4886、 1810、 1475	2	970/1066	1540/ 1569 （1559）	2850	2040	1515	5	ATX	2771	140	228	205/55R16 215/55R16
一汽大众 宝来	4376、 1735、 1446	2	873/990	1513/ 1494	2513	1830	1280	5	BJH	1595	74	182	195/65R15
一汽大众 高尔夫	4149、 1735、 1444	2	861/777	1513/ 1494	2511	1760	1210	5	ATD	1896	74	188	195/65R15
一汽大众 捷达	4428、 1660、 1415	2	902/1055	1429/ 1422	2471	1545	1105	5	BJG	1595	68	175	185/60R14
吉林通田 阁萝	3450、 1465、 1410	2	675/600	1230/ 1220	2175	1000	670	4	JN368Q	796	26.5	120	145/70R12
哈飞汽车 松花江	3588、 1563、 1533	2	678/575	1360/ 1355	2335	1270	920	5	DA465Q-2	970	33.2	120	165/65R13 165/65R14

（续）

车型	尺寸参数 长、宽、高/mm	轴数	前悬/后悬 /mm	前轮距/后轮距 /mm	轴距 /mm	总质量 /kg	整备质量 /kg	额定乘载人数	发动机型号	排量 /mL	发动机功率 /kW	最高车速 /(km/h)	轮胎规格
上海通用别克（SGM7180LE AT）	4515、1725、1445	2	900/1015	1475/1476	2600	1675	1300	5	T18SED	1799	88	175	195/55R15
上海通用别克 SGM7200	4923、1845、1465	2	1072/1082	1576/1556	2769	1863	1488	5	L34	1998	91	170	P215/70R15
上海通用凯迪拉克	4950、1845、1721	2	868/1125	1566/1568	2957	2675	2010	7	LY7	3650	190	201	P235/65R17 P255/60R17
上海华普朗风	4183、1710、1430	2	933/710	1423/1424	2540	1480	1100	5	MR481QA	1587	78	170	175/65R14 165/70R14
南京菲亚特	4142、1615、1475	2	765/940	1415/1385	2437	1645	1145	5	178E5027	1461	60	150	175/70R14 175/65R14
浙江豪情	3900、1650、1420	2	770/790	1391/1371	2340	1280	930	5	MR479Q	1342	63	145	175/65R14 165/70R13
浙江吉利	3825、1670、1386	2	815/670	1385/1365	2340	1250	900	5	MR479QA	1498	69	160	165/70R13
奇瑞 SQR7201A2F	4552、1750、1483	2	940/1012	1505/1505	2600	1665	1290	5	SQR484F	1971	95	185	195/55R15 85V

表 1-12　一些商用乘用车辆技术参数

车型	尺寸参数 长、宽、高/mm	轴数	前悬/后悬 /mm	前轮距/后轮距 /mm	轴距 /mm	总质量 /kg	整备质量 /kg	额定乘载人数	发动机型号	排量 /mL	发动机功率 /kW	最高车速 /(km/h)	轮胎规格
北方客车 BFC6125	12000、2500、3650	2	2870/3330	2099/1824	5800	16000	12000	29～51	D2866LOH 25	11970	228	90～110	295/80R22.5
北京客车 BK6142	13680、2545、3100	2	2450/3460	2020/1847	6500 +1270	22000	12160	35～45	ISBE220—31	5600	162	80	275/70R22.5
北汽福田欧曼	13680、2500、3050	2	2550/3280	2108/2080	6400 +1450	22360	13650	130/23～57	P11C—UH	10520	240	100	11R22.5
京通客车	11720、2490、3720	2	2360、3360	2020/1860	5300 ～6500	15780	13000	32～38	C300—20	8268	221	120	11R22.5, 10.00R20, 12R22.5
天津客车 TJR6120D15 W	12000、2480、3700	2	2730/3470	2053/1802	5900（5600～6000）	17500	13100	30～36	D2866LOH 26	11967	257	125	295/80R22.5

（续）

车型	尺寸参数 长、宽、 高/mm	轴数	前悬 /后悬 /mm	前轮距 /后轮距 /mm	轴距 /mm	总质量 /kg	整备 质量 /kg	额定 乘载 人数	发动机 型号	排量 /mL	发动机 功率 /kW	最高 车速 /(km/h)	轮胎规格
沈阳日野	11460、 2500、 3540	2	2485/ 3235	2025/ 1820	5740	15000	11980	23～41	J08CUW	7961	210	120	11R22.5— 16PR
丹东黄海	17990、 2532、 3055	3	1860/ 3480	2096/ 1836	5900 +6750	28000	16700	173/23 ～27	F4AE0682 H＊C	5900	194	80	275/70R22.5
吉林长春	11930、 2490、 3650	2	2400/ 3330	2020/ 1847	5600 ～6400	16500	11675	21～51	YC6G270— 20	7800	199	110	11.00R20
上海申沃	11850、 2500、 3150 ～3300	2	2620/ 3230	2054/ 1837	6000	16560	11390	82/34 ～40	D7B260	6700	191	80	11R22.5
常州 福莱西宝	11400、 2500、 3170 （3220）	2	2490/ 3210	2020/ 1860	5700	16500	10760 （11360）	88 （79/33 ～46）	WT615.00 LPG	9726	165	80	10.00—20、 10.00R20
江苏亚星	11990、 2500、 3840	2	2460/ 3380	2040/ 1840	6150 （6250）	17500	13400	25～ 53（55）	P11C—UJ	10520	259	120	295/80R22.5
亚星奔驰	11980、 2490、 3720	2	2590/ 3490	2092/ 1821	5900	18000	14150	23～49 （47）	OM447LA	11967	265	125	12R22.5PR16 295/80R22.5
南京金陵	11980、 2500、 3030	2	2480/ 3500	2046/ 1800	6000	16310	9600	96/41	YC6G230— 20	7800	170	75	1100—20
江苏牡丹	11450、 2500、 3300	2	2400/ 3350	2020/ 1860	5600 （5700, 5870, 600）	16500	11300	80/24 ～40	YC6G270— 20	7800	199	90	11R22.5
厦门金龙	11480、 2490、 3050 （3160）	2	2760/ 3120	2020/ 1860	5600 （5330 ～5870）	14750	9800	78/10 ～46	YC6112ZLQ	7800	177	80	10.00R20、 10.00—20
广州五十铃	11390、 2500、 3460 （3300）	2	2450/ 3340	2020/ 1860	5600	16500	12500	26～51	6SD1	9839	199	115	11R22.5— 16PR
广州宝龙	11350、 2480、 2940	2	2280/ 3470	2020/ 1860	5000 （5600）	15500	10550	72/30 ～42	C245—20	8268	180	90	10.00R20、 10.00—20
桂林大宇	11440、 2490、 3400	2	2355/ 3215	2050/ 1853	5800 ～6400	15800	11800	24～51	DE12TIS	11051	213	116	11R22.5

（续）

车型	尺寸参数 长、宽、高/mm	轴数	前悬/后悬/mm	前轮距/后轮距/mm	轴距/mm	总质量/kg	整备质量/kg	额定乘载人数	发动机型号	排量/mL	发动机功率/kW	最高车速/(km/h)	轮胎规格
重庆宇通	11990、2500、3560（3680）	2	2420/3320	2029/1850	6250（5940~6560）	16570	12280	25~55	C300—20	8300	221	120	29580R22.5
成都蜀都	11730、2500、3200	2	2640/3290	2020/1860	5600	14500	9950	70/23~40	B215—20	5883	158	85	10.00R20、10.00—20、11.00—20
西安西沃	11930、2500、3690	2	2514/3216	2026/1860	6200	16250	12250	12~49	D7C	7300	228	125	295/80R22.5
陕西骊山	11650、2500、3300	2	2650/3300	2020/1860	5700	16000	10700	75/32	CUMMINS B5.9—230G	5880	172	73	10.00R20
北京京通	10350、2490、2950（3100）	2	2220/2730	1900/1800	5400	12000	8030（8600）	54~63/24~42	YC4G180—20	5202	132	84	9.00—20
北京京华	8040、2360、2910	2	1860/2380	1910（1830）/1740（1680）	3800	8500	6200	34/24	YC4E150—20	4257	110	90	8.25—16、7.50R20、7.50—20
河北长安	7223、2310、2875	2	1815/2100	1854/1600	3308	6990	4550	37/19~34	CY4102BZLQ	3865	88	85	7.50—16、7.50R16
沈阳沈飞	10205、2500、3360	2	2160/3045	1900/1770	5000~5170	12600	8750	39~47	CA6DF2—26	6557	132	90	11.00R20
上海骏马 SLK6890F3A	8975、2490、3480	2	1800/2825	1900/1800	4350（4600）	11900	8850	23~39	J08CUE	7961	173	115	9R22.5
江苏金龙 KLQ6108	10490、2500、3510	2	2240/3250	2020/1860	5170（5000）	13500	10000	15~45（47）	C245—20	8268	180	115	11R22.5、10.00—20、10.00R20
常州依维柯	7310、2350、2950	2	980/2150	1725/1660	4180	6450	4550	17~24	SOFIM8140.43	2798	87	106	225/75R16、235/85R16
安徽江淮	7340、2290、2900	2	1180/2360	1830/1680	3800	8300	6000	15~30	YC4E150—20	4257	110	105	7.50—20、7.50R20

表 1-13 一些商用载货汽车的技术参数

车型	尺寸参数 长、宽、高/mm	轴数	前悬/后悬/mm	前轮距/后轮距/mm	轴距/mm	总质量/kg	整备质量/kg	额定乘载人数	发动机型号	排量/mL	发动机功率/kW	最高车速/(km/h)	轮胎规格
北汽福田 欧曼 BJ1168VJPJL	10926、2495、2995（3440）	3	1465/2911	2010/1847	5200+1350	16000	8000		6C260	8268	192	90	11.00—20, 10.00—20
北汽福田 欧曼 BJ1459VTPJY	11975、2495、3410	3	1465/3060	1930/1847	1700+3050+1350+1350	45000	13700		6C260	8268	192	88	11.00—20, 11.00R20
河北长征 CZ1282GG455	10155、2500、3250	3	1500/2835	1989/1754	4500+1320	28500	11960					89	12.00—20.00 20.00
河北长征 CZ1250SU375	8920、2500、3320	3	1500/2400	1989/1754	3700+1320	25000	14150		WD615.67A	9726	206	89	11.00—20, 12.00—20
山西东尼 SXQ1251G	9630、2470、2950	3	1245/2735	1940/1860	4350+1300	24600	9600	3	C260—20	8268	191	90	11.00—20
北方奔驰 ND1250A50Q	11576、2500、3328	3	1410/2666	1990/1800	5050+1450	25000	12300	2	WD615.50	9726	206（2200）	80	12.00—20, 12.00R20
一汽解放 CA1168P1K2L2A	8800、2490、2730	2	1255/2445	1914/1847	5100	16000	8000		CA6DE2—24	6618	177	71	10.00—20, 10.00R20, 11.00—20
一汽解放 CA1257K2T1	9240、2490、2775	3	1190/2100	1914/1847	4600+1350（5200+1350）	24910	8580		CA6DE2—22	6618	162	92	10.00—20 10.00R20
哈尔滨星光 CAH1165P1K2-L10T3	11000、2490、2890	3	1600/2800	1914/1847	1700+4900	16000	7980		CA6DF2D	6557	155	90	9.00—20, 10.00—20, 11.00—20
上海大通 SH1250	10130、2500、3220	3	1410/2445	2043/1861	4925+1350	25000	11400		WD615.50	9726	206	88	11.00—20, 11.00R20
南京春兰 NCL1150DP	8610、2480、2820	2	1250/2560	1940/1860	4800	14550	6550	3	CA6110/125Z	7127	155	95	10.00—20
东风日产柴牌 DND1280CWB-459P	10150、2490、2985	3	1400/2835	2045/1860	4615+1300	28500	9805		PF6	12503	253	96	11.00R20, 12R22.5
安徽江淮 HFC1310KR1	11950、2495、2900	4	1925/3155	2040/1850	1700+3870+1300	30900	12100		D6114ZLQ1B	8270	205	98	11.00—20, 11.00R20

（续）

车型	尺寸参数 长、宽、 高/mm	轴数	前悬 /后悬 /mm	前轮距 /后轮距 /mm	轴距 /mm	总质量 /kg	整备 质量 /kg	额定 乘载 人数	发动机 型号	排量 /mL	发动机 功率 /kW	最高 车速/ (km/h)	轮胎规格
山东黄河 ZZ1141H4215W	7630、 2470、 2980	2	1250/ 2180	2020/ 1820 （1860）	4200	14490	7000		YC6J210— 20	6494	155	95	10.00—20
山东斯达 ZZ1203G4441F	9633、 2470、 550	3	1541/ 2457			20490	8470					78	
济南沃尔沃 JHW1260F43B4	9900、 2490、 3000	3	1360/ 2870	2039/ 1838	4300 +1370	26000	10350		D12	12100	279	110	12.00R20
洛阳福德 LT1240	11990、 2495、 3410	4	1450/ 3090	1930/ 1847	1700 +4400 +1350	24000	11900		6C260—2	8268	192	87	11.00—20
东风华神 DFD1250G	11650、 2470、 3290	3	1170/ 3480 （2880）	1940/ 1860	1950 +5050	24985 （24660）	8010 （7685）		EQB210— 20	5880	155	90	10.00—20
东风 EQ1146VZ4	11950、 2470、 2910	2	1245/ 3795	1940/ 1860	6910	14400	6705		EQD210— 20	6234	155	90	10.00—20
东风 EQ1230V5	9590、 2470、 3090	3	1205/ 2735	1940/ 1860	4350 +1300	23400	9705		C23020	8300	170	90	11.00R20、 10.00—20、 11.00—20
湖北十通 STQ1200L15T5D	11640、 2490、 2880	3	1275/ 3115	1940/ 1860	1950 +5300	20050	9905		EQB210— 20	5883	155	90	10.00—20
湖北十通 STQ1310	11950、 2470、 2880	4	1340/ 2110	1940/ 1860	1950 +5250 +1300	30500	11500		YC6G240— 20	7800	177	80	10.00—20
重庆铁马 XC1240	11410、 2500、 3140	3	1410/ 2850	1985/ 1808	5800 +1350	24000	11850		WD615.50	9726	206	76	11.00—20、 12.00—20
陕西华山 SX1160GP	10850、 2490、 3090	3	1350/ 2350	1940/ 1860	5850 +1300	13450	7800		6C230— 20	8268	170	80	10.00—20、 11.00—20
陕西陕汽 SX1294BL406	11916、 2490、 3162	4	1576/ 3190	1939/ 1800	1800 +4000 +1350	29000	12500		WD615.56	9726	193	90	12.00—20 11.00—20
北汽福田 欧曼 BJ1099VEPED —1	7800、 2280、 2600	2	1300/ 2300	1810/ 1600	4200	8695	4200		Phaser1 35Ti	3990	101	95	8.25—16

（续）

车型	尺寸参数长、宽、高/mm	轴数	前悬/后悬/mm	前轮距/后轮距/mm	轴距/mm	总质量/kg	整备质量/kg	额定乘载人数	发动机型号	排量/mL	发动机功率/kW	最高车速/(km/h)	轮胎规格
一汽解放CA1120PK2L3	9000、2385、2790	2	1232/2350（2718）	1800/1800	5050	12015	5320		CA4DF2—13	4752	96	88	9.00—20
一汽解放CA1130PK2L2	8505、2490、2710	2	1230/2735	1900/1800	4700	12520	5520		CA6DE2—17	6618	128	96	9.00—20
东风DNZ1080G	7900、2490、2690	2	1300/2350	1810/1800	4250	8350	4500		CA6DF2D	6557	140	86	9.00—20
东风EQ1081TL	6985、2330、2350	2	1270/1915	1750/1586	3800	8370	4175		YC4E140—20	4257	105	100	7.50—16、8.25—16

第二章　离合器设计

第一节　确定离合器的结构形式

现在汽车上应用最广泛的离合器主要是干式摩擦式离合器。一般分为螺旋弹簧和膜片弹簧压紧的单片或双片离合器。其他种类的离合器主要有液力离合器、电磁式离合器和离心式离合器等，但由于传递效率、成本等原因，在汽车上应用很少。上述几种常见形式的离合器结构如图 2-1 ~ 图 2-3 所示。

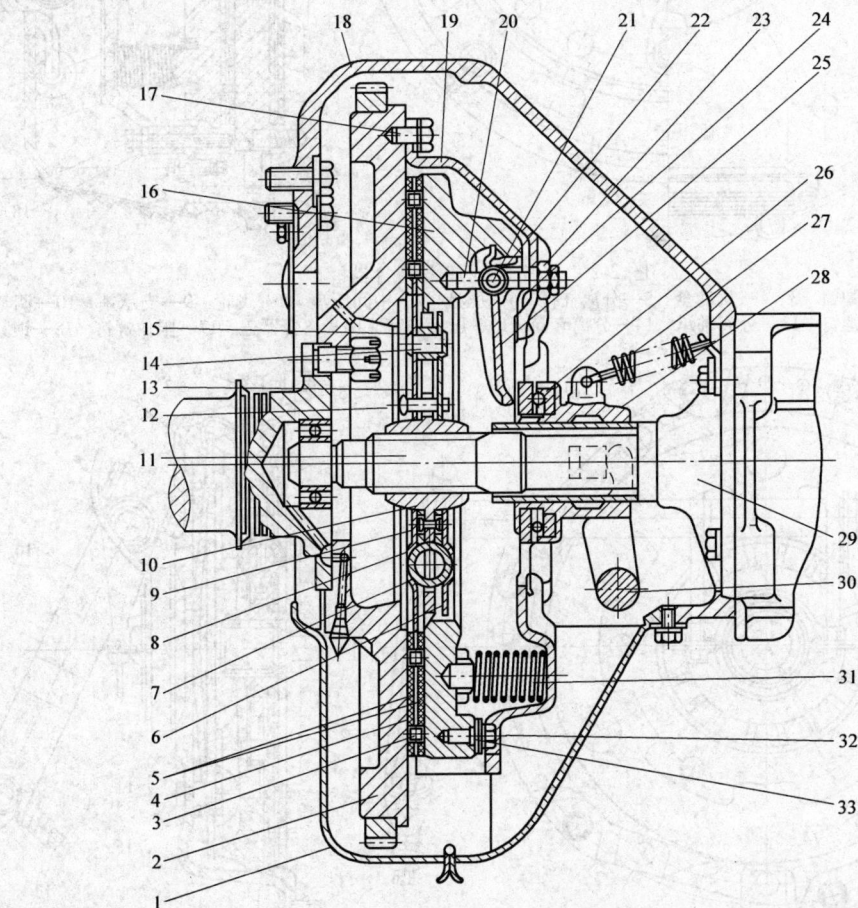

图 2-1　单片螺旋弹簧离合器

1—离合器壳底盖　2—飞轮　3—铆钉　4—从动盘本体　5—摩擦片　6—减振器盖　7—减振器弹簧　8—阻尼片
9—阻尼片铆钉轴　10—从动盘毂　11—变速器一轴　12—阻尼弹簧铆钉　13—减振器阻尼弹簧　14—铆钉
15—铆钉隔套　16—压盘　17—定位销　18—离合器壳　19—离合器盖　20—分离杠杆支承柱　21—浮动销
22—摆动支片　23—分离杠杆调整螺母　24—分离杠杆弹簧　25—分离杠杆　26—分离轴承　27—分离套筒复位弹簧
28—分离套筒　29—变速器一轴轴承盖　30—分离叉　31—压紧弹簧　32—传动片铆钉　33—传动片

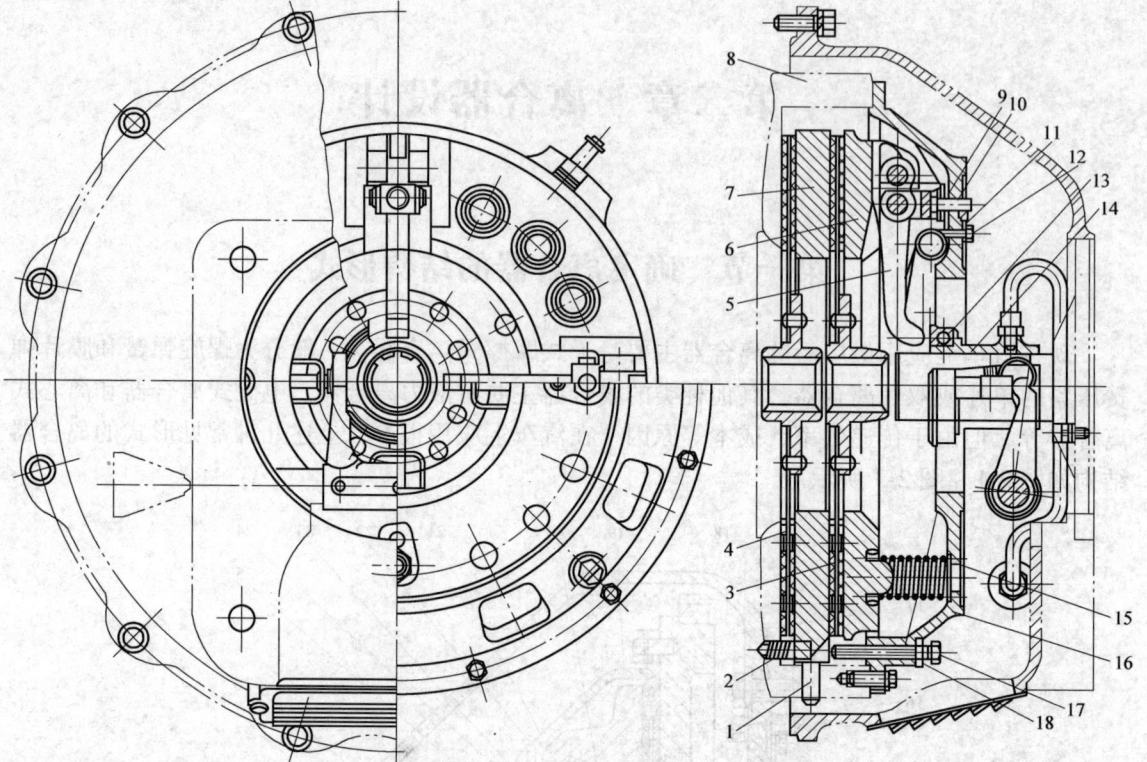

图 2-2 双片螺旋弹簧离合器

1—定位块 2—分离弹簧 3、4—从动盘 5—分离杠杆 6—压盘 7—中间压盘 8—飞轮 9—支承销 10—调整螺母
11—压片 12—锁紧螺钉 13—分离轴承 14—分离套筒 15—压紧弹簧 16—离合器盖 17—限位螺钉 18—锁紧螺母

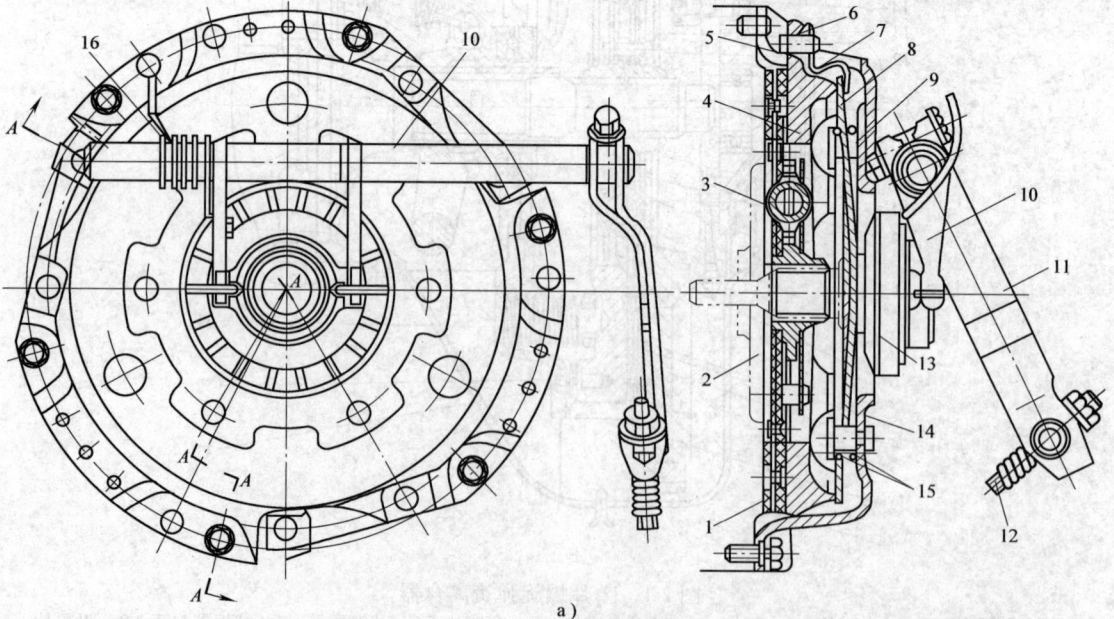

a)

图 2-3 微型汽车的单片膜片弹簧离合器

a) 膜片弹簧离合器

1—从动盘 2—飞轮 3—扭转减振器 4—压盘 5—压盘传动片 6—固定铆钉 7—分离弹簧钩
8—膜片弹簧 9—膜片弹簧铆钉 10—分离叉 11—分离叉臂 12—操纵索组件 13—分离轴承
14—离合器盖 15—膜片弹簧钢丝支承圈 16—分离叉回位弹簧

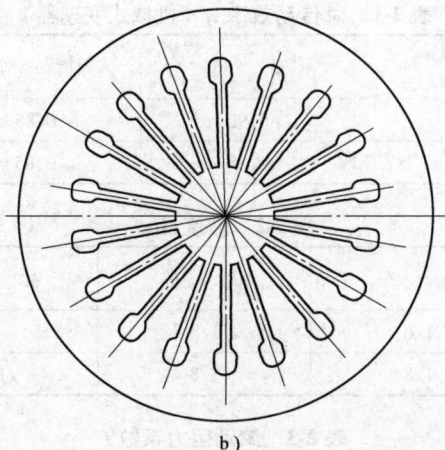

图 2-3　微型汽车的单片膜片弹簧离合器（续）
b）膜片弹簧

目前，最常见的是单片膜片弹簧离合器，如图 2-3 所示。进行课程设计时，应根据设计任务书，选择合适的离合器形式。

第二节　离合器的容量设计

离合器的容量是反映某一确定的汽车在正常使用离合器情况下，其传递转矩的能力。一般包括：最大滑磨转矩 T_c、滑磨功和温升速率。离合器容量设计合适，可使离合器在满足汽车各种要求的同时，最大限度地提高使用寿命。

一、离合器的容量参数及计算

通常采用单位压盘质量的滑磨功（W_D/m_a）、单位摩擦片面积滑磨功（W_D/A）、单位压盘质量的发动机功率（P/m_a）、单位摩擦片面积的发动机功率（P/A）、温升速率 H_R 和后备系数 β 等来评价离合器传递转矩的能力和使用寿命。

1. 滑磨功 W_D

对车辆进行必要的假设和简化，离合器接合过程中的滑磨功 W_D（J）为

$$W_D = \frac{\pi^2 n^2 T_{emax} r m_a k}{900 i_1 i_0 (T_{emax} \eta i_1 i_0/r - 9.81 m_a \sin\theta - 10 f m_a)} \tag{2-1}$$

式中，n 是发动机最大转矩时的转速（r/min）；m_a 是汽车总质量（kg）；r 是驱动轮的滚动半径（m）；i_0 是驱动桥主减速比；i_1 是变速器起步挡传动比；T_{emax} 是发动机最大转矩（N·m）；η 是总传动效率（见表 2-1）；$\sin\theta$ 是坡度（见表 2-2），此处道路坡度用坡度的正弦函数表示；f 是滚动阻力系数（见表 2-3）；k 是系数（对比计算时，$k=1$）。

2. 温升速率 H_R（N·m/s$^{1/2}$），是表征摩擦片接合与分离时摩擦生热导致摩擦片温度升高的量

$$H_R = 0.1047 n T_{emax} \sqrt{\frac{\pi n r m_a}{30 i_0 i_1 (T_{emax} \eta i_0 i_1/r - 9.81 m_a \sin\theta - 10 f m_a)}} \tag{2-2}$$

表 2-1　总传动效率 η（机械式变速器）

弹簧 \ 车型	轿　车	货　车	农 用 车
膜片弹簧	0.90	0.85	0.83
螺旋弹簧	0.88	0.83	0.80

表 2-2　坡度 $\sin\theta$

工况 \ 车型	轿　车	货　车	农 用 车	牵 引 车
越野	1/6	1/8	—	1/6
公路	1/8	1/8	1/6	1/8

表 2-3　滚动阻力系数 f

一般沥青和混凝土道路	0.015
卵石路	0.021
砂石路	0.042

3. 离合器转矩容量 T_c（N·m）

$$T_c = \mu N Z R_e$$

式中，μ 是摩擦因数，通常要利用离合器的摩擦打滑来使汽车起步，这是利用摩擦传动的关键，故一般计算离合器转矩容量时应取 $\mu_{动}$；N 是对压盘的压紧力，它随使用情况和温度会有所变动，使用中摩擦片厚度的磨损变小，以及频繁接合引起的高温使弹簧压力衰退都会使 N 有明显改变；Z 是离合器摩擦工作面数，单片为 2，双片为 4；R_e 是有效作用半径（mm），作为一间接度量值，它随着摩擦接触面的磨损及高温造成的翘曲，导致摩擦副的不均匀接触。

从确定转矩容量 T_c 的参数可见，一旦离合器设计完成，其转矩容量便确定，即转矩容量是离合器的一个本质属性。但通常它只能用来初步定出离合器的原始参数、尺寸，是否合适，最终依赖于试验验证。为了保证能可靠地传递发动机的转矩，进行汽车设计时，应使离合器转矩容量 T_c 大于发动机最大转矩 T_{emax}，写成如下关系式

$$T_c = \beta T_{emax} \tag{2-3}$$

式中，β 是离合器后备系数（见表 2-4）。

表 2-4　后备系数 β 值（推荐值）

车辆种类 \ 离合器及发动机种类	膜 片 弹 簧		螺 旋 弹 簧	
	汽油发动机	柴油发动机	汽油发动机	柴油发动机
普通轿车	1.10~1.25	1.20~1.40	1.25~1.40	1.30~1.50
高级轿车	1.20~1.40	—	—	—
轻型货车	1.15~1.30	1.20~1.40	1.30~1.50	1.40~1.60
中型货车、公路客车	1.25~1.60	1.30~1.70	1.50~1.80	1.60~1.90
大型货车、牵引车	1.30~1.70	1.40~1.80	1.60~2.00	1.80~2.25
农用车轮式拖拉机	1.80~2.10	1.90~2.20	2.00~2.50	2.20~3.00

4. 离合器摩擦片外径 D、内径 d 及面积 A

按图 2-4 所示，根据发动机最大转矩 T_{emax} 初选摩擦片外径 D（当摩擦片不是圆环形时，其外径 D 为摩擦片安装的最外缘直径），由表 2-5 选定摩擦片的尺寸，然后根据摩擦面数量计算摩擦片总面积 A，根据式（2-1）、（2-2）计算单位摩擦片面积的滑磨功 W_d/A、温升速率 H_R/A 和发动机功率单位摩擦片面积 P/A，并且应不大于表 2-6 中的推荐值，如不符合要求，可根据具体情况，适当调整内外径尺寸。

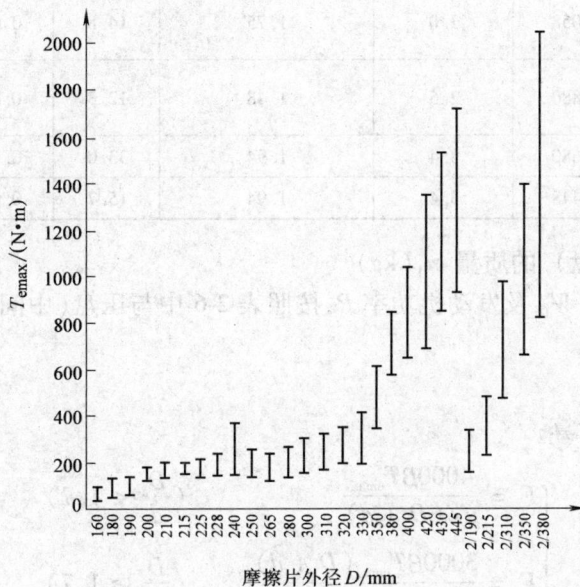

图 2-4　发动机转矩与磨擦片外径的关系

表 2-5　摩擦片（圆环形）推荐值

外径 D /mm	内径 d /mm	厚度 t /mm	单面面积 a /mm²	外径 D /mm	内径 d /mm	厚度 t /mm	单面面积 a /mm²
(150)	(100)	(3.0)		250	155(150)	3.5(4.0)	30218.2
160	110	(3.0/3.2)	10602.9	280	165(180)	3.5(4.0)	40192.8
(170)	(120)	(3.0/3.2)	—	300	175	3.5(4.0)	46633.0
180	125	3.5	13175.1	(310)	(175)	3.5(4.0)	—
(190)	(130)	(3.5)	—	325	190(200/210)	3.5(4.0)	54604.8
200	140	3.5	16022.1	350	195(190/215)	4.0(5.0)	66346.5
(215)	(140/145)	(3.5)		380	205(200/215)	4.0(5.0)	80405.1
225	150	3.5	22089.3	(400)	(250)	(4.0/5.0)	—
(228)	(150)	(3.5)		405	220(230)	(4.0/5.0)	90811.7
(235)	(165)	3.5(4.0)		(420)	(220/248)	4.0(5.0)	—
(240)	(160)	3.5(4.0)		430	230(240)	4.0(5.0)	103672.6

注：括号内尺寸不符合 GB5764—1986 的尺寸规定，不推荐首选。

表 2-6   不同汽车离合器容量参数的许用值

参数 汽车种类	W_D/m_1 /(N·m/kg)	W_D/A /(N·m/mm²)	H_R/A /(N·m/mm²·s^{1/2})	P/m_1 /(kW/kg)	P/A /(kW/mm²)	$\sin\theta$	备注
小轿车	95680	6.8	3.88	33.0	0.0024	1/8	
两厢式乘用/工具车	95680	6.8	3.88	49.4	0.0035	1/8	
轻型货车	71760	5.0	2.91	24.7	0.0017	1/8	
越野/公路4×4轿车	71760	5.0	2.91	24.7	0.0017	1/8	
大型货车/牵引车	47840	3.4	1.94	16.5	0.0012	1/8	
中型货车/牵引车	43058	3.0	1.75	14.8	0.0010	1/8	可用于中型 以上大轿车
越野货车	35880	2.5	1.48	12.3	0.0008	1/8	可用于城市 公共汽车
大型货车 或牵引车	压盘 95680	3.4	1.94	33.0	0.0012	1/8	双片
	中间盘 45448	3.4	1.94	15.7	0.0012	1/8	

5. 压盘（中间压盘）的质量 m_1（kg）

用计算出的滑磨功 W_D 及发动机功率 P，按照表 2-6 中与压盘（中间压盘）相关项，确定其最小值。

6. 压紧力 F（N）

压紧力 F 由下式计算：

$$\begin{cases} F = \dfrac{4000\beta T_{\mathrm{emax}}}{\mu Z(D+d)} & \left(\dfrac{D}{d} < 1.7\right) \\[4mm] F = \dfrac{3000\beta T_{\mathrm{emax}}(D+d)}{\mu Z(D^2+Dd+d^2)} & \left(\dfrac{D}{d} \geqslant 1.7\right) \end{cases} \quad (2-4)$$

式中，μ 是摩擦片的摩擦因数（见表 2-7）；Z 是摩擦面数量（单片 $Z=2$，双片 $Z=4$）。

7. 摩擦片的单位压力 p（N/mm²）

$$p = F/a \quad (2-5)$$

式中，a 是摩擦片单面面积（mm²），其值应在如表 2-7 所示的范围内。

表 2-7   摩擦因数 μ 与许用单位压力 $[p]$

摩擦材料		μ	$[p]/(\mathrm{N/mm^2})$
石棉基材料	模压	0.2	0.10 ~ 0.25
	编织	0.3	0.25 ~ 0.35
粉末冶金材料	铜基	0.3	0.30 左右
	铁基	0.4	0.30 左右
金属陶瓷		0.4	0.35 ~ 0.65
无石棉有机摩擦材料		0.2 ~ 0.4	0.20 ~ 0.40

二、应用举例

例 2-1   选取离合器

已知某车为公路用货车，其参数为：$T_{\mathrm{emax}} = 559\mathrm{N·m}$，$P = 132\mathrm{kW}$，$n = 1400\mathrm{r/min}$，$m_\mathrm{a}$

$= 12245\text{kg}$，$i_0 = 5.77$；$i_1 = 6.515$；$r = 0.49\text{m}$。

拟选单片膜片弹簧离合器：$D = 350\text{mm}$，$A = 121340\text{mm}^2$，$T_c = 700 \sim 760\text{N} \cdot \text{m}$，$m_1 = 14\text{kg}$，验算这种离合器在该车上其容量是否合适。

解： 按式(2-1)、(2-2)计算得：$W_D = 97843.2\text{N} \cdot \text{m}$，$H_R = 89529.9\text{N} \cdot \text{m/s}^{1/2}$。

按式(2-3)计算得：$\beta = 1.25 \sim 1.36$，$W_D/m_1 = 6988.8\text{N} \cdot \text{m/kg}$，$W_D/A = 0.8064\text{N} \cdot \text{m/mm}^2$，$H_R/A = 0.74\text{N} \cdot \text{m/(mm}^2 \cdot \text{s}^{1/2})$。

与表2-1、表2-6中值对比，可以看出，此离合器用在该车上是合适的。

例2-2　设计离合器

已知某车型是公路货车，基本参数为：$T_{emax} = 902\text{N} \cdot \text{m}$，$P = 184\text{kW}$，$n = 1500\text{r/min}$，$m_a = 16760\text{kg}$，$i_0 = 4.875$　$i_1 = 7.059$，$r = 0.525\text{m}$。为该车设计一单片膜片弹簧离合器，计算其容量参数。

解：

1) 确定摩擦片尺寸。由式(2-1)和(2-2)得

$$W_D = 209083.3\text{N} \cdot \text{m}$$

$$H_R = 172127.8\text{N} \cdot \text{m/s}^{1/2}$$

由图2-4及表2-5初步确定摩擦片外径 D 为380mm，内径 d 为205mm，$A = 80405.1\text{mm}^2$，$D/d = 1.86$。则

$$W_D/A \approx 1.3\text{N} \cdot \text{m/mm}^2$$

$$H_R/A \approx 1.07\text{N} \cdot \text{m/(mm}^2 \cdot \text{s}^{1/2})$$

可以看出 W_D/A 和 H_R/A 均小于表2-6中的推荐值。

2) 确定压紧力 F。选用石棉基编织摩擦片，根据表2-1、2-7取 $\beta = 1.4 \sim 1.8$、$\mu = 0.3$，由式 (2-3) 和 (2-4) 得压紧力

$$F = (10182 \sim 13090)\text{N}$$

3) 检验单位压力 p。由式 (2-5) 得单位压力 p

$$p = 0.174 \sim 0.223\text{N/mm}^2$$

均小于表2-7中的许用值。

几点说明：

1) 许用单位压力 $[p]$ 与摩擦材料、摩擦片尺寸、离合器的工作条件、后备系数 β 等有关，通常主要根据摩擦材料按表2-7选取。当摩擦片尺寸较大，外缘圆周速度也很大，滑磨时发热严重，并使零件受热不均匀，因此许用单位压力 $[p]$ 应随摩擦片外径的增大而适当降低，如图2-5所示。

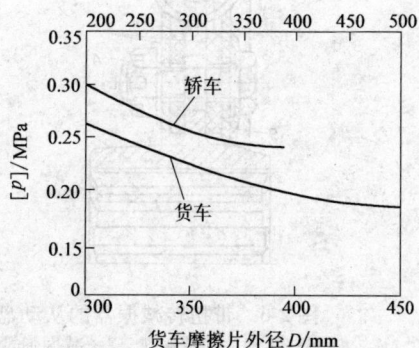

图2-5　$[p]$ 的变化

2) QC/T25-2004《汽车干式摩擦离合器总成技术条件》中规定，当摩擦片表面温度为250℃时，汽车离合器的许用单位面积滑磨转矩 $[T_\infty]$ 应符合表2-8规定，且不小于常温时的70%，对于新开发离合器，需要做行业鉴定的要给予考虑。T_∞ 按下式计算

$$T_\infty = \frac{1000 T_{emax}}{ZA} (\text{N/mm}) \tag{2-6}$$

式中，T_{emax}是离合器最大滑磨转矩(N·m)；A是摩擦片单面面积(mm^2)；Z是摩擦面数。

表 2-8 许用单位面积滑磨转矩 $[T_\infty]$ 的要求

外径 D/mm	≤210	>210~250	>250~325	>325
T_∞/(N/mm)	2.8	3.0	3.5	4.0

第三节 离合器结构零件的设计

一、从动盘总成结构

从动盘由从动片、摩擦片和从动盘毂3个基本组成部分。从动盘有两种结构形式：带扭转减振器的和不带扭转减振器的，如图2-6和图2-7所示。不带扭转减振器的从动盘结构简单，重量较轻，从动盘中从动片直接铆在从动盘毂上；而带扭转减振器的从动盘，其从动片和从动盘毂之间却是通过减振弹簧弹性地连接在一起。

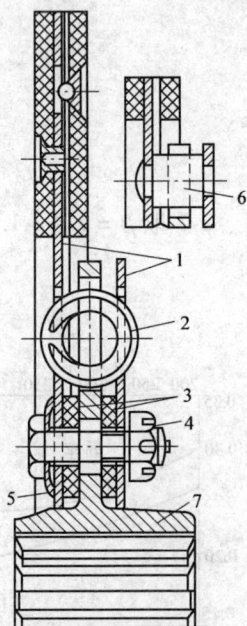

图 2-6 带扭转减振器的从动盘
1—从动片和减振盘 2—减振弹簧
3—减振摩擦片 4—紧固螺钉 5—碟形弹簧
6—限位销 7—从动盘毂

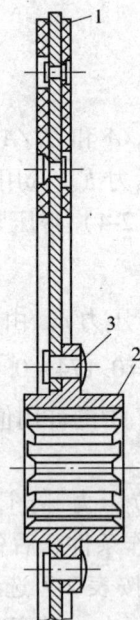

图 2-7 不带扭转减振器的从动盘
1—从动片 2—从动盘毂 3—铆钉

图2-8所示为带扭转减振器的从动盘的结构分解图。摩擦片1、13分别用铆钉14、15铆在波形弹簧片3上，而后者又和从动片5铆在一起。从动片5用限位销7和减振盘12铆在一起。这样，摩擦片、从动片和减振盘三者就被连在一起了。在从动片5和减振盘12上，

沿圆周切线方向开有6个均布的长方形窗孔，装在从动片和减振盘之间的从动盘毂8的法兰上也开有同样数目的窗孔，在这些窗孔中装有减振弹簧11，将从动片、减振盘与从动盘毂在圆周方向弹性地连接起来。当离合器传递发动机转矩时，从动片和从动盘毂之间的减振弹簧被压缩而产生相对转动。从动盘传递的转矩愈大，从动片相对从动盘毂的转动角也愈大。限位销7限制减振弹簧的最大变形，防止减振弹簧压紧并发生过载。从动片和减振盘的窗孔上都制有翻边，这样可防止减振弹簧滑脱出来。

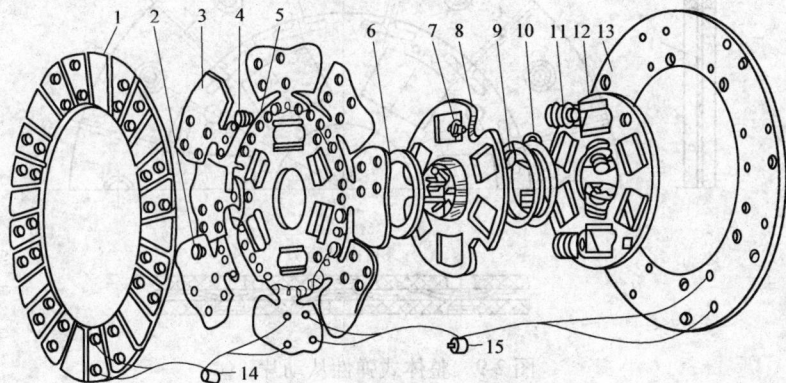

图 2-8　带扭转减振器的从动盘分解图

1、13—摩擦片　2、14、15—铆钉　3—波形弹簧片　4—平衡块　5—从动片　6、9—减振摩擦片
7—限位销　8—从动盘毂　10—调整垫片　11—减振弹簧　12—减振盘

此外，在从动片、减振盘和从动盘毂之间还装有减振摩擦片6、9。当传动系发生扭转振动时，从动片及减振盘相对从动盘毂发生来回转动，系统的扭转振动能量会很快被减振摩擦片的摩擦所吸收。

设计从动盘总成时应注意满足以下几个方面的要求。

1）为了减少变速器换挡时轮齿间的冲击，从动盘的转动惯量应尽可能小。

2）为了保证汽车平稳起步、摩擦面片上的压力分布更均匀等，从动盘应具有轴向弹性。

3）为了避免传动系的扭转共振以及缓和冲击载荷，从动盘中应装有扭转减振器。

4）要有足够的抗爆裂强度。

二、从动盘零件的结构选型和设计

1. 从动片

1）从动片要尽量减轻重量，并使质量的分布尽可能地靠近旋转中心，以获得最小的转动惯量。为了减小转动惯量以减轻变速器换挡时的冲击，从动片一般都做得比较薄，通常是用1.3～2.0mm厚的钢板冲制而成。为了进一步减小从动片的转动惯量，有时将从动片外缘的盘形部分磨薄至0.65～1.0mm；使其质量分布更加靠近旋转中心。

2）为了使离合器接合平顺，保证汽车平稳起步，单片离合器的从动片一般都做成具有轴向弹性的结构。

① 整体式弹性从动片。从动片沿半径方向开槽，将外缘部分分割成许多扇形，并将扇形部分冲压成依次向不同方向弯曲的波浪形，使其具有轴向弹性。两边的摩擦片则分别铆在

扇形片上，如图 2-9 所示。在离合器接合时，从动片被压紧，弯曲的波浪形扇形部分逐渐被压平，从动盘摩擦面片所传递的转矩逐渐增大，使接合过程（即转矩增长过程）较平顺、柔和。

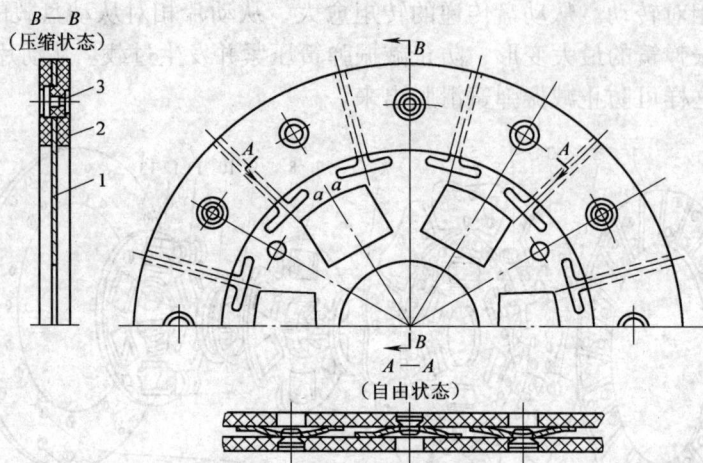

图 2-9　整体式弹性从动片
1—从动片　2—摩擦片　3—铆钉

整体式弹性从动片根据从动片尺寸的大小可制成 6～12 个切槽。这种切槽还有利于减少从动片的翘曲。为了进一步减小从动片的刚度，增加其弹性，常常将扇形部分与中央部分的连接处切成 T 形槽。

② 分开式弹性从动片。整体式弹性从动片很难保证每片扇形部分的刚度完全一致，为了消除这个缺点（或者说难点），从动片有时采用如图 2-10 所示的分开式结构，波形弹簧片 1 与从动片 4 分开做成两件，其零件结构如图 2-11 和图 2-12 所示，用铆钉铆在一起。由于波形弹簧片是由同一模具冲制而成，故其刚度比较一致。

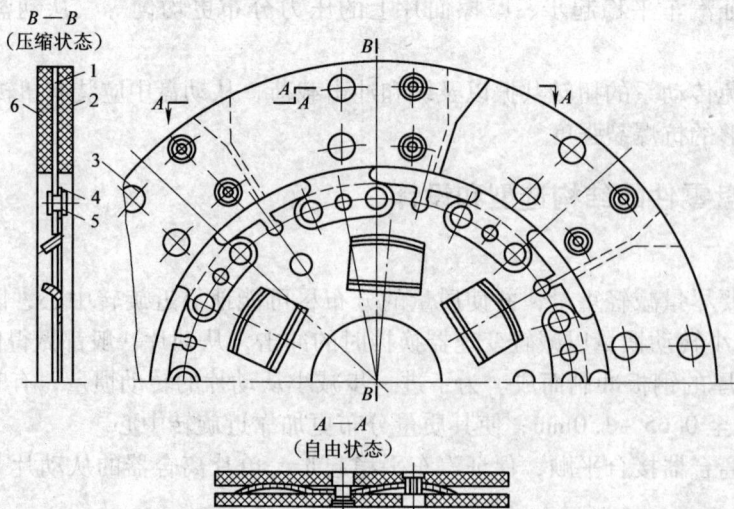

图 2-10　分开式弹性从动片
1—波形弹簧片　2、6—摩擦片　3—摩擦片铆钉　4—从动片　5—波形弹簧片铆钉

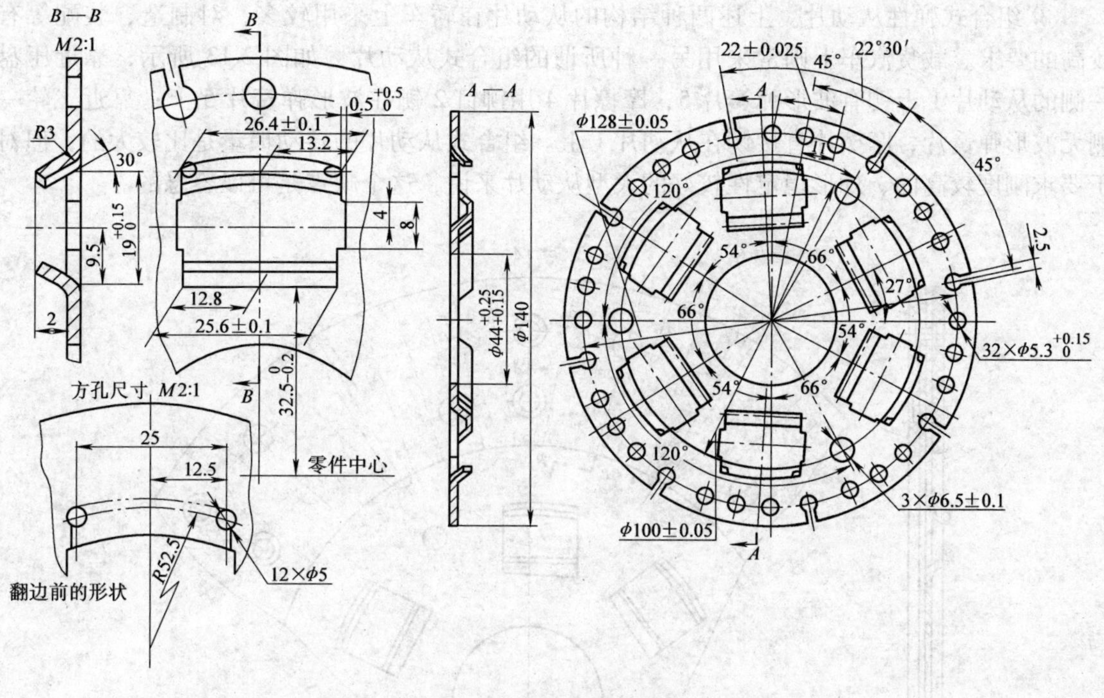

图 2-11　分开式从动盘片

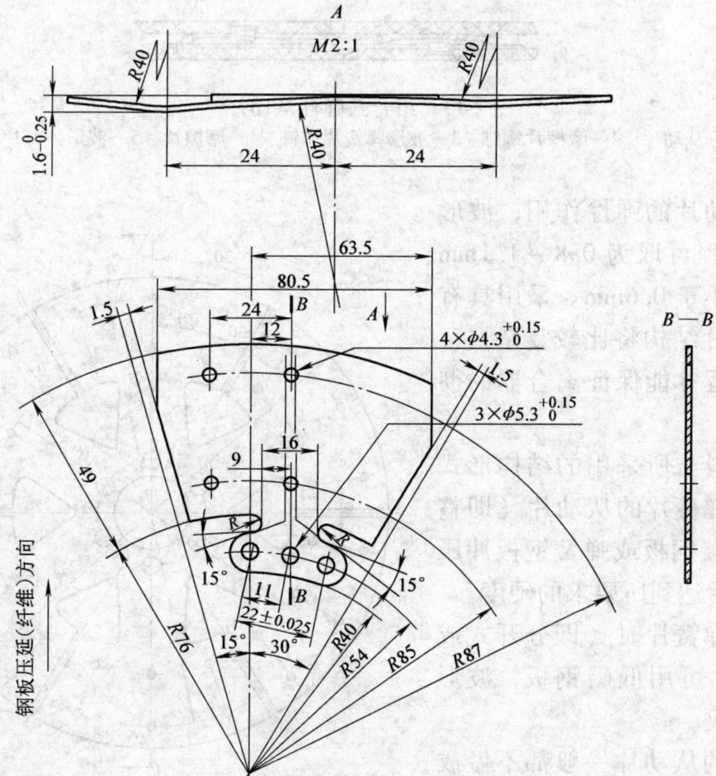

图 2-12　分开式从动片的波形弹簧片

③ 组合式弹性从动片。上述两种结构的从动片在轿车上采用较多，对制造、装配等有较高的要求。载货汽车上则常采用另一种所谓的组合式从动片，如图 2-13 所示，靠近压盘一侧的从动片 1 上铆有波形弹簧片 5，摩擦片 4 用铆钉 2 铆在波形弹簧片 5 上；靠近飞轮一侧无波形弹簧片，摩擦片直接铆在从动片 1 上。组合式从动片的转动惯量是比较大的，但对于要求刚度较高的、外形稳定性较好的大型从动片来说，这个缺点是可以容忍的。

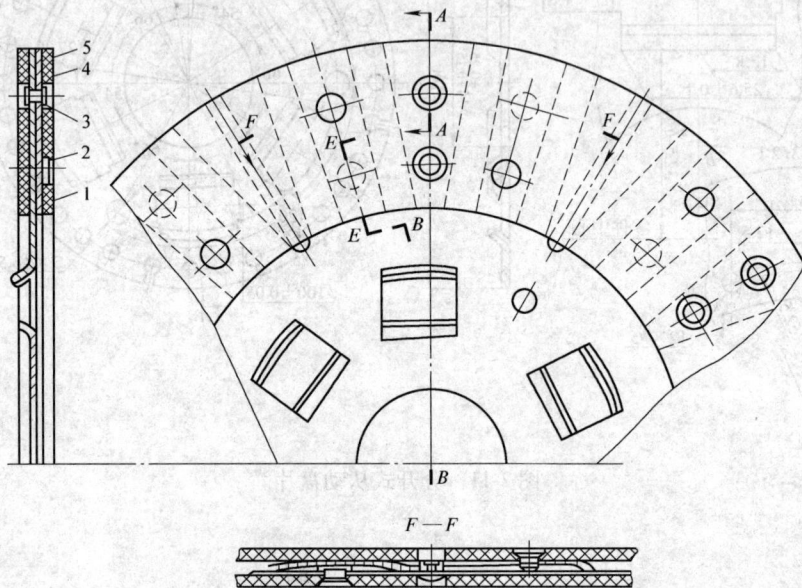

图 2-13　组合式弹性从动片
1—从动片　2—摩擦片铆钉　3—波形弹簧片铆钉　4—摩擦片　5—波形弹簧片

为了保证从动片的弹性作用，波形弹簧片的压缩行程可取为 0.8 ~ 1.1mm 之间，至少不应小于 0.6mm。采用具有轴向弹性的从动片结构将比较复杂，且需要增加分离行程才能保证离合器的彻底分离。

从动片的材料与所采用的结构形式有关，不带波形弹簧片的从动片（即整体式）一般用高碳钢板或弹簧钢板冲压而成，经热处理后达到所要求的硬度。

在采用波形弹簧片时（即分开式或组合式），从动片可用低碳钢板，波形弹簧片用弹簧钢板。

双片离合器的从动片一般都不做成具有轴向弹性，从动片结构如图 2-14 所示。

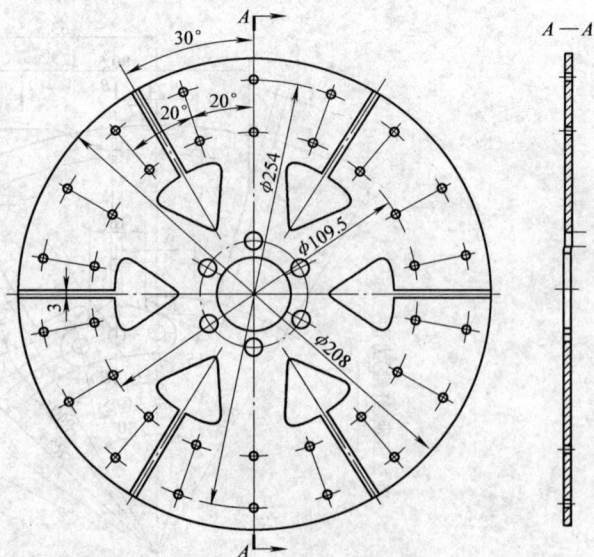

图 2-14　不具有减振弹簧的汽车离合器从动片

2. 从动盘毂

发动机转矩是经从动盘毂的矩形花键孔输出，变速器第一轴花键轴就插在该花键孔内，如图 2-15 所示。花键之间为动配合，在离合器分离和接合过程中，从动盘毂能在花键轴上自由滑动。我国生产的离合器，其从动盘毂花键多用 SAE 标准，有关尺寸如表 2-9 所示。

表 2-9　SAE 矩形花键尺寸　　　　　　　　　　（单位：mm）

SAE 标记	D	D_1	L_1	D_2	D_3	L_2
$\frac{7''}{8}$10B	$22.2^{+0.13}_{0}$	$19.1^{+0.084}_{0}$	$3.45^{+0.03}$	$22.15^{0}_{-0.022}$	18.5	$3.42^{0}_{-0.03}$
$1''$10C	$25.8^{+0.13}_{0}$	$20.6^{+0.1}_{0}$	$3.93^{+0.03}$	$25.3^{+0.025}$	20.4	$3.9^{0}_{-0.03}$
$1\frac{1''}{8}$10C	$28.9^{+0.13}_{0}$	$23.4^{+0.084}_{0}$	$4.45^{+0.02}$	$28.3^{0}_{-0.05}$	23	$4.41^{0}_{-0.03}$
$1\frac{1''}{4}$10C	$32.1^{+0.16}_{0}$	$25.8^{+0.084}_{0}$	$4.93^{+0.02}$	$31.75^{0}_{-0.05}$	25.5	$4.89^{0}_{-0.03}$
$1\frac{3''}{8}$10C	$35.2^{+0.16}_{0}$	$28.7^{+0.1}_{0}$	$5.43^{+0.03}$	$34.8^{0}_{-0.05}$	28.2	$5.4^{0}_{-0.03}$
$1\frac{1''}{2}$10C	$38.1^{+0.16}_{0}$	$30.9^{+0.1}_{0}$	$5.97^{+0.02}$	$38.1^{0}_{-0.55}$	30.75	$5.93^{0}_{-0.04}$
$1\frac{5''}{8}$10C	$41.3^{+0.16}_{0}$	$33.4^{+0.1}_{0}$	$6.4^{+0.05}$	$40.8^{0}_{-0.2}$	33.2	$6.37^{0}_{-0.04}$
$1\frac{3''}{4}$10B	$44.5^{+0.16}_{0}$	$38.2^{+0.1}_{0}$	$6.88^{+0.04}$	$44^{0}_{-0.07}$	38.05	$6.85^{0}_{-0.04}$
$1\frac{3''}{4}$10C	$44.5^{+0.16}_{0}$	$36^{+0.1}_{0}$	$6.88^{+0.04}$	$44^{0}_{-0.07}$	35.8	$6.85^{0}_{-0.04}$
$2''$10C	$50.8^{+0.13}_{0}$	$41.1^{+0.1}_{0}$	$7.88^{+0.044}_{0}$	$50^{+0.0}$	40.8	$7.87^{0}_{-0.04}$

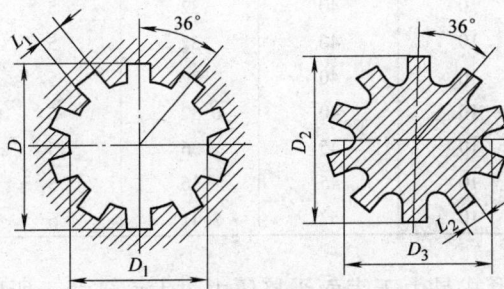

图 2-15　从动盘毂花键

从动盘毂的结构由两部分组成：盘毂和法兰，参见图 2-16。

表 2-10 是按国标 GB/T 1144—2001《矩形花键尺寸、公差和检验标准》规定的花键尺寸系列，设计时花键的结构尺寸可根据从动盘外径和发动机转矩选取。

为了保证从动盘毂在变速器第一轴上滑动时不产生歪斜，影响离合器的彻底分离，从动盘毂的轴向长度不宜过小，一般取其尺寸与花键外径大小相同，对工作条件恶劣的离合器，其盘毂的长度更大，可达花键外径的 1.4 倍。

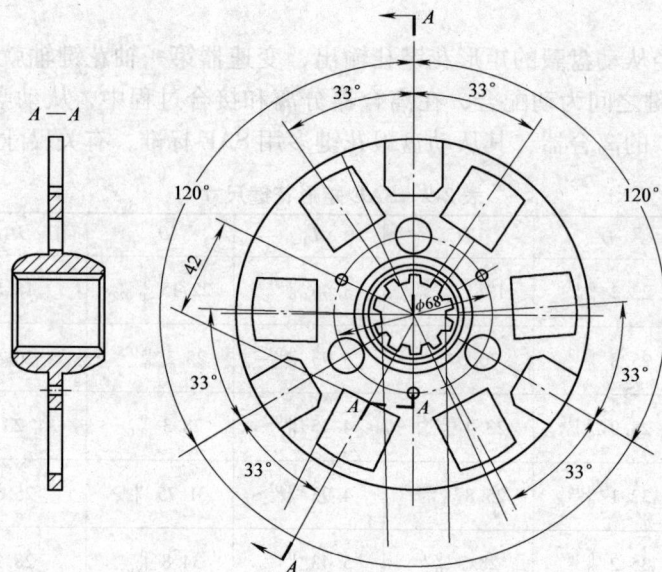

图 2-16　汽车离合器从动盘毂

表 2-10　从动盘毂花键尺寸系列

从动盘外径 D/mm	发动机转矩 T_e/(N·m)	花键齿数 n	花键外径 D'/mm	花键内径 d'/mm	齿厚 b/mm	有效齿长 l/mm	挤压应力 σ/MPa
160	50	10	23	18	3	20	10
180	70	10	26	21	3	20	11.8
200	110	10	29	23	4	25	11.3
225	150	10	32	26	4	30	11.5
250	200	10	35	28	4	35	10.4
280	280	10	35	32	4	40	12.7
300	310	10	40	32	5	40	10.7
325	380	10	40	32	5	45	11.6
350	480	10	40	32	5	50	13.2
380	600	10	40	32	5	55	15.2
410	720	10	45	36	5	60	13.1
430	800	10	45	36	5	65	13.5
450	950	10	52	41	6	65	12.5

由于花键损坏的主要形式是由于表面受挤压力过大而破坏，所以花键要进行挤压应力计算，当应力偏大时可适当增加花键毂的轴向长度。

挤压应力（MPa）的计算公式如下

$$\sigma_{jy} = \frac{P}{nhl} \tag{2-7}$$

式中，n 是花键齿数；h 是花键齿工作高度，$h = (D' - d')/2$；l 是花键有效长度（mm）。P 是花键的齿侧面压力（N）。它由下式确定

$$P = \frac{T_{emax}}{(D' + d')Z} \tag{2-8}$$

式中，d'，D'分别为花键的内、外径（mm）；Z是从动盘毂的数目；M_{emax}是发动机最大转矩（N·m）。

从动盘毂一般都由中碳钢锻造而成，并经调质处理，其挤压应力不应超过20MPa。

三、从动盘摩擦材料的选择

离合器摩擦片如图2-17所示，选择摩擦材料的基本原则是：满足较高性能的标准；成本最小；考虑替代石棉。

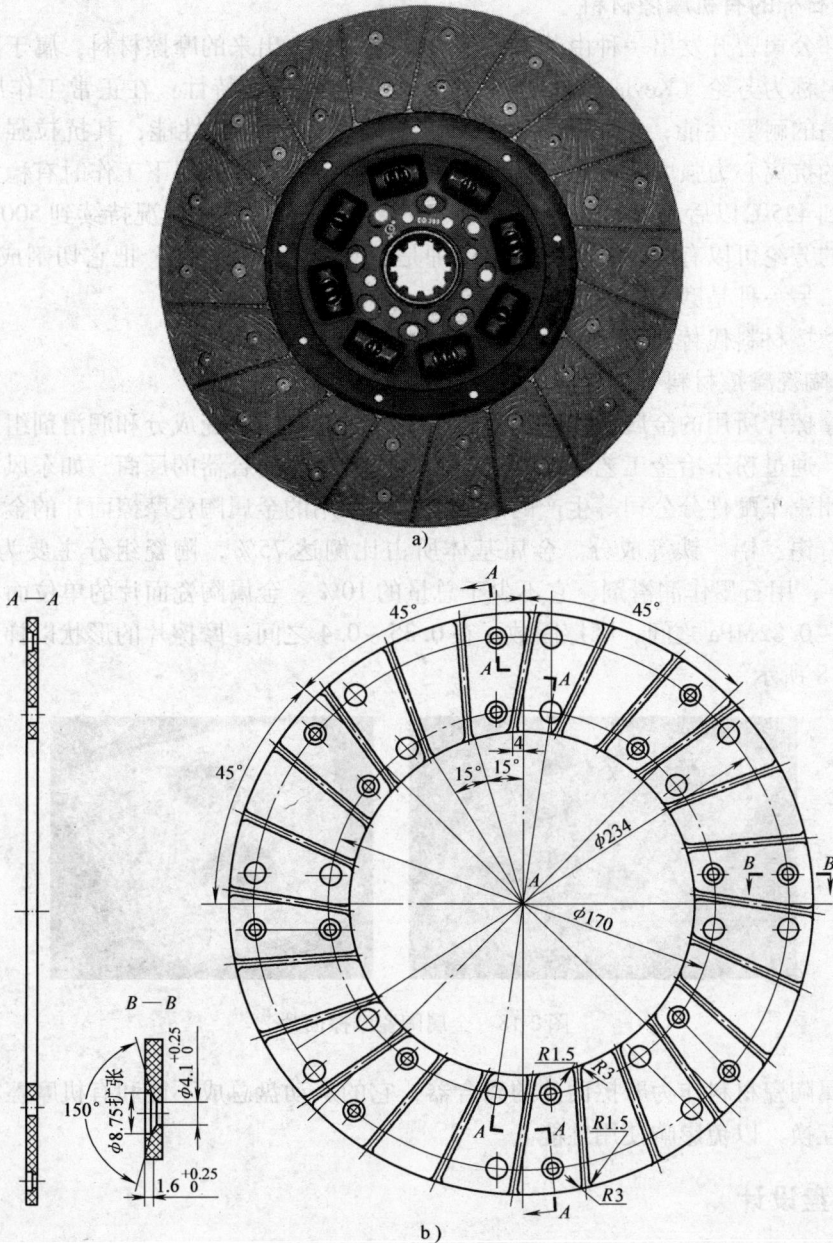

a)

b)

图 2-17　离合器摩擦片
a) 摩擦盘总成　b) 摩擦片结构

1. 石棉基摩擦材料

直至今天，在我国离合器的摩擦材料中，多数还是以石棉为基础的材料编织而成。这种编织的面片是由石棉纤维和铜丝或锌丝绕制成石棉线绳制成。采用它的原因是，一方面是石棉有良好的耐热性能，另一方面是它又可以得到铜丝或锌丝的加强，可以说是一种性能比较良好的摩擦材料。但是它的粉尘对环境有污染，国外已经淘汰。

在离合器上使用的石棉基摩擦材料的摩擦因数大约在 0.3 左右（即在 0.25 ~ 0.50 之间），其允许的单位压力在 0.2MPa 左右。

2. 替代石棉的有机摩擦材料

美国杜邦公司曾开发出一种由芳香族聚酰胺纤维派生出来的摩擦材料，属于高分子尼龙家族，商业名称为芳纶（Kevlar aramid）。它有如下一些工作特性：在正常工作压力和温度范围内有较高的耐磨性能；重量比石棉材料轻；有良好的接合性能；其抗拉强度是钢的 5 倍；有较高的抗离心力强度，能有效抵抗摩擦面片的飞裂；在高温下工作时有稳定的摩擦特性，温度达到 425℃ 以后才开始烧裂（而不是变软、熔化），这种状况持续到 500℃。

合成出的芳纶可以有两种状态存放：一种是厚 0.12mm 的细丝，把它切割成 6 ~ 100mm 的不同长度；另一种是磨碎的不定形结构纤维，称作浆料。

用有机摩擦材料代替石棉材料时，离合器的结构等完全相同。

3. 金属陶瓷摩擦材料

离合器摩擦片所用的金属陶瓷摩擦材料是由金属基体、陶瓷成分和润滑剂组成的一种多元复合材料，通过粉末冶金工艺烧结而成。国内主要生产离合器的厂商，如东风汽车传动轴有限公司苏州汽车配件分公司等生产的离合器，所采用的金属陶瓷摩擦面片的金属基体以铜为主，并配有锡、铝、铁等成分。金属基体所占比例达 75%，陶瓷组分主要为二氧化硅，比例大于 6%，用石墨作润滑剂，它不少于总量的 10%。金属陶瓷面片的单位面积允许压力通常为 0.44 ~ 0.82MPa 之间，摩擦因数 μ 在 0.35 ~ 0.4 之间。摩擦片的形状以梯形或扇形多见，如图 2-18 所示。

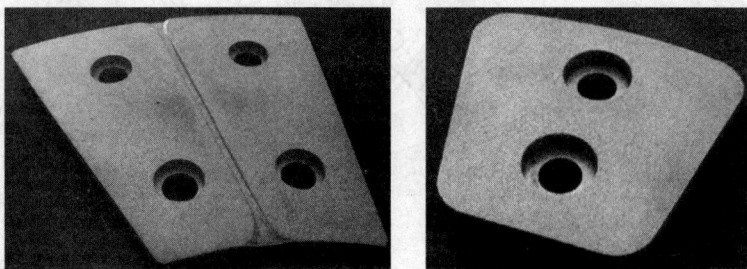

图 2-18　金属陶瓷摩擦面片

采用金属陶瓷材料作为摩擦面片的离合器，它的从动盘总成不能和有机摩擦材料面片的从动盘总成互换，以免影响使用性能。

四、压盘设计

压盘是离合器的主动部分，在传递发动机转矩时，它和飞轮一起带动从动盘转动，又可保证压盘在离合器分离过程中能自由地做轴向移动，使压盘和从动盘脱离接触（见图 2-19）。

压盘的设计包括传力方式的选择及其几何尺寸的确定两个方面。

1. 压盘传力方式的选择

压盘和飞轮间常用的连接方式有以下几种，如图 2-20 所示。

在单片离合器中的压盘过去常采用图 2-20a 所表示的连接方式。离合器盖用螺栓固定在飞轮上，在盖上开有长方形的窗口，压盘上则铸有相应的凸台，凸台伸进盖上的窗口，由离合器盖带动压盘。考虑到摩擦片磨损后压盘将向前移，因此在设计新离合器时，应使压盘凸台适当高出盖上窗口以外，以保证摩擦片磨损至极限时仍能可靠传动。

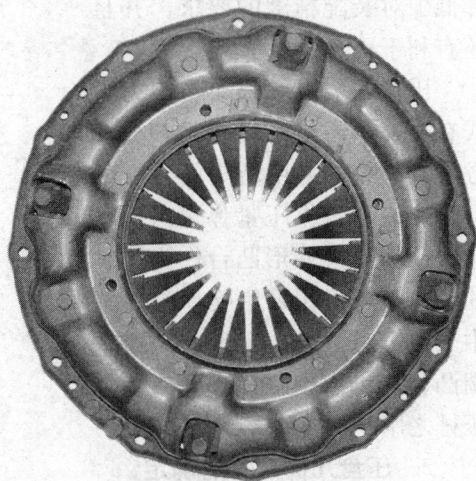

图 2-19 离合器压盘总成

在单片离合器中也可采用键连接方法，如图 2-20b 所示。在双片离合器中一般都采用综合式的连接方法，即中间压盘通过键，压盘则通过凸台。

双片离合器也有用销子传力的，如图 2-20c，解放 CA10B 就采用了 6 个传力销将飞轮与中间压盘、压盘连接在一起。

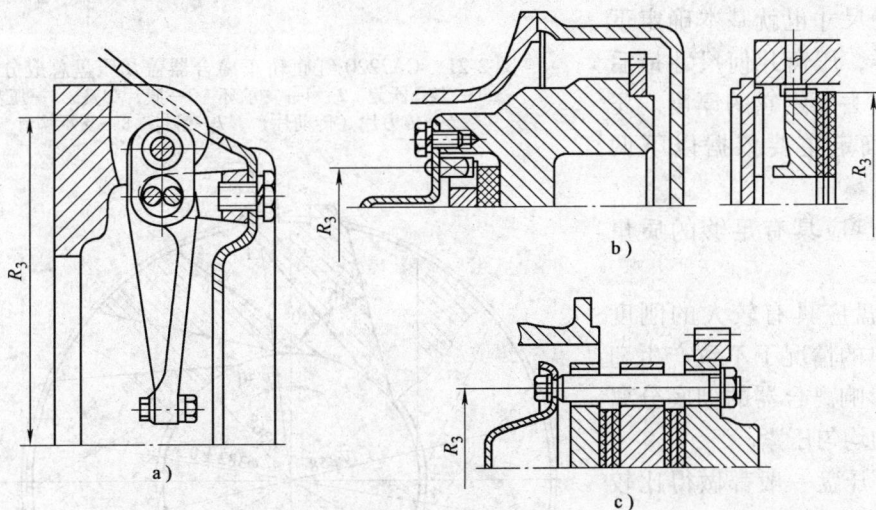

图 2-20 压盘的几种传力（动）方式
a）凸台连接方式 b）键连接方式 c）销连接方式

上述的几种传力方式有一个共同的缺点，即传力处之间有间隙（如凸台和窗口之间的间隙约为 0.2mm 左右）。这样，在传力开始的一瞬间，将产生冲击和噪声。并且，随着接触部分磨损的增加而加大了冲击，这有可能使凸台根部出现裂纹而造成零件的早期损坏。另外，在离合器分离、接合时，由于传力零件之间有摩擦，将降低离合器操纵部分的传动效率。

为了消除上述缺点，现在已广泛采用传力片的传动方式，如图 2-21 所示。由弹簧钢带制成的传力片 6 的一端铆在离合器盖 1 上，另一端用螺钉固定在压盘 5 上。为了改善传力片

6 的受力状况，它一般都是沿圆周切向布置。这种传力片的连接方式还简化了压盘的结构，降低了对装配精度的要求，并且还有利于压盘的定中。

压盘的结构形状除与传力方式有关外，还与压紧方式和分离方式有关。在采用沿圆周分布的圆柱螺旋弹簧作压紧弹簧时，压盘上应铸有圆柱形凸台作为弹簧的导向座。而在采用膜片弹簧或中央弹簧时，则在压盘上铸有一圈凸起以供支承膜片弹簧或弹性压杆之用。

2. 压盘几何尺寸的确定

前面有关离合器基本参数选择中，已经分析了如何确定摩擦片的内、外径尺寸。在摩擦片的尺寸确定后与它摩擦相接触的压盘内、外径尺寸也就基本确定下来了。这样，压盘几何尺寸最后归结为如何去确定它的厚度。压盘厚度的确定主要依据以下两点。

1）压盘应具有足够的质量来吸收热量。

2）压盘应具有较大的刚度保证在受热的情况下不致产生翘曲变形而影响离合器的彻底分离和摩擦片的均匀压紧。

因此，压盘一般都做得比较厚（一般不小于 10mm），而且在内缘做成一定锥度以弥补压盘因受热变形后内缘的凸起。此外，压盘的结构设计还应注意加强通风冷却，如双片离合器的中间压盘体内开有许多径向通风孔，如图 2-22 所示。近年来这种构也开始在单片离合器的压盘中采用。

3. 压盘及传力销（块）的材料

压盘形状一般都比较复杂，而且还要求耐磨、传热性好和具有较理想的摩擦性能，通常

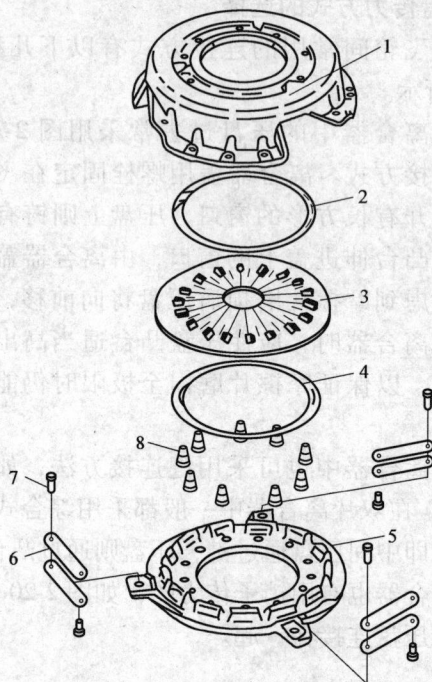

图 2-21 CA7220 红旗轿车离合器盖及压盘总成分解图
1—离合器盖 2、4—支承环 3—膜片弹簧 5—压盘
6—传力片（传动片） 7—铆钉 8—支承铆钉

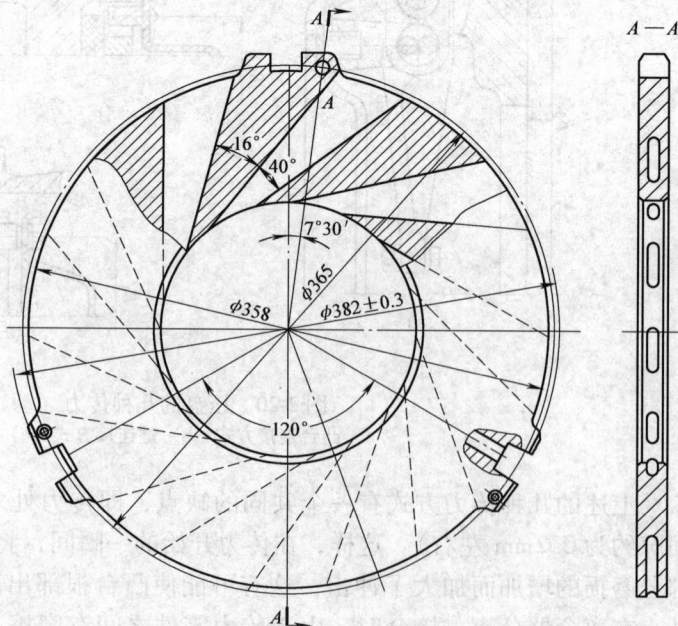

图 2-22 黄河 JN150 型汽车离合器中间压盘（材料：HT18～36）

由灰铸铁铸成，其金相组织呈珠光体结构，硬度为 170～227HB。为了增加其机械强度，可另外增添少量合金元素（如镍、锰等）。

传力销可采用中碳钢（35 钢）。黄河牌 8t 汽车中间压盘传力块采用 18CrMnTi，而为了提高表面耐磨性能，进行了渗碳处理，层深 0.8～1.0mm，洛氏硬度 55～62HRC。

4. 压盘传力部分及传力零件的强度校核

1）凸台强度校核

当采用压盘的凸台传力时，由于它与离合器盖的接触面积很小，所以必须进行挤压应力校核计算。至于凸台的弯曲应力校核比较起来就显得不那么重要，这是因为凸台受弯曲时，力的作用臂很小，再加上凸台根部抗弯断面系数又比较大，所以弯曲应力一般不会很大，如图 2-23 所示。

挤压应力(MPa)的计算公式

$$\sigma_j = F/A \tag{2-9}$$

式中，F 是作用在每个凸台上的力(N)；A 是离合器盖与凸台的接触面积(mm^2)。

计算面积 A 时，应考虑到由于摩擦片的磨损，压盘前移而使接触面积减少的情况。由图 2-23 可见，在磨损前凸台的接触面积为 ABC_1D_1，而在磨损后，其接触面积减少了 CDD_1C_1。计算 F 时，分配给该压盘上的发动机转矩按该压盘摩擦面的数目 Z_c 和离合器的全部摩擦面的数目 Z 之比来确定（例如，单片离合器的压盘 $Z=1$，$Z_c=2$）。

$$F = T_{emax} \frac{Z}{Z_c} \frac{1}{Z_t R_3} \tag{2-10}$$

式中，T_{emax} 是发动机最大转矩（N·m）；R_3 是凸台分布的平均半径（m）；Z_t 是凸台数目。

最后得到

$$\sigma_j = \frac{Z T_{emax}}{100 A R_3 Z_t Z_c} \tag{2-11}$$

凸台挤压许用应力为 10～15MPa。

2）传力销的强度校核

由图 2-24 可见，传力销同时承受由力 Q'，Q'' 所引起的弯曲应力和 P（接合时的弹簧压紧力）引起的拉伸应力。此外，传力销表面在宽度 s_1 与 s_2 的范围内还受其 Q' 与 Q'' 的挤压作用。其强度校核如下

$$Q' = \frac{T_{emax}}{2nR_n} \tag{2-12}$$

$$Q'' = \frac{T_{emax}}{4nR_n} \tag{2-13}$$

式中，T_{emax} 是发动机最大转矩（N·m）；n 是传力

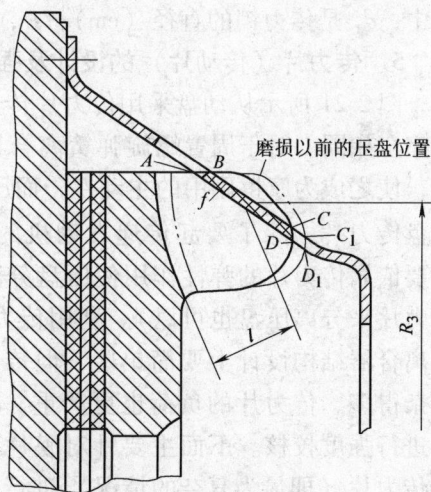

图 2-23　凸台计算简图

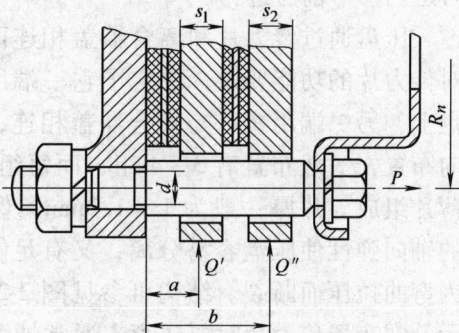

图 2-24　传力销受力图

销数目；R_n 是力 Q' 和 Q'' 的作用半径（m）。

传力销根部的弯曲应力（MPa）为

$$\sigma_{弯} = \frac{M_B}{W_B} = \frac{T_{emax}(2a+b)}{4nR_n \times 0.1d^3} \tag{2-14}$$

式中，M_B 是弯矩（N·cm），$M_B = \dfrac{T_{emax}(2a+b)}{4R_n n}$；$d$ 是传力销根部直径（cm）；W_B 是传力销抗弯截面模量（cm^2）；a，b 是力 Q' 和 Q'' 的作用力臂（cm）。

传力销的拉伸应力为

$$\sigma_{拉} = \frac{4P}{\pi d^2 n} \tag{2-15}$$

传力销的复合应力为

$$\sigma_{合} = \sigma_{弯} + \sigma_{拉} \tag{2-16}$$

3）传力销的挤压应力（MPa）

$$\sigma'_{挤} = \frac{Q'}{s_1 d_1 \times 100} \tag{2-17}$$

$$\sigma''_{挤} = \frac{Q''}{s_2 d_1 \times 100} \tag{2-18}$$

式中，d_1 是传力销的直径（cm）；s_1，s_2 是作用宽度（cm）。

5. 传力片（传动片）的设计及强度校核

图 2-21 所示从动盘采用传力片传递发动机转矩，不同的离合器结构，传力片所起作用不完全相同。对于周置螺旋弹簧离合器的传力片，它主要起向离合器压盘传递发动机的转矩，使之成为摩擦副中的主动件，而压盘的分离由分离杆来完成。而在膜片弹簧离合器中的压盘传力片，除了要起传递发动机的转矩作用之外，还要依靠传力片的弹性作用使压盘分离（如果不想用传力片来分离压盘也可以）。利用传力片来分离压盘，在离合器结构设计上要简单些，但传力片受力状况要复杂得多，传力片的负荷也更严重，故必须仔细地对它进行强度校核。下面主要针对膜片弹簧离合器的压盘传力片（即最为复杂的情况）进行分析和讨论。较为简单的周置螺旋弹簧压盘传力片的设计及强度校核可适当参考前者进行。

压盘通过传力片和离合器盖相连而被驱动。根据对传力片的功能要求，决定了它一端用铆钉固定在压盘上，另一端用螺钉与离合器盖相连，它们沿圆周切向布置，一般布置有 3 ~ 4 组，而每组由 3 ~ 4 个弹性薄片组成。片厚一般为 1 ~ 1.2mm，保证其既有足够的轴向弹性使压盘容易分离，又有足够的强度不至于因弯曲拉压而断裂。结构可参见图 2-25 和图 2-26a 所示。在布置传力片时要注意，通常情况下（即发动机正向输出转矩）传力片应该受拉力，但是当由车轮驱

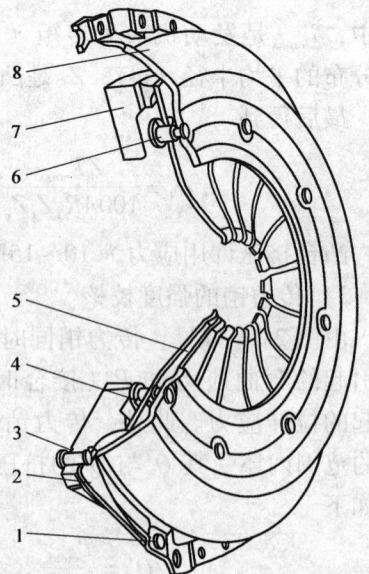

图 2-25 CA7220 红旗轿车离合器盖
及压盘总成构造图
1、3—平头铆钉 2—传力片 4—支承环
5—膜片弹簧 6—支承铆钉
7—离合器压盘 8—离合器盖

动发动机时，传力片将受压，此时要注意它受压时的压杆稳定性问题。传力片与压盘、离合器连接时的安装高度，一般可如此设计：在离合器彻底分离时，压盘由传力片拉离至极限位置，此时，传力片应处于或接近于非弯曲状态（平直状态，相当于弯曲应力为零）。

按照这一设计思路，当离合器在接合状态并传递转矩时，传力片将在弯、拉联合作用下工作。为了对传力片作强度校核设计，现建立传力片的分析计算模型，如图 2-26 所示。

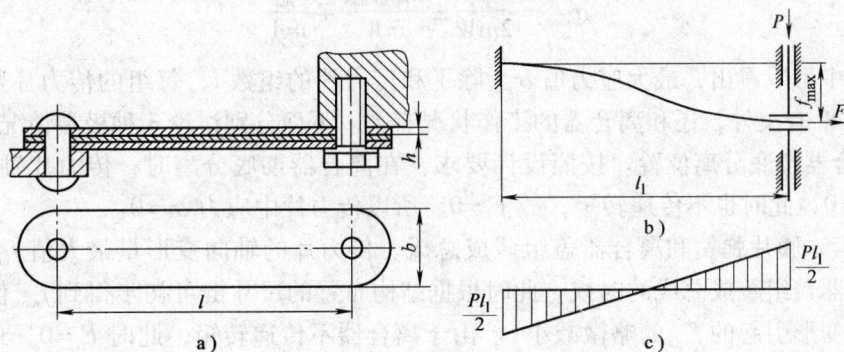

图 2-26 传力片分析计算图
a）模型 b）变形图 c）弯矩图

从图中可以看出，其两端为固定端，其中一个固定端又能上下移动，这是一静不定的问题。下面按照材料力学的方法来计算传力片的刚度及其应力。

若传力片有效长度为 l_1，则

$$l_1 = l - 1.5d(d \text{ 为螺钉孔直径})$$

设共有 i 组传力片，每组有 n 片，每一传力片的截面惯性矩为了 J_x，则一组 n 个的传力片的截面总惯性矩为 nJ_x。

由于在实际使用中，只能知道传力片的轴向变形量，而不能直接知道其作用力的大小，故要通过其轴向变形，才能求出其作用力 P 的大小。为了解这一静不定问题，由变形协调条件可知，传力片两端处的转角 $\theta_1 = \theta_2 = 0°$，这样可画出传力片的弯矩图，如图 2-26c 所示。根据材料力学公式 $y'' = M(x)/EJ$，并通过积分最终可得每组传力片的总刚度

$$k_n = 12EJ_x n/l_1^3 \tag{2-19}$$

全部 i 组传力片合成的总刚度为

$$k_\Sigma = \Sigma k_n = 12EJ_x ni/l_1^3 \tag{2-20}$$

若知传力片的最大轴向变形为 $f = f_{max}$，则其弹性恢复力 P_{max} 可由上面的刚度公式导出

$$P_{max} = 12EJ_x nif_{max}/l_1^3 \tag{2-21}$$

传力片受到的应力可能来自 3 个方面：由于轴向变形 f 引起的力 P 所产生的弯曲应力 $\dfrac{Pl_1}{2inW}$（式中 W 为 1 个传力片的抗弯截面模量）；由于传递转矩引起的拉力 F 作用下的拉应力 $\dfrac{F}{inA}$（式中 A 为 1 个传力片的截面积）；在 F 力作用下，由于高低差造成的弯曲应力 $\dfrac{Ff}{inW}$。

压盘传力片上的最大拉力 F_{max} 可按下式计算

$$F_{max} = T_c / 2R \tag{2-22}$$

一般来说膜片弹簧离合器的后备系数 $1.2 < \beta < 2$，为安全起见，可取

$$F_{max} = M_{emax} / R \tag{2-23}$$

根据对传力片应力状况的分析，其最大应力 σ_{max}。应该是上述 3 部分应力的代数和，即

$$\sigma_{max} = \frac{Pl_1}{2niW} \pm \frac{F_{max}f_{max}}{inW} \mp \frac{F_{max}}{inA} \tag{2-24}$$

从上式中可以看出，最大应力值 σ_{max} 除了和传力片的组数 i，每组的传力片数 n 和每片的截面系数 W 有关外，还和离合器的工作状况有关。下面分别讨论 3 种极端情况。

1）离合器彻底分离位置。按照设计要求，在离合器彻底分离时，传力片轴向变形量 f $= 0$，故 $P = 0$，此时也不传递转矩，故 $F = 0$，所以传力片中应力 $\sigma = 0$。

2）压盘、膜片弹簧和离合器盖组装成总成。传力片的轴向变形量最大值 f_{max} 就发生在压盘和离合器盖组装成总成的时候。此时根据结构布置的尺寸链可初步得到 f_{max} 值（没有考虑膜片弹簧变形引起的 f_{max} 的略微减小）。由于离合器不传递转矩，此时 $F = 0$，最大应力值由下式决定

$$\sigma_{max} = \frac{Pl_1}{2niW} \tag{2-25}$$

或

$$\sigma_{max} = \frac{3f_{max}Eh}{l_1^2} \tag{2-26}$$

式中，h 为传力片厚度；E 为材料弹性模量。

3）离合器传递转矩且摩擦片磨损到极限。此时，虽然传力片的轴向变形量 f 已较上述的 f_{max} 为小，但传力片受力传扭，其应力最为复杂并可有两种情况：正向驱动或反向驱动。

若统一取 $F = \dfrac{M_{emax}}{R}$，则正向驱动应力公式为

$$\sigma_{max} = \frac{3f_{max}Eh}{l_1^2} - \frac{6f_{max}T_{emax}}{inRbh^2} + \frac{T_{emax}}{inRbh} \tag{2-27}$$

反向驱动应力公式为

$$\sigma_{max} = \frac{3f_{max}Eh}{l_1^2} + \frac{6f_{max}T_{emax}}{inRbh^2} - \frac{T_{emax}}{inRbh} \tag{2-28}$$

例 2-3 已知一 $\phi 380mm$ 膜片弹簧离合器，装于某一发动机上，发动机的转矩为 T_{emax} $= 700N \cdot m$。根据初步布置，初定离合器压盘传力片的设计参数如下：共设 3 组传力片 $(i = 3)$，每组 4 片 $(n = 4)$，传力片的几何尺寸为：宽 $b = 25mm$，厚 $h = 1mm$，传力片上两孔间的距离 $l = 86mm$，孔的直径 $d = 10mm$，传力片切向布置，圆周半径 $R = 178mm$，传力片材料的弹性模量 $E = 2 \times 10^5 MPa$。试校核传力片的应力和最小分离力。

解：

首先计算传力片的有效长度 l_1

$$l_1 = (86 - 1.5 \times 10)mm = 71mm$$

计算传力片的弯曲总刚度

$$K_{\Sigma} = 12 \times 2 \times 10^{11} \times 1/12 \times 25 \times 1^3 \times 4 \times 3/71^3 \times 1/1000 \text{N/m} = 0.17 \times 10^6 \text{N/m}$$

根据上述分析，计算以下 3 种工况的最大驱动应力及传力片的最小分离力。

1）彻底分离时，按设计要求 $f = 0$，$T_e = 0$，$\sigma = 0$。

2）压盘和离合器盖组装成盖总成时，$T_e = 0$，通过分析计算可知 $f_{max} = 7.67 \text{mm}$。由式（2-26）计算最大应力

$$\sigma_{max} = \frac{3 \times 7.67 \times 2 \times 10^{11} \times 1}{71^2} \text{Pa} = 913 \text{MPa}$$

3）离合器传递转矩时，分正向驱动（发动机→车轮）与反向驱动（车轮→发动机），f_{max} 出现在离合器摩擦片磨损到极限状况时，通过尺寸链的计算可知 $f_{max} = 4.74 \text{mm}$。

① 正向驱动时

$$\sigma_{max} = \left(\frac{3 \times 4.74 \times 2 \times 10^{11} \times 1}{71^2} - \frac{6 \times 700 \times 4.74 \times 1000}{3 \times 4 \times 178 \times 25 \times 1^2} + \frac{700 \times 1000}{3 \times 4 \times 178 \times 25 \times 1} \right) \text{Pa}$$

$$= (564 - 372.6 + 13.1) \text{MPa} = 204.5 \text{MPa}$$

② 反向驱动时

$$\sigma_{max} = \left(\frac{3 \times 4.74 \times 2 \times 10^{11} \times 1}{71^2} + \frac{6 \times 700 \times 4.74 \times 1000}{3 \times 4 \times 178 \times 25 \times 1^2} - \frac{700 \times 1000}{3 \times 4 \times 178 \times 25 \times 1} \right) \text{Pa}$$

$$= (564 + 372.6 - 13.1) \text{MPa} = 923.5 \text{MPa}$$

可见反向驱动最危险，由于在取计算载荷时比较保守，明显偏大，因此，传力片的许用应力可取其屈服极限。鉴于上述传动力片的应力状况，应选用 80 钢。

4）传力片的最小分离力（弹性恢复力）$F_{弹}$ 发生在新装离合器的时候，此时从动盘尚未磨损，离合器在接合状态下的弹性弯曲变形量最小，根据设计图样确定，$f_{min} = 1.74 \text{mm}$，计算出传力片弯曲总刚度 $K_{\Sigma} = 0.17 \times 10^6 \text{N/m}$，其弹性恢复力为

$$F_{弹} = k_{\Sigma} f = 0.17 \times 10^6 \times 1.74/1000 \text{N} = 295.8 \text{N}$$

五、离合器盖设计

离合器盖与飞轮用螺栓固定在一起，通过它传递发动机的一部分转矩给压盘。此外它还是离合器压紧弹簧和分离杆的支承壳体。在设计时应特别注意以下几个问题。

1）刚度问题。离合器分离杆支承在离合器盖上，如果盖的刚度不够，则当离合器分离时，可能会使盖产生较大的变形，这样就会降低离合器操纵部分的传动效率，严重时可能导致分离不彻底，引起摩擦片的早期磨损，还会造成变速器换挡困难。

为了减轻重量和增加刚度，小轿车和一般载货汽车的离合器盖常用厚度约为 3 ~ 5mm 的低碳钢板（如 08 钢板）冲压成比较复杂的形状。重型汽车由于批量少，为了降低成本，增加刚度，则常采用铸铁的离合器盖。

2）通风散热问题。为了加强离合器的冷却，离合器盖上必须开许多通风窗口。

3）对中问题。离合器盖内装有压盘、分离杆、压紧弹簧等零件，因此它相对发动机飞轮曲轴中心线必须要有良好的定心对中，否则会破坏系统整体的平衡，严重影响离合器的正常工作。对中方式常用的有以下两种：一是用止口对中，铸造的离合器盖以外圆与飞轮上的

内圆止口对中；二是用定位销或定位螺栓对中，例如北京牌吉普车离合器，其钢板冲压的离合器盖上有 6 个定位螺栓孔（$\phi 8^{+0.055}_{+0.015}$），它是在初钻孔至尺寸 $\phi 5.5$ 后，与压盘等零件组装起来，然后再以压盘内径（$\phi 140^{+0.1}_{0}$）定位。将 6 孔加工到所要求的尺寸，孔的位置准确度为 0.05mm。

六、膜片弹簧的设计与计算

膜片弹簧是使离合器得到满意的压紧力、分离力、压紧升程的关键部件，它的计算方法较多，但有些与实际结果差别很大，推荐使用下列方法。

1. 负荷与变形

负荷与变形按下式计算

$$F = \frac{2\pi E t \ln(D/d_e)}{3 W_e (D - d_e)^2} \left\{ \delta_e \left[\left(c_e - \frac{\delta_e}{2} \right)(c_e - \delta_e) + t^2 \right] - A t^2 - B(c_e - \delta_e) \right\} \tag{2-29}$$

式中，F 是弹簧支点处负荷（N）；d_e 是当量内径（mm）；c_e 是 d_e 处的锥形高（mm）；t 是弹簧钢板厚度（mm）；B 是强压修正系数；δ_e 是 d_e 处的变形（mm）；E 是弹性模量，取 $E = 2.1 \times 10^5$ MPa；D 是弹簧外径（mm）；A 是喷丸修正系数；W_e 是支点变换系数。（上式在 $\delta = 0$ 附近不适用，因设计中 0 点附近不需负荷计算，0 点附近的经验公式略。）

关于式（2-29）中 d_e、A、B 的计算：

1）d_e 受窗口宽度、内径、窗口底边的形式影响，可用下面的经验公式计算。

底边为圆弧时（圆弧直径/窗口宽 = 1.2 ~ 1.3）

$$d_e = d(0.9744 + 0.000483 N) \tag{2-30}$$

底边为直边时（内径/窗口宽 = 9.5 ~ 10.5）

$$d_e = d(0.9833 + 0.000136 N) \tag{2-31}$$

式中，N 是膜片弹簧分离指个数。

2）A 与喷丸的材料、硬度、碰撞角有关，同时还和膜片弹簧的尺寸参数有关。在设计弹簧负荷时，可在 0.94 至 1.47 范围内选取（大尺寸选取较小的数值。）

3）B 取决于弹簧的塑性变形范围。它与设计规定的强压变形量及膜片弹簧的结构参数有关，B 的取值参见图 2-27。图中 Φ 是一中间变量

$$\Phi = \frac{1}{\ln(D/d_e)} \left[2 \frac{c_e}{t} \left(\frac{D/d_e - 1}{\ln(D/d_e)} - 1 \right)(1 - 0.5k) + D/d_e - 1 \right] \tag{2-32}$$

式中，$k = 1.45 ~ 1.75$，其他同式（2-29）。

2. 膜片弹簧各工作点位置的选择

有了压紧力曲线，就要合理设计各工作点位置，保证离合器的性能和一定寿命。

1）新摩擦片的接合位置 b 点（见图 2-28），为了使摩擦片磨损后，工作压紧力的变化不会太大且使离合器操纵较轻便，一般选在峰值与拐点（压平点）之间或在拐点位置附近。

2）摩擦片磨损后的接合位置 a 点，一般选在峰值前，即

$$\delta_a = \delta_b - Z \Delta s_0 \tag{2-33}$$

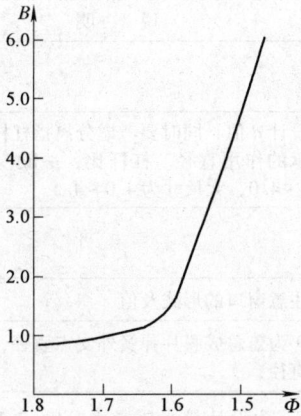

图 2-27 强压修正系数 B

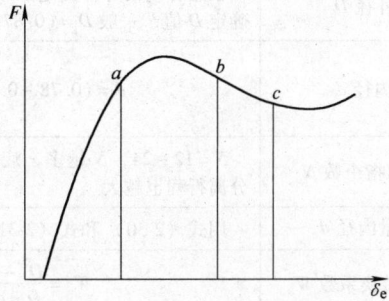

图 2-28 压紧力曲线与工作点位置

式中，Z 是摩擦面数；Δs_0 是每个摩擦面的容许磨损量，摩擦片铆接时，$\Delta s_0 \approx 0.65 \sim 1.1\text{mm}$，摩擦片粘接时，$\Delta s_0 \approx 1.1 \sim 2\text{mm}$。

3）彻底分离位置 c 点，一般为了减小分离操纵所做的功，选取在谷值点附近。即

$$\delta_c = \delta_b + \lambda f = \delta_b + Z(\Delta s + 0.5\Delta f) \tag{2-34}$$

式中，Δs 是彻底分离时，每对摩擦面之间的间隙，一般 $\Delta s = 0.65 \sim 1.0\text{mm}$；$\Delta f$ 是带波形片从动盘，从压紧状态到由某一转矩下能转动时的变形量，一般为 $0.7 \sim 1.2\text{mm}$；没有波形片的从动盘，取从动盘摩擦表面对盘毂花键双面圆跳动量和的 90%。

3. 结构参数设计

结构参数设计的目标是保证离合器使用过程中传递稳定的转矩，分离彻底，并能有合理的使用寿命。压紧力曲线上各主要位置的负荷，一般通过结构参数和工艺等设计，应控制在如下范围：$F_{min} < F_b < F_a \leqslant F_{max}$，$F_{min}$ 和 F_{max} 是在容量设计时，计算出的最小和最大压紧力。峰值和谷值的比，一般应在 $1.15 \sim 1.65$ 之间，较好的设计取 $1.2 \sim 1.3$，这样既有比较稳定的压紧力，又不至使操纵所做的功过大。

1）片高厚比 C_e/t，决定了弹簧负荷曲线的形状，考虑到离合器的性能要求，一般取 $C_e/t = 1.8 \sim 2.3$ 之间。C_e 和 t 的公差对负荷的影响也很大，计算表明，C_e 值每增加 0.2mm，峰值负荷的增量为 $8\% \sim 10\%$，t 值每增加 0.2mm，峰值负荷的增量为 $18\% \sim 21\%$，设计中必须控制其公差。

2）外径与当量内径的比 D/d_e，决定了弹簧的平均负荷，D/d_e 增大时，平均负荷减小，一般取 $1.24 \sim 1.35$。

3）结构参数的计算步骤（见表 2-11）。表 2-12 所示是几种产品的结构参数，供设计时参考。

例 2-4 膜片弹簧计算实例

以某离合器厂生产的 DS330 为例，摩擦片外径为 325mm，内径为 200mm，总成要求膜片弹簧峰值平均负荷为 12950N，谷值平均负荷为 6600N，最小压紧力 8700N，计算膜片弹簧的结构参数。

表 2-11　膜片弹簧结构参数的计算步骤

参　数	计　算　过　程	说　　明
外径 D	根据容量设计时确定的摩擦片外径 ϕ，适当确定 D 值，一般 $D = (0.87 \sim 0.93)\phi$	
内径 d	$d = (0.78 \sim 0.87)D$	设计 d 值，同时要考虑分离指杠杆比和分离轴承的作用直径。杠杆比，一般：小尺寸为 $3.5 \sim 4.0$，大尺寸为 $4.0 \sim 4.5$
分离指个数 N	$N = 12 \sim 24$，N 越多，疲劳强度就越好，但分离行程也越大	
当量内径 d_e	用式（2-30）和式（2-31）计算	注意窗口的形式及值
支点转换系数 W_e	$W_e = \dfrac{D' - d'}{D - d_e}$	D' 为盖总成膜片弹簧外支点直径，d' 为内支点直径
厚度 t	$t_{min} = \sqrt[4]{\dfrac{9F_{min}(D - d_e)^2 W_e}{10\pi E \ln(D/d_e)}}$	F_{min} 为设计最小压紧力，$E = 2.1 \times 10^{11} \text{N/}$ m^2，t 可适当调整
锥形高度 C_e	$C_e = (1.8 \sim 2.3)t$	
修正系数 A、B	A：根据工艺条件和要求的负荷情况，在 $0.94 \sim 1.47$ 内选取 B：参见图 2-27	
参数检验	1）计算三点的变形 $\delta_F = C_e$ $\delta_P = C_e - \sqrt{\dfrac{1}{3}(C_e^2 - 2t^2 - 2B)}$ $\delta_V = C_e + \sqrt{\dfrac{1}{3}(C_e^2 - 2t^2 - 2B)}$ 2）计算三点处负荷，用式（2-29）计算 3）检验三点处负荷是否满足设计要求，没有满足时需要重新设计选取上述参数	δ_F 为压平点变形 δ_P 为峰值点变形 δ_V 为谷值点变形

表 2-12　几种车型膜片弹簧的结构参数

型　号	D	d	α	t	D'	d'	ϕ	N	δ
TJ7100	170.0	130.00	10°12′	1.900	166.00	132.60	45.0	12	3.00
Ferodo180D71/4″	174.0	140.00	10°10′	2.100	168.00	136.00	41.0	—	—
桑塔纳	194.0	154.00	15°	2.450	188.50	154.00	44.0	18	3.00
Fetodo 200D	195.0	150.00	10°14′	2.200	183.00	151.00	44.0	—	—
AP DST215	200.0	158.00	15°42′	2.542	196.00	162.25	54.0	15	3.70
Borg Beck 8″	198.7	147.20	10°	2.400	185.40	149.00	50.0	—	—
Opel Record	199.8	147.20	9°17′	2.300	194.00	149.00	46.0	—	—
AP DST240	230.5	188.60	14°32′	2.724	226.40	192.10	54.0	15	3.70
AP DS330	288.7	238.76	15°40′	3.380	283.20	241.80	76.2	16	4.10
AP DA350	311.5	254.00	13°41′	3.570	299.97	255.30	81.3	16	4.37
Valeo DB380	328.6	245.20	10°23′	4.370	324.40	257.20	69.0	24	—
Borg Beck 350	311.4	253.80	13°04′	3.870	300.00	258.00	82.0	16	—
Borg Beck350cp	329.5	262.00	12°49′	3.870	323.00	265.00	70.0	24	—

注：α 为膜片弹簧锥形角；ϕ 为分离轴承作用直径；δ 为分离指间隙。

解：

按表 2-9 所列的步骤计算。

外径　　　　　　　$D = 0.888 \times 325\text{mm} = 288.7\text{mm}$

内径　　　　　　　$d = 0.827 \times 288.7\text{mm} = 238.76\text{mm}$

分离指数目　　　　$N = 16$

当量内径　　　　　$d_e = 238.76(0.9744 + 0.000483 \times 16)\text{mm} = 234.5\text{mm}$

支点转换系数　　　$W_e = \dfrac{283.2 - 241.8}{288.7 - 234.5} = 0.764$

膜片厚度　　　　　$t_{\min} = \sqrt[4]{\dfrac{9 \times 8700 \times (288.7 - 234.5)^2 \times 0.764}{10\pi \times 2.1 \times 10^5 \times \ln(288.7/234.5)}}\text{mm} = 3.364\text{mm}$

取　　　　　　　　$t = 3.379\text{mm}$

锥形高度　　　　　$C_e = 2.166 \times 3.379\text{mm} = 7.32\text{mm}$

修正系数取　　　　$A = 1.0058$，$B = 3.1613$（K 取 1.61）

压平点变形　　　　$\delta_F = C_e = 7.32\text{mm}$

峰值点变形　　　　$\delta_P = \left[7.32 - \sqrt{\dfrac{1}{3}(7.32^2 - 2 \times 3.379^2 - 2 \times 3.1613)} \right]\text{mm} = 4.47\text{mm}$

谷值点变形　　　　$\delta_V = \left[7.32 + \sqrt{\dfrac{1}{3}(7.32^2 - 2 \times 3.379^2 - 2 \times 3.1613)} \right]\text{mm} = 10.17\text{mm}$

压平点处负荷　　　$F_{\delta_F} = \dfrac{2\pi \times 2.1 \times 10^5 \times 3.379 \times \ln(288.7/234.5)}{3 \times 0.764(288.7 - 234.5)^2}$

$$\left\{ 7.32 \times \left[\left(7.32 - \dfrac{7.32}{2}\right) \times (7.32 - 7.32) + 3.379^2 \right] - \right.$$

$$\left. 1.0058 \times 3.379^2 - 3.1613 \times (7.32 - 7.32) \right\} N = 9926\text{N}$$

同样可求得峰值点处负荷 $F_{\delta_P} = 13125\text{N}$；谷值点处负荷 $F_{\delta_V} = 6728\text{N}$。

可以看出，计算结果都比较接近设计要求，膜片弹簧设计中预选的参数正确可用。

七、主要零件的材料和热处理

离合器各零件的材料和热处理是比较复杂的，各生产厂依据其自身的能力和特长，在材料选择和使用上是不同的，工艺处理上也不相同，表 2-13 所示是各主要零件通常采用的材料和热处理工艺。

表 2-13　主要零件的材料和热处理

名　　称	材　　料	热　处　理
膜片弹簧	50CrVA、60Si2MnA	压淬、回火、喷丸等
盖	08Al、08 钢、QT400—15 等	表面处理
压盘	HT250、HT300 等	
传动片	65Mn、80 钢、85 钢等	淬火、回火、表面处理

（续）

名　　称	材　　料	热　处　理
分离钩	75 钢、80 钢、65Mn 等	淬火、回火
压紧弹簧（螺旋弹簧）	65Mn、碳素弹簧钢	依钢丝供应状态而定
从动盘减振弹簧	50CrVA、75 钢、65Mn、橡胶等	依钢丝供应状态而定
从动盘盘毂	40MnB、45 钢、40Cr 等	调质、喷丸等
从动盘（片）	08 ~ 20 钢、08Al 等	碳氮共渗、淬火、回火
减振盘	08Al、08 ~ 20 钢等	淬火、回火或局部淬火
波形片（扇形片）	75 钢、80 钢、60Si2Mn、65Mn	淬火、回火
阻尼弹簧（片形）	75 钢、80 钢等	淬火、回火
阻尼垫圈（摩擦板）	08 钢、65Mn、70 钢等	
止动销	ML10AL、ML15AL	回火

第四节　离合器操纵机构的设计

一、离合器操纵机构的功用及要求

离合器操纵机构是离合器系统重要组成部分，是驾驶员借以使离合器分离、接合的一套装置，它起始于离合器踏板，终止于离合器分离轴承。

主要功用：完成离合器的接合或分离，保证汽车平稳起步和行驶中的换挡、切断动力传递等。

基本要求：

1）操纵机械要尽可能地简单，操纵轻便，踏板力要小，以减轻驾驶员的劳动强度。对于轿车、轻型客车，踏板力应为 80 ~ 150N；对于载货汽车踏板力一般为 150 ~ 250N。

2）结构紧凑，效率高，踏板行程要适中，一般应在 80 ~ 150mm 的范围内，最大不应超过 200mm。

上述两项要求往往是相互制约的，设计时在满足踏板行程要求的前提下，确定踏板力，因为踏板行程往往受到车内空间、周边条件的限制和人体工程学的要求。若踏板力超过推荐允许值，则应采用相应措施（例如加大传动比，采用助力装置等）。

3）在操纵机构中应有调整自由行程的装置。

4）踏板行程应有限位装置。

5）踏板回位要快捷，防止离合器在接合时回位滞后。

二、离合器操纵机构的形式与选择

离合器操纵机构的形式主要有机械式和液压式。有时在机械式或液压式操纵机构中，配以各类助力装置。

各类操纵机构的形式请参阅相关资料，本指导书不作具体设计上的要求。下面仅给出离合器操纵机构的设计计算相关内容，供参考。

三、离合器操纵机构的设计计算

根据已设计确定的离合器操纵机构形式，合理地利用周边条件，正确地选择操纵机构的总传动比和各杆系间的配比，掌握已确定的离合器的特性参数及技术要求、离合器操纵机构的设计计算，满足对离合器踏板行程和踏板力的要求。离合器操纵机构传动示意图如 2-29 所示。

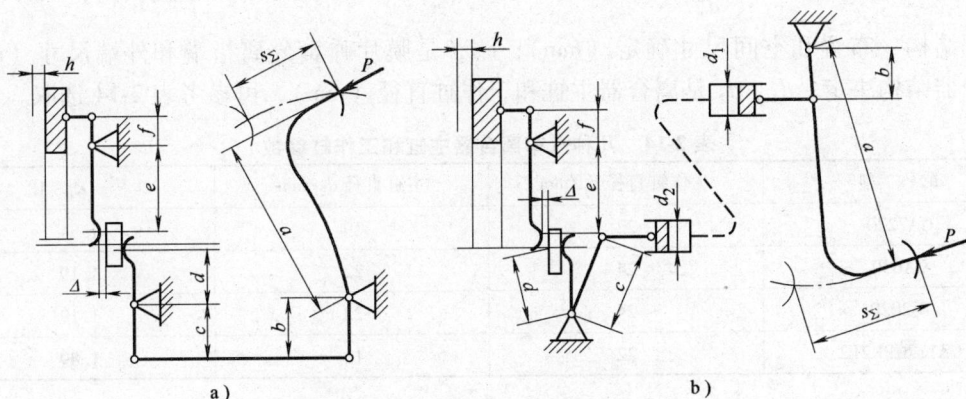

图 2-29　离合器操纵机构传动示意图
a) 机械式　b) 液压式

1. 总传动比 i_Σ

操纵机构的设计，应根据离合器压盘升程 $h(\mathrm{mm})$ 和踏板工作行程 $s_\mathrm{g}(\mathrm{mm})$，计算出总传动比 i_Σ

$$i_\Sigma = \frac{s_\mathrm{g}}{h} \qquad (2\text{-}35)$$

式中，s_g 是踏板工作行程，对于轿车和轮式货车 $s_\mathrm{g} = 80 \sim 120\mathrm{mm}$，对于中、重型货车 $s_\mathrm{g} = 130 \sim 150\mathrm{mm}$；$h$ 是压盘升程（mm），$h = Z\Delta s + \Delta h$；Z 是摩擦面数，单从动盘 $Z = 2$，双从动盘 $Z = 4$；Δs 是离合器分离时摩擦面间的间隙量（mm），其大小可视从动盘端跳量而定，一般单从动盘 $\Delta s = 0.75 \sim 1.3\mathrm{mm}$，双从动盘 $\Delta s = 0.5 \sim 0.9\mathrm{mm}$；$\Delta h$ 是从动盘面压缩量（mm），一般 $\Delta h = 0.8 \sim 1.5\mathrm{mm}$，对于无轴向弹性片的从动盘，$\Delta h = 0$。

对于机械式操纵机构

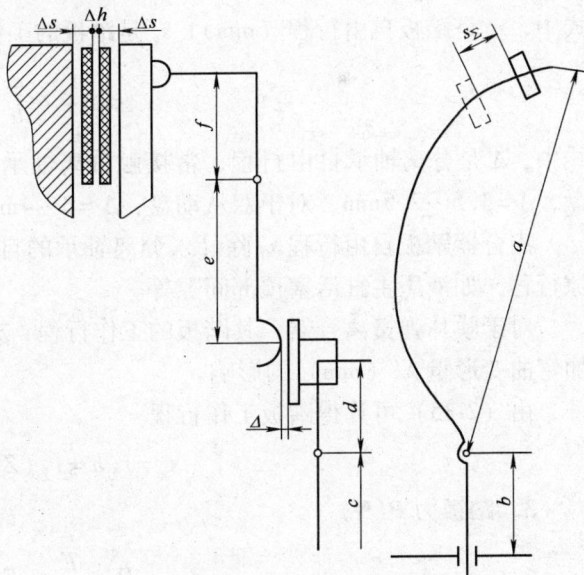

图 2-30　操纵机构参数计算示意图

$$i_\Sigma = i_1 i_2 i_3 = \frac{a}{b} \times \frac{c}{d} \times \frac{e}{f} \qquad (2\text{-}36)$$

对于液压式操纵机构

$$i_\Sigma = i_1 i_2 i_3 i_y = \frac{a}{b} \times \frac{c}{d} \times \frac{e}{f} \times \frac{d_2^2}{d_1^2} \tag{2-37}$$

式中，i_1 是踏板传动比，$i_1 = \frac{a}{b}$；i_2 是分离叉传动比，$i_2 = \frac{c}{d}$；i_3 是膜片弹簧比值，$i_3 = \frac{e}{f}$；i_y 是液压系统传动比，$i_y = \frac{d_2^2}{d_1^2}$；$a$ 是踏板臂长度尺寸（mm），可根据布置决定；b、c、d 是可根据结构、布置和空间尺寸确定（mm）；e、f 是膜片弹簧分离指端和外端尺寸（mm），由离合器结构决定；d_1、d_2 是离合器主缸和工作缸直径（mm），可参考表 2-14 选取。

表 2-14 几种汽车离合器主缸和工作缸参数

车 型	工作缸直径 d_1/mm	主缸直径 d_2/mm	传 动 比
CA7220	22	19	1.34
CA630	24	22	1.19
BJ2020	24	22	1.19
CA1120PK2L2	22	16	1.89

2. 踏板总行程 s_Σ

离合器踏板总行程 s_Σ（mm）

$$s_\Sigma = s_0 + s_g \tag{2-38}$$

式中，s_0 是踏板自由行程（mm）；s_g 是踏板的工作行程（mm）。

$$s_0 = \Delta \times \frac{a}{b} \times \frac{c}{d} \tag{2-39}$$

式中，Δ 是分离轴承自由行程，常接触分离轴承，$\Delta = 0$；非常接触分离轴承，对于单从动盘，$\Delta = 1.5 \sim 2.5 \text{mm}$，对于双从动盘，$\Delta = 3 \sim 4 \text{mm}$。

离合器踏板自由行程 s_0 除计入分离轴承的自由行程外，还应考虑机构中所需的其他间隙行程，如液压主缸活塞顶部间隙等。

对于膜片弹簧离合器，其踏板的工作行程，亦应考虑膜片弹簧分离指在分离过程中的附加弯曲变形量 λ'（mm）的影响。

由（2-35）可算得踏板工作行程

$$s_g = i_\Sigma h = i_\Sigma (Z\Delta s + \Delta h) \tag{2-40}$$

3. 踏板力 P(N)

$$P = \frac{F}{i_\Sigma \mu} + F_s - F_z \tag{2-41}$$

式中，F 是离合器压紧力（N）；μ 是传动效率，对于机械式 $\mu = 0.8 \sim 0.85$，对于液压式 $\mu = 0.8 \sim 0.9$；F_s 是克服回位弹簧作用的踏板力（N）；F_z 是助力器作用的踏板力（N）。

例 2-5 离合器操纵机构参数计算示例。

图 2-31 所示为某车型离合器液压操纵机构简图，已知：离合器工作压紧力 $F = 5000 \sim 5600\text{N}$，从动盘面压缩量 $\Delta h = 0.8 \sim 1.1\text{mm}$，分离轴承为常接式 $Z = 2$；$\Delta s = 0.75\text{mm}$，$\lambda' =$

1mm，分离轴承自由行程 $\Delta = 0.5\text{mm}$。各杆系尺寸：$a = 304\text{mm}$，$b = 59.4\text{mm}$，$c = 166\text{mm}$，$d = 91\text{mm}$，$d_1 = 19\text{mm}$，$d_2 = 22\text{mm}$，$e = 61\text{mm}$，$f = 19\text{mm}$（参见图 2-29 及图 2-30）。试计算其踏板行程和踏板力。

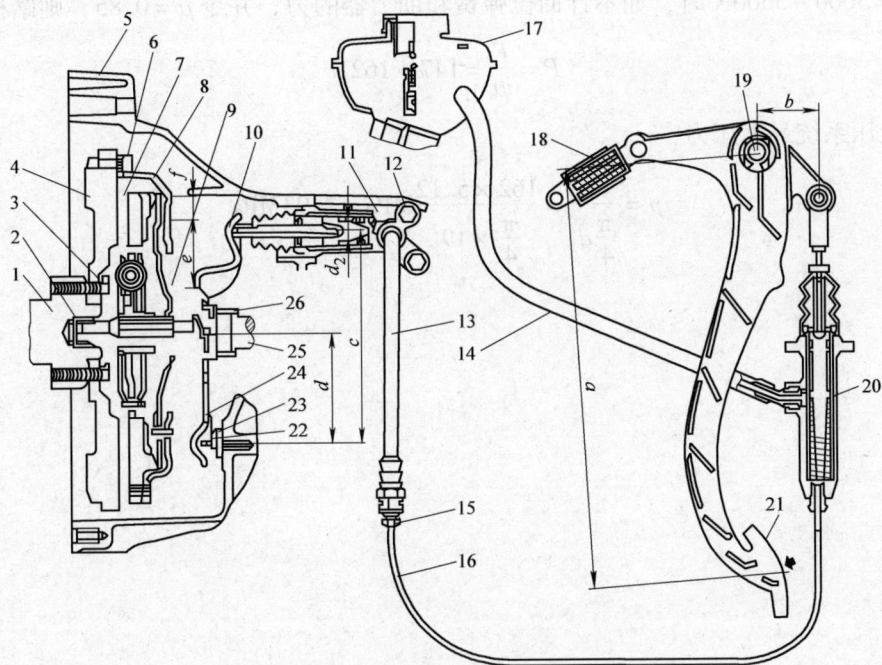

图 2-31　某车型离合器操纵机构简图

1—曲轴　2—滚针轴承　3—螺栓　4—飞轮　5—飞轮壳　6—内六角螺栓　7—离合器从动盘总成
8—离合器盖及压盘总成　9—离合器分离轴承　10—离合器分离叉　11—离合器工作缸总成
12—通气阀总成　13—橡胶软管总成　14—进油管　15—油管接头　16—油管　17—储油缸总成
18—踏板助力回位总成　19—离合器踏板轴　20—离合器主缸总成　21—踏板　22—球头螺栓
23—分离叉座　24—弹簧卡　25—变速器第一轴　26—导向轴套

解：

1）机构传动比：

① 踏板　　　　　　　　　　　$i_1 = a/b = 5.12$

② 液压部分　　　　　　　　　$i_y = d_2^2/d_1^2 = 1.34$

③ 分离叉　　　　　　　　　　$i_2 = c/d = 1.82$

④ 膜片弹簧分离指　　　　　　$i_3 = e/f = 3.21$

⑤ 总传动比　　　　　　　　　$i_\Sigma = i_1 i_2 i_3 i_y = \dfrac{a}{b} \times \dfrac{c}{d} \times \dfrac{e}{f} \times \dfrac{d_2^2}{d_1^2} = 40$

2）各部分行程：

① 压盘升程　　　　　　　　　$h = Z\Delta s + \Delta h = 2 \times 0.75 + (0.8 \sim 1.1) = 2.3 \sim 2.6\text{mm}$；

② 分离指行程　　　　　　　　$\lambda = he/f + \lambda' = 8.4 \sim 9.3\text{mm}$；

③ 工作缸行程　　　　　　　　$s_2 = \lambda c/d = 15.3 \sim 16.9\text{mm}$；

④ 主缸行程　　　　　　　　　$s_1 = s_2 d_2^2/d_1^2 = 20.5 \sim 22.6\text{mm}$；

⑤ 踏板工作行程　　　　　　　$s_g = 105 \sim 115\text{mm}$；

⑥ 踏板自由行程 $s_o = \Delta i_1 i_2 = 0.5 \times 5.12 \times 1.82 = 14.66 \text{mm}$;

⑦ 踏板总行程 $s = s_g + s_o = 109.7 \sim 119.7 \text{mm}$

3）踏板力：

在 $F = 5000 \sim 5500 \text{N}$ 时，如不计回位弹簧和助力器的力，并令 $\mu = 0.85$，则踏板力

$$P = \frac{F}{i\mu} = 147 \sim 162 \text{N}$$

4）液压系统最大压力：

$$p = \frac{Pi_1}{\frac{\pi}{4}d_1^2} = \frac{162 \times 5.12}{\frac{\pi}{4} \times 19^2} \text{MPa} = 2.93 \text{MPa}$$

第三章 万向传动装置的设计

第一节 万向传动装置的结构形式及选择

一、十字轴万向节

在现代轻、中型载货汽车中，连接变速器与驱动桥的万向传动装置包括传动轴和万向节两大部分，由十字轴滚针轴承总成、传动轴管、万向节以及滑动花键等部件组成。

汽车行驶时，驱动桥与变速器的相对位置经常变化。为避免运动干涉和适应传动轴长度变化的需要，传动轴中带有可伸缩的滑动花键进行连接，这种具有双万向节的传动轴称为整体式传动轴（见图3-1）。传动轴过长时，自振频率降低，易产生共振，这时可把传动轴分为两段或三段，并由三个或四个万向节连接。传动轴分段时须加中间支承装置（见图3-2）。

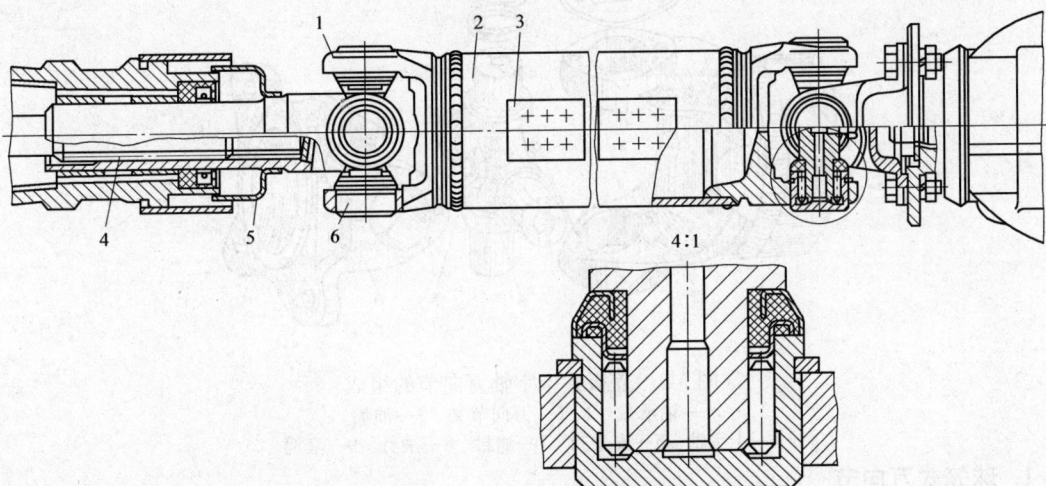

图3-1 双万向节式传动轴
1—十字轴万向节 2—传动轴 3—平衡片 4—伸缩花键 5—防尘罩 6—十字轴

最简单的万向节是十字轴式万向节，也称为虎克万向节，这是一种不等速万向节，图3-1和图3-2中所用都是虎克万向节。十字轴万向节的结构如图3-3所示。

二、等速万向节

1927年，福特的工程师 Alfred Rzeppa 发明了球笼式万向节，它是一种等速万向节，给汽车的传动带来了一种革命性的进展。等速万向节是输入、输出轴以等速或近似等速传递转矩的万向传动装置，广泛用于转向驱动桥和带有摆动半轴的驱动桥。汽车上常见的等速万向节有：

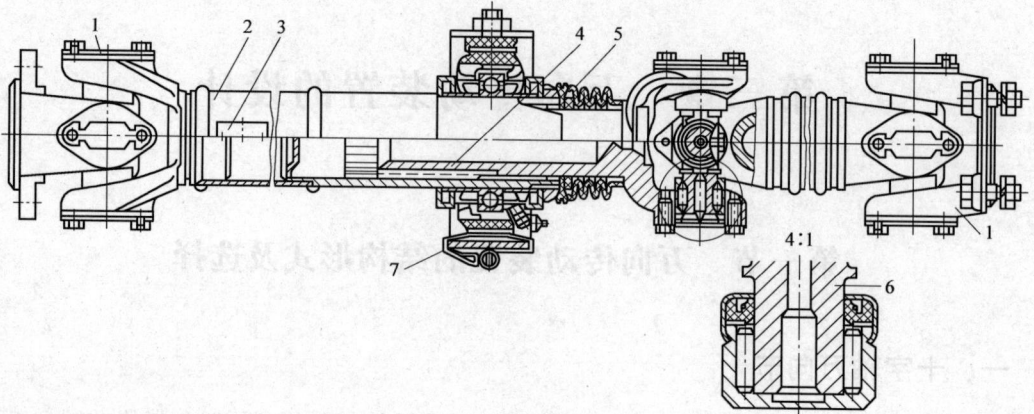

图 3-2 三万向节式传动轴

1—十字轴万向节 2—传动轴 3—平衡片 4—伸缩花键 5—防尘罩 6—十字轴 7—中间支承

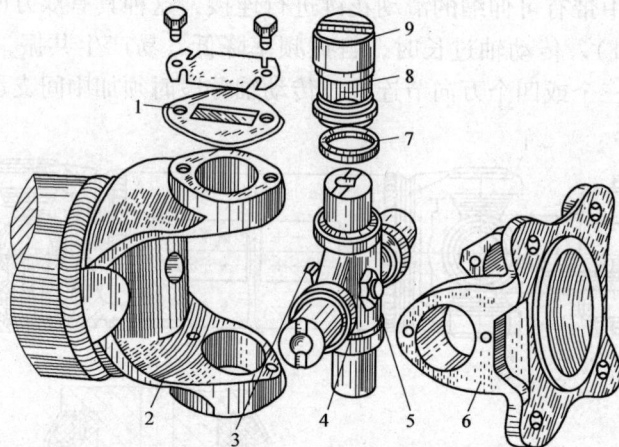

图 3-3 盖板式十字轴万向节的组成

1—轴承盖 2、6—万向节叉 3—油嘴
4—十字轴 5—安全阀 7—油封 8—滚针 9—套筒

1. 球笼式万向节

球笼式万向节（见图 3-4）广泛应用于轿车前驱动桥，制造较复杂，但结构紧凑，安装简单，六个钢球传力，承载及耐冲击能力强，传动效率高，工作角度达 42°。Birfield 型球笼万向节取消了早期的 Rzeppa 型的分度杆，使球形壳与行星套的滚环道不同心，且对称地偏离万向节中心，迫使钢球自动地处于保证等速的夹角对分面上。滚道横断面为椭圆，以提高承载能力，并且可控制钢球与滚道的接触区成 45°压力角接触。椭圆在接触点处的曲率半径为钢球直径的 1.03 ~ 1.05 倍。当受载时，钢球与滚道的接触区为椭圆形，且外滚道的接触区大于内滚道的接触区，后者的接触应力决定了球笼万向节传递转矩的能力。

2. 伸缩型球笼式等速万向节

伸缩型球笼式等速万向节（见图 3-5）结构与一般球笼式万向节相似，只是外滚道是圆筒形直槽，传递转矩时，星形套与筒形外壳通过钢球，沿内外滚道滚动，实现轴向相对位移，滚动阻力小，效率高。万向节允许的最大工作夹角为 20°，适用于带有摆动半轴的驱动桥。

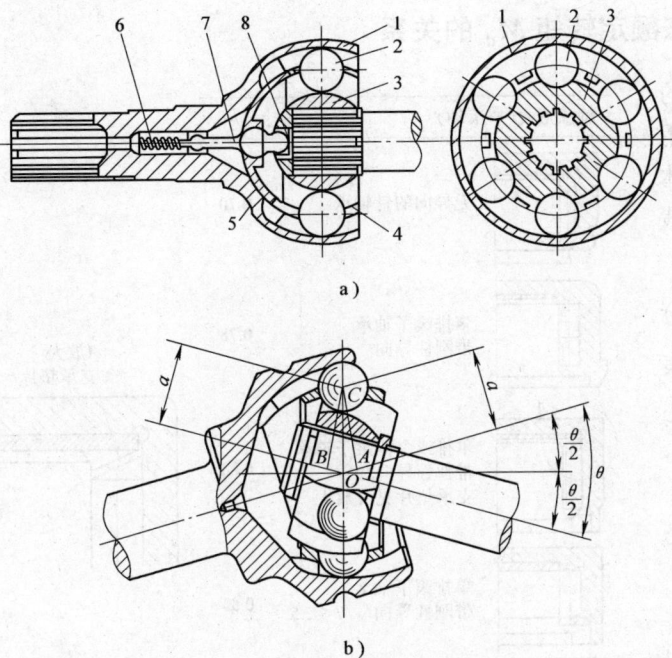

图 3-4　球笼式万向节

a) Rzeppa 型球笼式万向节　b) Birfield 型球笼式万向节

1—球形壳　2—钢球　3—星形套　4—球笼　5—导向盘　6—弹簧
7—分度杆　8—支承座　O—万向节中心　A—球形壳滚道中心
B—星形套滚道中心　C—球中心　θ—两轴夹角度

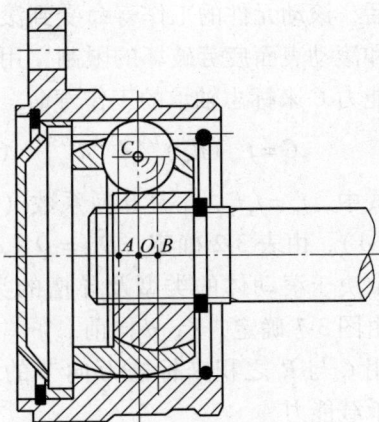

图 3-5　伸缩型球笼式万向节
O—万向节中心　A—保持架（球笼）
外球面中心　B—保持架内球面中心

第二节　十字节万向传动装置的设计计算

一、静态额定转矩 M_0

对于虎克万向节，滚柱轴承的静态承载能力 C_0 决定了万向节的静态承载能力，万向节不应发生过大的塑性变形，

$$M_0 = 2.27 C_0 R \qquad (3-1)$$

式中，C_0 是滚柱轴承的静态承载能力（N）；R 是万向节回转半径，是十字轴心到万向节叉中心连线间的距离。

$$C_0 = 38 i z d l_w \qquad (3-2)$$

式中，i 是十字轴颈用的轴承包含滚柱的列数；z 是每列的滚柱数。

l_w 是滚柱有效长度，由图 3-6 确定，$l_w = l - qd$，q 是长度系数；d 是滚柱直径。

滚动体	图样	长度系数 q
圆柱滚子（端部平面）		0.1
滚针（平面端部）		0.15
滚针（端面轻微弯曲）		0.3
滚针（圆弧端面）		0.5
滚针（球面端部）		1.0

图 3-6　滚动体有效长度系数

静态转矩 M_0 必须大于或等于生产厂商目录中指定的额定转矩 M_N。

二、动态承载能力 C 与动态额定转矩 M_d 的关系

万向节必须要承受百万次以上的应力循环，经受大量的循环载荷作用后，滚动元件的工作寿命受到滚动体和滚动表面疲劳破坏的限制，用动载能力 C 来标志轴承的工作寿命。

$$C = f_c \, (i l_w)^{7/9} Z^{3/4} d^{29/27} \quad (3-3)$$

式中，$f_c = f_1 f_2$，f_1 是几何系数（见表3-1），由表3-2确定，$D_m = D + d$，f_2 取决于滚动体的类型及导槽的类型，由图3-7确定，Z，d 同前。

用 C 与 R 之积来标志万向节的动态承载能力

$$CR = M_d k_t \sqrt[10/3]{\frac{L_h n \beta}{1.5 \times 10^7}} \quad (3-4)$$

式中，β 是传动轴夹角（°）；n 是转速（r/min）；L_h 是目标寿命，$L_h = 5000h$；k_t 是轴承系数，对于德国 GWB 公司生产的十字轴型万向节 k_t 在 $1.00 \sim 1.66$ 范围内变化，如表3-2所示。

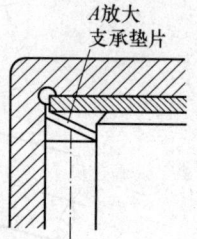

轴承形式（全滚动）	f_2
无导向的针轴承	0.70
多排滚子轴承带刚性导向	0.78
单排或多排滚子轴承带弹性导向和支承垫片见 A 放大	0.83
单排滚子轴承带刚性导向 $l_w/d \leqslant 2.5$	0.83

图3-7　滚柱轴承的承载能力系数 f_2

表3-1　滚柱轴承的几何结构因素 f_1（根据 INA）

d/D_m	f_1	d/D_m	f_1	d/D_m	f_1	d/D_m	f_1
0.01	43.29	0.031	92.78	0.061	106.94	0.091	115.04
0.02	50.50	0.032	93.43	0.062	107.28	0.092	115.25
0.03	55.27	0.033	94.05	0.063	107.62	0.093	115.45
0.04	58.92	0.034	94.66	0.064	107.95	0.094	115.65
0.05	61.92	0.035	95.26	0.065	108.27	0.095	115.84
0.06	64.49	0.036	95.84	0.066	108.59	0.096	116.03
0.07	66.74	0.037	96.40	0.067	108.91	0.097	116.22
0.08	68.75	0.038	96.95	0.068	109.22	0.098	116.40
0.09	70.58	0.039	97.49	0.069	109.52	0.099	116.58
0.10	72.25	0.040	98.02	0.070	109.82	0.100	116.76
0.011	73.80	0.041	98.54	0.071	110.11	0.102	117.11
0.012	75.24	0.042	99.04	0.072	110.40	0.104	117.44
0.013	76.59	0.043	99.54	0.073	110.68	0.106	117.77
0.014	77.85	0.044	100.02	0.074	110.96	0.108	118.08
0.015	79.07	0.045	100.49	0.075	111.24	0.110	118.37

（续）

d/D_m	f_1	d/D_m	f_1	d/D_m	f_1	d/D_m	f_1
0.016	80.21	0.046	100.96	0.076	111.51	0.112	118.66
0.017	81.29	0.047	101.41	0.077	111.77	0.114	118.94
0.018	82.33	0.048	101.86	0.078	112.03	0.116	119.20
0.019	83.32	0.049	102.30	0.079	112.29	0.118	119.46
0.020	84.27	0.050	102.72	0.080	112.54	0.120	119.70
0.021	85.19	0.051	103.14	0.081	112.79	0.122	119.94
0.022	86.06	0.052	103.56	0.082	113.03	0.124	120.16
0.023	86.91	0.053	103.96	0.083	113.27	0.126	120.38
0.024	87.73	0.054	104.36	0.084	113.50	0.128	120.59
0.025	88.52	0.055	104.75	0.085	113.73	0.130	120.78
0.026	89.29	0.056	105.13	0.086	113.96	0.132	120.97
0.027	90.03	0.057	105.50	0.087	114.19	0.134	121.15
0.028	90.75	0.058	105.87	0.088	114.40	0.136	121.32
0.029	91.45	0.059	106.23	0.089	114.62	0.138	121.48
0.030	92.12	0.060	106.59	0.090	114.83	0.140	121.63
0.142	121.78	0.182	123.14	0.222	122.22	0.262	119.65
0.144	121.91	0.184	123.14	0.224	122.12	0.264	119.49
0.146	122.04	0.186	213.14	0.226	121.02	0.266	119.32
0.148	122.16	0.188	123.13	0.228	121.92	0.268	119.15
0.150	122.27	0.190	123.12	0.230	121.82	0.270	118.98
0.152	122.38	0.192	123.10	0.232	121.71	0.272	118.81
0.154	122.48	0.194	123.07	0.234	121.59	0.274	118.63
0.156	122.57	0.196	123.04	0.236	121.48	0.276	118.45
0.158	122.65	0.198	123.01	0.238	121.36	0.278	118.27
0.160	122.73	0.200	122.97	0.240	121.23	0.280	118.09
0.162	122.80	0.202	122.92	0.242	121.11	0.282	117.90
0.164	122.86	0.204	122.87	0.244	120.98	0.284	117.71
0.166	122.92	0.206	122.81	0.246	120.81	0.286	117.52
0.168	122.97	0.208	122.76	0.248	120.70	0.288	117.32
0.170	123.01	0.210	122.69	0.250	120.56	0.290	117.13
0.172	123.05	0.212	122.62	0.252	120.42	0.292	116.93
0.174	123.08	0.214	122.55	0.254	120.27	0.294	116.73
0.176	123.12	0.216	122.47	0.256	120.12	0.296	116.52
0.178	123.10	0.218	122.39	0.258	119.97	0.298	116.32
0.180	123.14	0.220	122.31	0.260	119.81	0.300	116.11

表 3-2　轴承系数

轴 承 因 子	k_t
具有最小公差，刚性定心架，低应力的重负荷轴	1.00 ~ 1.33
具有标准公差，高应力轻负荷轴	1.33 ~ 1.66

在轴夹角 $\beta = 3°$，传动轴转速 $n = 1000 \text{r/min}$，无振动运转条件下，目标寿命 $L_h = 5000\text{h}$ 时，额定动转矩与动态承载能力 C 之间的关系为

$$M_d = \frac{CR}{k_t} \tag{3-5}$$

图 3-8 所示是德国 GWB 公司用于轻型卡车的虎克万向节传动轴的基本尺寸，图 3-9 所示是十字轴万向节的剖面尺寸，表 3-3 所示是其参数。图 3-10 所示是适用于中等载荷的虎克万向节传动轴，表 3-4 所示是其参数。

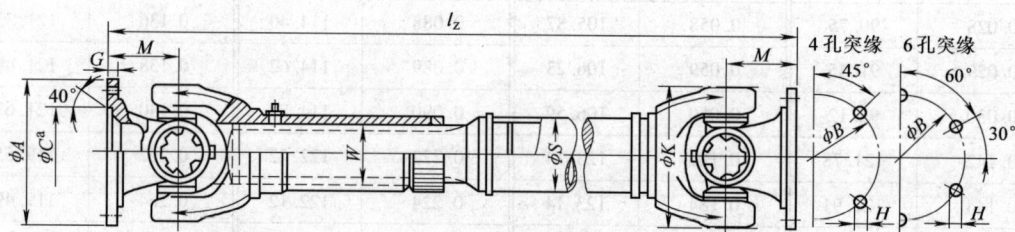

图 3-8　GWB 公司用于轻型卡车的虎克万向节传动轴

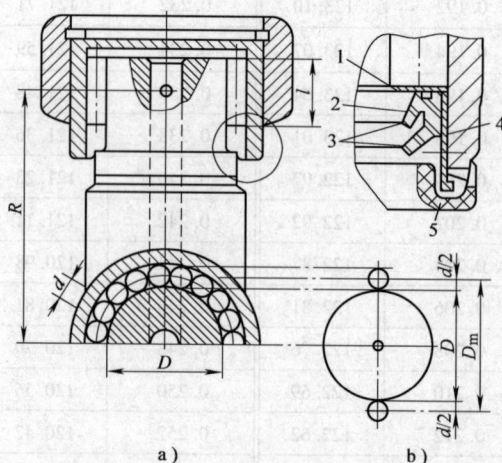

图 3-9　十字轴万向节的剖面尺寸
a）侧视　b）滚针轴承平均直径的轮廓
1—滚柱的挡圈　2—密封挡圈的油封唇部　3—防漏油封的两个唇
4—油封外壳　5—带有两个密封区和一个唇密封环

表 3-3 GWB 公司用于轻型卡车的虎克万向节传动轴的主要技术参数（参见图 3-8）

万向节尺寸		单位	473.30	287.00	287.10	287.20	387.20
M_N		N·m	400	755	1350	2400	3400
凸缘	A	mm	75	90	100	120	120
基本尺寸	B	mm	62	74.5	84	101.5	101.5
	C^a	mm	42	47	57	75	75
	G	mm	5.5	6	7	8	8
	H	mm	6	8	8	10	10
	K	mm	73	88	97	116	125
	M	mm	33	40	48	56	60
	S	mm	40×2	50×2	50×3	70×3	70×4
	β	(°)	25	20	18	18	20
	l_z	mm	315	350	390	470	490
	l_a	mm	40	40	45	60	60
物理数据	G_w	kg	2.8	4.4	6.1	11.9	13.7
	G_R	kg	1.9	2.4	3.5	5	6.5
	J_m	kg·m²	0.00112	0.0027	0.0081	0.0144	0.0169
	J_{mR}	kg·m²	0.000678	0.00136	0.00193	0.00557	0.00712
	C_R	N·m/rad	0.06987×10^5	0.138×10^5	0.195×10^5	0.564×10^5	0.72×10^5
十字轴轴径	D	mm	13.42	15.12	18.24	22.24	23.82
	d	mm	2.00	2.50	2.50	2.50	3.00
	l	mm	9.80	9.80	13.80	15.80	19.80
	z	—	24	22	26	31	28
	i	—	1	1	1	1	1
	R	mm	22.00	26.50	30.50	37.00	37.80
	M_c	N·m	711	919	1934	3292	4605
	$C·R$	N·m	210	289	520	797	1116

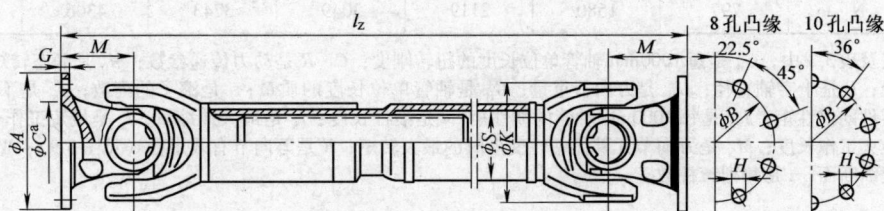

图 3-10 GWB 公司用于中型卡车的十字轴万向节传动轴基本尺寸及规格

表 3-4　GWB 公司用于中等载荷下的虎克万向节传动轴的主要技术参数（参见图 3-10）

万向节尺寸		单位	587. 10	587. 15	587. 20	587. 30	587. 36	587. 42	587. 50
基本尺寸	β	(°)	24	35	35	35	35	24	24
	M_N	N·m	3000	4400	6200	10000	15000	17000	26000
	A	mm	120	10	165	165	180	180	225
	B	mm	101. 5	130	140	140	155. 5	155. 5	196
	C^a	mm	75	90	95	95	110	110	140
	G	mm	8	9	12	12	12	14	15
	H	mm	10	12	16	16	16	16	16
	K	mm	116	125	138	156	168	178	215
	M	mm	64	80	86	90	100	95	108
	S	mm	70×3	80×3.5	85×5	92×6.5	104×8	11.5×6.75	143×7.5
物理数据	l_z	mm	500	590	620	660	700	765	770
	l_a	mm	120	110	110	110	110	110	110
	G_w	kg	13. 4	20	25	34	47	57	90
	J_m	kg·m²		0. 0222	0. 03939	0. 077	0. 111	0. 137	0. 361
	J_{mR}	kg·m²	0. 00557	0. 00968	0. 01584	0. 02519	0. 04394	0. 0417	0. 11539
	C_R	N·m/rad	0. 564×10⁵	0. 98×10⁵	1. 60×10⁵	2. 55×10⁵	4. 45×10⁵	4. 32×10⁵	11. 76×10⁵
十字轴轴颈（图3-10）	D	mm	22. 24	28	31~32	34~35	40	40	49
	d	mm	2. 5	5. 02	6. 00	5. 65	4. 5	5. 60	6. 50
	l	mm	15. 8	14. 00	14. 00	18. 00	12. 00	11. 00	15. 00
	z		31	21	20	23	31	26	27
	i		1	1	1	1	2	2	2
	R	mm	37	39. 45	45. 45	51. 70	54	59. 20	69. 00
	M_0	N·m	3292	4846	6309	10112	15022	15537	30003
	$C·R$	N·m	797	1580	2119	3049	3743	4306	7723

注：本表及表 3-3 中，C_R 是每 1000mm 轴管单位长度的扭转刚度；$C·R$ 是动力传递参数；M_0 是静态转矩；d 是滚柱直径；D 是十字轴直径；G_W 是万向节重量；G_R 是轴管单位长度的质量；i 是滚子的列数；J_m 是不带管子的端部零件的惯性矩；J_{mR} 是每 1000mm 轴管的惯性矩；l 是滚柱长度；l_a 是最大伸缩量，l_z 是最短工作长度，$l_a + l_z$ 是最大工作长度；M_N 是万向节元件无塑性变形时的最大转矩；R 是万向节有效半径（见图 3-9）；W 是 DIN 5480 花键纵断面；z 是每列滚柱数。

例 3-1　虎克万向节传动轴计算实例

计算用于连接电动机与减速器间传动轴的十字轴万向节的动力传递系数 $C·R$，选择万向节型号。已知传递转矩 $M_d = 1140\text{N}\cdot\text{m}$，转速度为 200r/min，夹角 $\beta = 4°$，目标寿命 $L_h = 500\text{h}$，振动系数 $k_s = 1$，轴承系数 $k_t = 1.33$。

解： 图 3-9 中，十字节剖面结构尺寸如下：$D = 22.24\text{mm}$，$d = 2.5\text{mm}$，$l = 15.8\text{mm}$，滚柱数 $z = 31$，滚柱的列数 $i = 1$，$R = 37\text{mm}$，$D_m = D + d = 24.9\text{mm}$，$l_w = l - qd = (15.8 - 1 \times 2.5)\text{mm} = 13.3\text{mm}$。

由式（3-4）计算动力传递参数 $C\cdot R$

$$C\cdot R = M_d k_t \sqrt[10/3]{\frac{L_h n\beta}{1.5\times 10^7}} = 1140 \times 1.33 \times \sqrt[10/3]{\frac{200\times 500\times 4}{1.5\times 10^7}}\text{N}\cdot\text{m} = 511\text{N}\cdot\text{m}$$

查表表 3-3，可以看到，287.10，287.20 万向节可以满足需要。考虑安全系数，选取 287.20 进行验算。万向节 GWB287.20（$C\cdot R = 797\text{N}\cdot\text{m}$）的特征数据是：额定转矩 $M_N = 2400\text{N}\cdot\text{m}$，$A = 120\text{mm}$，$K = 116\text{mm}$，$S = 70\times 3\text{mm}$，$l_z = 470\text{mm}$，$l_a = 60\text{mm}$。

由式（3-2）得，静承载能力 C_0 为

$$C_0 = 38izdl_w = 38 \times 1 \times 31 \times 2.5 \times 13.3\text{N} = 39169\text{N}$$

由式（3-1）得静承载态转矩为

$$M_0 = 2.27 C_0 R = 2.27 \times 39169 \times 0.037\text{N}\cdot\text{m} = 3290\text{N}\cdot\text{m}$$

与表 3-3 中的值接近。

由式（3-3）计算动态承载能力为

$$C = f_c (il_w)^{7/9} z^{3/4} d^{29/27} = f_c (1\times 13.3)^{7/9} \times 31^{3/4} \times 2.5^{29/27}\text{N} = 263.05 f_c\text{N}$$

承载能力系数 $f_c = f_1 \times f_2$，比值 $\dfrac{d}{D_m} = 2.5/(22.4 + 2.5) = 0.101$，故由该比值查得表3-1，$f_1 = 116.93$，并由图 3-7 得轴承承载能力系数 $f_2 = 0.7$。

因而

$$f_c = f_1 \times f_2 = 116.93 \times 0.7 = 81.85$$

于是动态承载能力

$$C = 263.05 f_c = 263.05 \times 81.85\text{N} = 21531\text{N}$$

而动力传递系数

$$C\cdot R = 21531 \times 0.037\text{N}\cdot\text{m} = 796.65\text{N}\cdot\text{m}$$

与表 3-3 最后一行的值 $797\text{N}\cdot\text{m}$ 一致，故选 GWB287.20 是合适的。

三、汽车传动轴计算转矩的确定

汽车传动轴承受两种转矩：

1）起动转矩 M_A，由发动机转矩 M_e 分配到每根轴上的转矩分配系数 ε_F 或 ε_R 以及驱动轴数确定。如由 m 个驱动轴均分，则其有下式决定

$$M_A = k_s \frac{\varepsilon_{F,R}}{m} M_e i_A \tag{3-6}$$

式中，k_s 是振动系数，从表 3-5 中选择；i_A 是发动机到传动轴间总的传动比。

表 3-5　振动系数 k_s 与工作载荷的关系

原动机		电动机	1.0
		点火式发动机	1.0 ~ 1.2
		柴油机	1.1 ~ 1.3
汽车		轿车	1.0 ~ 1.2
		货车	1.3 ~ 4.0
		工程车	1.5 ~ 5.0
载荷类型	恒载	发电机、传输装置、离心泵、轻型风扇	1.2 ~ 2.0
	轻等振动	发电机和传输装置（具有不均匀载荷）、离心泵、中型风扇、机床工具、印刷、木工、轻载和纺织机械	1.5 ~ 2.0
	中等振动	多缸活塞泵和压缩机、大风扇、车船用驱动装置、滚道、管滚压机、火车头初始传动、重型造纸和纺织机械	2.5
	重等振动	单缸压缩机和活塞泵、搅拌机、起重机最终传动、挖土机、折弯机、回转式钻床、冲床火车头驱动、反向滚道台（连续运转）、中等及重等辊轧机及连续轧管机	3.0
	超重振动	滚压机座、宽幅带钢卷绕机装置的进给滚筒、反向滚道、重型辊轧机、振动输送机、碎石机	4.0 ~ 6.0

2）附着转矩 M_H。对于商用汽车，两轴间的转移载荷可以忽略不计。因此，可利用路面附着系数 μ，轴静载 G，车轮到计算轴的传动比 i_H 和静态滚动半径 R_{stat}，计算附着转矩

$$M_H = k_s \mu \frac{G}{i_H} R_{stat} \tag{3-7}$$

对于轿车，因起动转矩较高，必须考虑两轴间的动载荷转移，经推导，在路面附着系数为 μ 时，对于前轮驱动，每根传动轴的附着转矩

$$M_{FH} = k_s \mu \frac{G_F}{2} \frac{l}{l + \mu h} R_{stat} \tag{3-8}$$

式中，l 是轴距，h 是车辆质心到路面的距离。

对于后轮驱动，每根传动轴的附着转矩

$$M_{RH} = k_s \mu \frac{G_R}{2} \frac{l}{l - \mu h} R_{stat} \tag{3-9}$$

在商用汽车中，十字轴连接的传动轴用在主驱动或辅助驱动中，它们的尺寸取决于所传递的转矩的大小。对于主驱动，万向节规格最好用设计转矩 M_B 计算出来。

$$M_B = \frac{M_A + M_H}{2} \tag{3-10}$$

传动轴的额定转矩 M_N，应小于由十字轴导出的静态额定转矩 M_0，设计转矩 M_B 不能超过 M_N，即 $M_B < M_N$。

例 3-2　商用车十字轴万向节传动轴计算实例

图 3-11 所示为发动机前置、八挡变速、28t 的 Iveco 的 Magirus 卡车传动系，传动轴 1 到 4 的万向节规格由起动转矩 M_A 和附着转矩 M_H 确定；i_A 为自发动机的传动比；i_H 为自路面

的传动比；公路上平均轴间夹角为 β 为 $7° \sim 12°$；非公路上 β 为 $7° \sim 20°$。发动机和变速器之间的传动情况数据如表 3-6 所示。计算起动转矩、附着转矩和设计转矩，并选定万向节。

根据前面的公式计算结果列在表 3-7 中。

表 3-6　Iveco 的 Magirus 动力传动系参数

发动机数据	变速器数据	分动器数据	主减速器	轮　胎
$P_e = 188\text{kW}$	8 挡	带差速锁	带差速锁	$R_{stat} = 0.52\text{m}$
$M_e = 817\text{N} \cdot \text{m}$ （2200r/min）	$i_{smax} = 9.16$	$i_{vmax} = 1.767$	$i_B = 2.059$	12.00 R 20
$N_{max} = 2500 \sim 3000\text{r/min}$	$i_{smin} = 1.0$	$i_{vmin} = 1.095$	轮边减速器传动比 $i_R = 3.11$	
	$i_r = 11.75$	$\varepsilon_F = 0.273$ $\varepsilon_R = 0.727$		
前驱动轴、中间驱动轴距 $l = 3900\text{mm}$，中间驱动轴、后驱动轴距 $l = 1390\text{mm}$				
前驱动轴负载 $G_1 = 75000\text{N}$，中间驱动轴 $G_2 = 100000\text{N}$，后驱动轴 $G_3 = 100000\text{N}$				

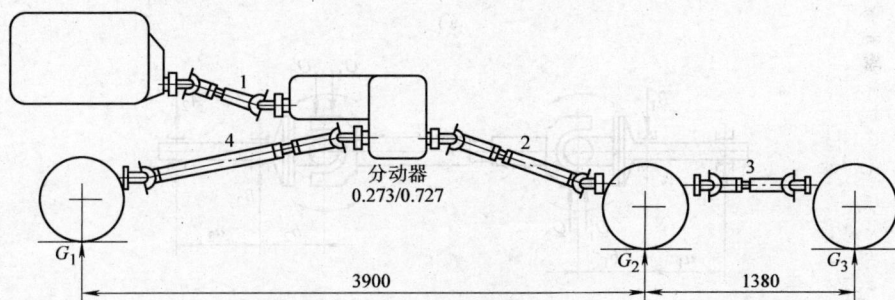

图 3-11　Iveco 的 Magirus 卡车传动系
1、2、3、4—传动轴

表 3-7　商用车十字轴万向节传动轴计算示例

传动轴编号		1	2	3	4
起动转矩 M_A /(N·m)	转动比	1	$i_{A2} = i_{smax}i_{vmax}$ $= 9.16 \times 1.767 = 16.186$	$i_{A3} = i_{smax}i_{vmax}$ $= 9.16 \times 1.767 = 16.186$	$i_{A4} = i_{smax}i_{vmax}$ $= 9.16 \times 1.767 = 16.186$
	转矩	$M_{A1} = k_{s1}\dfrac{\varepsilon_{F,R}}{m}M_e i_{A1}$ $= 4 \times \dfrac{1}{1} \times 817 = 3268$	$M_{A2} = 1 \times \dfrac{0.727}{1} \times 817 \times$ $16.186 = 9614(k_s = 1)$	$M_{A3} = 1 \times \dfrac{0.727}{2} \times 817 \times$ $16.186 = 4807$ （$k_s = 1$）	$M_{A4} = 1 \times \dfrac{0.273}{1} \times 817 \times$ $16.186 = 3610$ （$k_s = 1$）
附着转矩 M_H /(N·m)	转动比	$i_{H1} = i_R i_0 i_{vmax} i_{smax}$ $= 3.11 \times 2.059 \times 1.767 \times$ $9.16 = 103.6451$	$i_{H2} = i_R i_0$ $= 3.11 \times 2.059 = 6.604$	$i_{H3} = i_R i_0$ $= 3.11 \times 2.059 = 6.604$	$i_{H4} = i_R i_0$ $= 3.11 \times 2.059 = 6.604$
	转矩	$M_{H1} = \mu\dfrac{G}{i_{H1}}R_{state} = 1 \times$ $\dfrac{27500}{103.6451} \times 0.52 = 1380$	$M_{H2} = 1 \times \dfrac{200000}{6.404} \times 0.52$ $= 16240$	$M_{H3} = 1 \times \dfrac{10000}{6.406} \times 0.52$ $= 8119$	$M_{H4} = 1 \times \dfrac{75000}{6.404} \times 0.52$ $= 6089$
设计条件 $M_B = \dfrac{M_A + M_H}{2}$ $\leqslant M_N$		$M_{B1} = \dfrac{3268 + 1380}{2}$ $= 2324$	$M_{B2} = \dfrac{9614 + 16240}{2}$ $= 12927$	$M_{B3} = \dfrac{4807 + 8119}{2} = 6463$	$M_{B4} = \dfrac{3610 + 6088}{2} = 4849$
万向节规格		587.10	587.36	587.30	587.20

四、十字轴万向节传动轴承支座上的力

1. W 型布置的轴承支反力

如图 3-12a、b 所示。主动叉 $\varphi_1 = 0°$，输入轴所受的轴承合力可按下式计算

$$A_1 = \frac{M_d \cos \beta_1}{l} \left(\frac{b_1}{a_1} \right) \left(\tan \beta_1 + \tan \beta_2 \right) \tag{3-11}$$

$$B_1 = \frac{M_d \cos \beta_1}{l} \left(\frac{b_1 + a_1}{a_1} \right) \left(\tan \beta_1 + \tan \beta_2 \right) \tag{3-12}$$

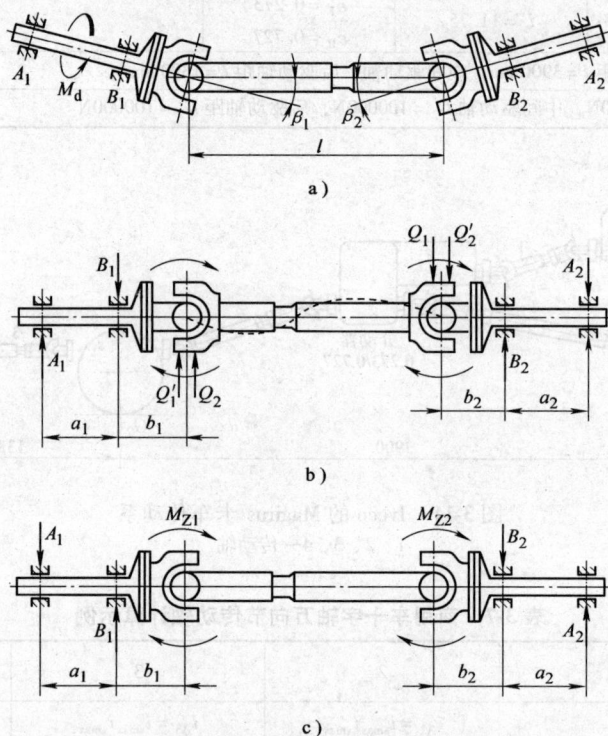

图 3-12　W 型布置、虎克万向节传动轴支承轴承上的力

a) 侧视图　b) 俯视图（主动叉 $\varphi_1 = 0°$）

c) 俯视图（主动叉 $\varphi_1 = 90°$）

输出轴所受的轴承合力可按下式计算

$$A_2 = \frac{M_d \cos \beta_1}{l} \left(\frac{b_2}{a_2} \right) \left(\tan \beta_1 + \tan \beta_2 \right) \tag{3-13}$$

$$B_2 = \frac{M_d \cos \beta_1}{l} \left(\frac{b_2 + a_2}{a_2} \right) \left(\tan \beta_1 + \tan \beta_2 \right) \tag{3-14}$$

当主动叉转过 90°时，如图 3-12a、c 所示，输入轴所受的轴承合力

$$A_1 = B_1 = \frac{M_d}{a_1} \tan \beta_1 \tag{3-15}$$

输出轴所受的轴承合力

$$A_2 = B_2 = \frac{M_d \sin \beta_2}{a_2 \cos \beta_1} \tag{3-16}$$

2. Z 型布置的轴承支反力

如图 3-13a 所示，主动叉 $\varphi_1 = 0°$ 时，输入轴所受的轴承合力可按下式计算

$$A_1 = \frac{M_d \cos \beta_1}{l} \left(\frac{b_1}{a_1} \right) \ (\tan \beta_1 - \tan \beta_2) \tag{3-17}$$

$$B_1 = \frac{M_d \cos \beta_1}{l} \left(\frac{b_1 + a_1}{a_1} \right) \ (\tan \beta_1 - \tan \beta_2) \tag{3-18}$$

$$A_2 = \frac{M_d \cos \beta_1}{l} \left(\frac{b_2}{a_2} \right) \ (\tan \beta_1 - \tan \beta_2) \tag{3-19}$$

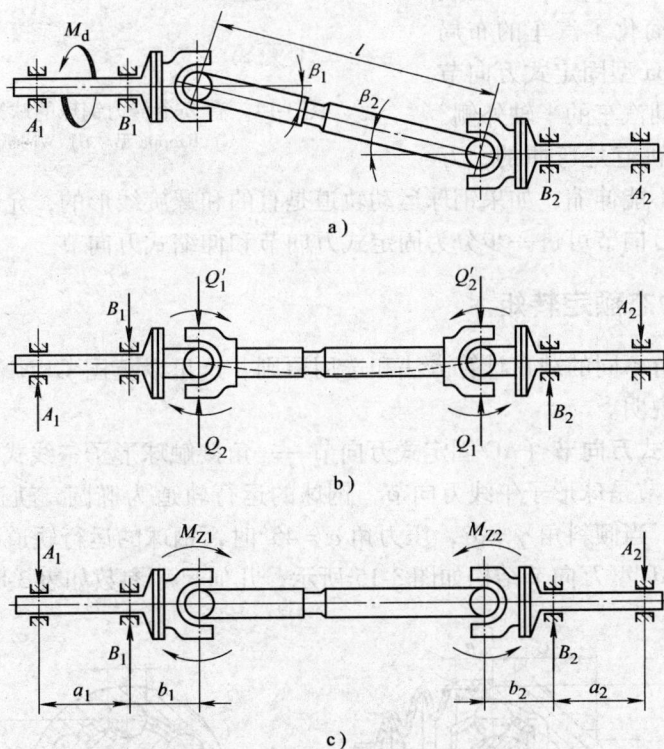

图 3-13　Z 型布置十字轴式万向节传动轴支承轴承上的力
a) 侧视图　b) 俯视图（$\varphi_1 = 0°$）　c) 俯视图（$\varphi_1 = 90°$）

$$B_2 = \frac{M_d \cos \beta_1}{l} \left(\frac{b_2 + a_2}{a_2} \right) \ (\tan \beta_1 - \tan \beta_2) \tag{3-20}$$

主动叉 $\varphi_1 = 90°$ 时，如图 3-13c 所示

$$A_1 = B_1 = A_2 = B_2 = \frac{M_d}{a_1} \tan \beta_1 \tag{3-21}$$

第三节　球笼式万向节的设计计算

球笼式万向节的传力元件是沿轨道独立运动的钢球，如图 3-14 所示。球笼式万向节的输入和输出元件的分界面不是按照图 3-14a 所示形式那样同轴分布，就是按照图 3-14b 所示那样，沿万向节的纵轴线径向分布。承载球个数 m 取决于万向节的结构，依 Rzeppa 原理（同心原理）或 Wiess 原理（径向原理）有所不同。在 Rzeppa 型布置中，所有球在转动方向上都发挥作用，主动球数 $m = Z$；而在 Weiss 布置中仅有一半起作用，主动球数 $m = Z/2$。由于 Rzeppa 型固定式万向节的内部定心简化了汽车的布局和装配，因此 Rzeppa 型固定式万向节广泛地用于前轮驱动汽车的半轴外侧。

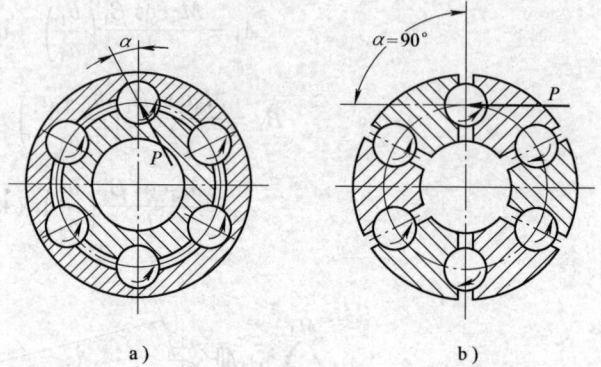

图 3-14　有 Z 个传力钢球的球笼式万向节
a）Rzeppa 型　b）Wiess 型

如果钢球运动轨道是弯曲的，万向节只能铰接，而不能伸缩；如果钢球运动轨道是直的和螺旋线形的，允许万向节铰接和伸缩。因而，球笼式万向节可进一步分为固定式万向节和伸缩式万向节。

一、静态和动态额定转矩

不同生产厂家有不同的载荷计算方法和选用原则。这里以英国 GKN 汽车有限公司生产的万向节为例进行说明。

1. 球型子午线式万向节（AC 固定式万向节——角接触球形子午线式万向节）

AC 固定式万向节是球形子午线万向节，钢球的运行轨道为椭圆，轨道生成半径偏移量与万向节中心对称。当倾斜角 $\gamma = 0°$，压力角 $\alpha = 45°$ 时，钢球的运行轨道平行于主动元件和从动元件的轴线。AC 型万向节结构如图 3-15 所示，几何尺寸参数如表 3-8 所示。

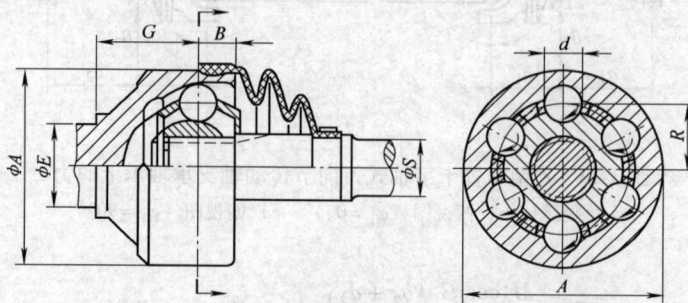

图 3-15　AC 固定式万向节

静态转矩的计算条件：$n = 100\text{r/min}$，$\beta = 3°$，$L_h = 1500\text{h}$，许用的比动载荷系数 $k = 8.718\text{N/m}^2$。

其极限转矩 M_N（N·m）的计算式为

$$M_N = 0.32366d^3 \tag{3-22}$$

动态额定转矩 M_d（N·m）的计算式为

$$M_d = 0.0610296d^3 \tag{3-23}$$

AC 固定式万向节的极限转矩如表 3-9 所列，动态额定转矩表 3-10 所列。

表 3-8　AC 固定式万向节几何尺寸参数　　　　（单位：mm）

AC 万向节型号	A	E	S	G	B	d	R
75	70	24	19.1	33.6	12.2	14.288	23.57
87	81	28	22.2	38.9	14.2	16.699	27.5
95	90	30	23.8	42.2	15.3	18.000	29.7
100	92	32	25.4	44.3	16.3	19.050	31.43
113	103	36	28.6	49.7	18.2	21.431	35.36
125	115	40	31.8	55.1	20.2	23.612	39.20
150	137	48	38.1	65.9	24.4	28.575	47.15
175	160	56	44.5	76.7	28.4	33.338	55.00
200	182	64	50.8	87.4	32.5	38.100	62.87
225	204	72	57.2	98.2	36.5	42.862	70.72
250	227	80	63.5	109	40.6	47.625	78.58

表 3-9　AC 固定式万向节的极限转矩

AC 万向节型号	M_N/（N·m）	AC 万向节型号	M_N/（N·m）
75	944	150	7550
87	1499	175	11480
95	1887	200	17897
100	2237	225	25483
113	3186	250	34955
125	4365		

表 3-10　AC 固定式万向节的动态额定转矩

万向节型号	M_d/（N·m）	万向节型号	M_d/（N·m）
75	178	150	1428
87	283	175	2267
95	358	200	3384
100	423	225	4819
113	602	250	6610
125	826		

2. RF 固定式万向节

RF 固定式万向节（用于半轴外侧），结构如图 3-16 所示，传力钢球的轨道为一平行于轴线的圆形轨道。接触面钢球与轨道的半径之比 $\chi = 0.252$，几何尺寸及额定转矩参数如表 3-11 所示。

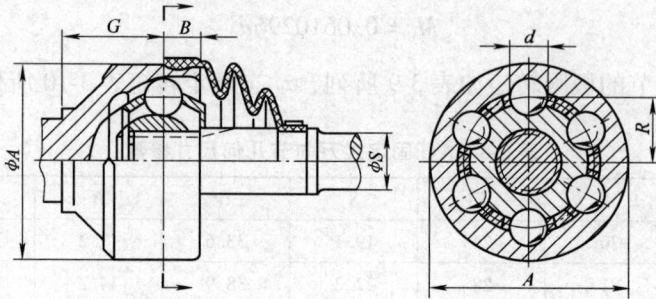

图 3-16 RF 固定式万向节结构

表 3-11 RF 固定式万向节几何尺寸及额定转矩参数　　　　（单位：mm）

RF 万向节型号	A	S	G	B	d	R	M_d/（N·m）	M_N/（N·m）
72	62	18	35	72	12.700	21.43	135	900
85	72	20	36	90	14.600	24	200	1200
91	81	22	36	79	15.875	27.5	260	1600
95	90	26	45	82	17.462	30.25	360	2650
107	98	28	50	85	19.050	33.00	460	3290
125	115	34	55	110	23.812	39.65	880	5900
140	138	42	85		28.575	47.50	1520	11000
160	155	45	90		31.750	54.05	2130	13700
203	186	49	86		38.100	64.00	3600	17600

3. DO（Doubble Offest）型万向节

DO 型万向节用于前轮驱动汽车的半轴内侧，允许沿轴向双向移动，$\beta_{max} = 22°$，结构如图 3-17 所示。几何尺寸及额定转矩参数如表 3-12 所示。其中 S_{max} 为最大伸缩量。

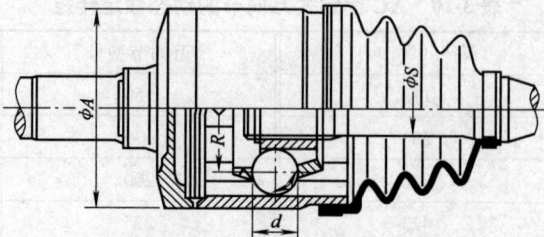

图 3-17 DO 伸缩式万向节结构

表 3-12　DO 伸缩式万向节几何尺寸及额定转矩参数　　　（单位：mm）

万向节型号	A	S	d	R	最大伸缩量 S_{max}	M_d/（N·m）	M_N/（N·m）
70	70	18.7	15.875	22.5	28	188	830
75	75	19.7	16.667	23.67	28	218	1150
79	77	20.7	17.462	24.8	26	250	1330
82	82	20.9	18.257	25.90	38	285	1370
89	87	22.7	19.844	28.18	48	367	1750

4. VL 伸缩式万向节

其结构如图 3-18 所示，几何尺寸及额定转矩参数如表 3-13 所示。

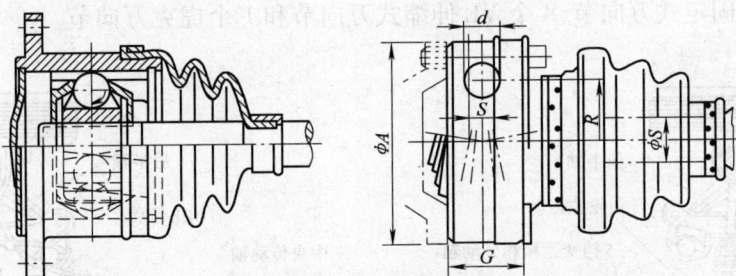

图 3-18　VL 伸缩式万向节结构

表 3-13　VL 伸缩式万向节几何尺寸及额定转矩参数　　　（单位：mm）

VL 万向节型号	A	G	S	d	R	S_{max}		M_d/（N·m）	M_N/（N·m）
						a[1]	b[2]		
85	80	20	21	15.875	24.00	10	38	200	1200
91	94	30	21	17.462	26.45	12	40	267	2200
95	100	32	26	19.050	30.00	14	48	357	2650
107	108	40	30	22.225	31.95	26	45	522	3300
116	120	42	28	23.812	35.00	20		656	4500
125	128	48	32	25.400	38.50	24		810	5900
140	148	52	40	28.575	47.5	26		1550	9000

① 用刚性螺栓加载时的伸缩量。

② $\beta = 6°$时，不用刚性螺栓加载的伸缩量。

第四节　利用 Palmgren/Miner 原理计算万向节的使用寿命

对于虎克式万向节

$$L_{hx} = \frac{1.5 \times 10^7}{n_x \beta_x} \left(\frac{CR}{K_t M_x} \right)^{10/3} \tag{3-24}$$

对于球笼式万向节：

当 $n_x \leqslant 1000\text{r/min}$ 时，

$$L_{\text{hx}} = \frac{25339}{n_x^{0.577}} \left(\frac{A_x M_d}{M_x} \right)^3 \tag{3-25}$$

当 $n_x > 1000\text{r/min}$ 时，

$$L_{\text{hx}} = \frac{470756}{n_x} \left(\frac{A_x M_d}{M_x} \right)^3 \tag{3-26}$$

式中，n_x 是 x 挡万向节转速（r/min），$n_x = n_{\max}/i_x$；i_x 是计算挡位的传动比；$n_{\max}$ 是发动机最大转矩 M_{emax} 时万向节轴的转速；A_x 是角接触函数，$A_x = (1 - \sin\beta_x)\cos^2\beta_x$，$\beta_x$ 是传动轴间夹角平均（°）；M_x 是计算轴的转矩（N·m），$M_x = \frac{2}{3m}\varepsilon_{\text{F,R}}M_{\text{emax}}i_x$，$m$ 是驱动轴数目，$\varepsilon_{\text{F,R}}$ 是转矩分配系数；M_d 是万向节动态额定转矩（N·m）。

例 3-3 四轮驱动小客车传动轴的计算实例

图 3-19 所示的是发动机前置，带三个差速器、五挡变速器、四轮驱动的小客车。有 11 个万向节：2 个 RF 固定式万向节，8 个 VL 伸缩式万向节和 1 个虎克万向节。

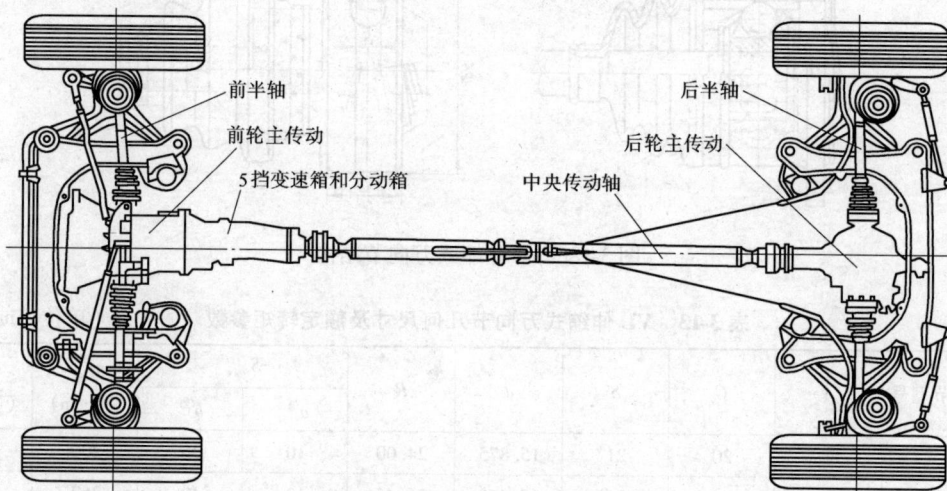

图 3-19 带三个差速器的四轮驱动小客车传动系统示意图

工作数据：最大发动机功率 $P_e = 100\text{kW}$（5900r/min），最大转矩 $M_{\text{emax}} = 176\text{N·m}$（4500r/min），满载重量 $G = 16187\text{ N}$，前轴许用载荷 $G_F = 7279\text{N}$，后轴许用载荷 $G_r = 8909\text{N}$，驱动桥传动比 $i_A = 4.11$，满载重心高度 $h = 0.5\text{m}$，静态滚动半径 $R_{\text{stat}} = 0.296\text{m}$，动态滚动半径 $R_{\text{dyn}} = 0.301\text{m}$，轴距 $l = 2.25\text{m}$。变速器传动比如表 3-14 所示。

表 3-14 某四驱车辆变速器传动比

变速器	1	2	3	4	5
传动比 i_s	3.600	2.125	1.458	1.071	0.829
平均轴间夹角 β		半轴外侧 7°	$A_x = 0.865$	$\varepsilon_F = 0.36$	
		半轴内侧 4°	$A_x = 0.926$		
		驱动轴 4°		$\varepsilon_R = 0.64$	

在下列假定条件时：

1）路面附着系数 $\mu=1$，振动系数 $K_s=1.2$，承载系数 $K_t=1.33$。

2）各挡的利用率：1～5 挡分别是 1%、6%、18%、30% 和 45%。

3）汽车至少应有 100000km 的寿命。

分别说明汽车前轮驱动、后轮驱动和四轮驱动时，万向节的选择原则，并计算使用寿命。

解：

（一）计算各轴的起动转矩 M_A 和附着转矩 M_H

用两者中的最小值作为静态转矩选择万向节，计算结果列入表 3-15。

表 3-15　启动转矩和附着转矩的计算

起动转矩 M_A	附着转矩 M_H	所需万向节尺寸	
		启动	耐久
1）前轮驱动 $M_A=1/2\times176\times3.6\times4.11$ $=1302N\cdot m$（半轴） $\qquad2604N\cdot m$（整轴）	$M_{MV}=1.2\times\dfrac{7279\times2.25}{2\times(2.25+1\times0.5)}$ $\times0.296=1058N\cdot m$（半轴）	RF 85（外侧） VL 85（内侧）	RF 107 VL 107
2）后轮驱动 $M_A=1302N\cdot m$（半轴） $\qquad2604N\cdot m$（整轴） 传动轴 $M_A=1/1\times176\times3.6=633.6N\cdot m$	$M_{HH}=1.2\times\dfrac{8909\times2.25}{2\times(2.25-1\times0.5)}$ $\times0.296=2034N\cdot m$（半轴） $M_H=1.2\times\dfrac{8909}{4.11}\times0.296$ $=770N\cdot m$	RF 95 VL 91 （外侧和内侧） VL 85 GWB 287.00	BF 107 VL107 VL 91 GWB 287.00
3）四轮驱动 前轴 $M_A=0.36/2\times176\times3.6\times4.11$ $M_A=0.36\times1.302=468.7N\cdot m$（半轴） $\qquad\qquad937.5N\cdot m$（整轴） 后轴 $M_A=0.64/2\times176\times3.6\times4.11$ $M_A=0.64\times1.302=833N\cdot m$（半轴） $\qquad\qquad1666N\cdot m$（整轴） 传动轴 $M_A=0.64/1\times176\times3.6$ $=405.5N\cdot m$	$M_{HV}=1.2\times\dfrac{7279\times2.25}{2\times(2.25+1\times0.5)}$ $\times0.296=1058N\cdot m$（半轴） $M_{HH}=1.2\times\dfrac{8909\times2.25}{2\times(2.25-1\times0.5)}$ $\times0.296=2034N\cdot m$（半轴） $M_H=1.2\times\dfrac{8909}{4.11}\times0.296$ $=770N\cdot m$	RF 72（外侧） VL 85（内侧） VL 91 （外侧和内侧） VL 85 GWB 287.00	RF 85 VL 85 VL91 VL 85 GWB 287.00

（二）校核万向节使用寿命

1. 前驱动半轴采用 RF85 万向节

利用式 3-25,3-26，计算前驱动轴万向节在各挡的百万次循环寿命：

$$L_{h1}=\frac{25339}{n_x^{0.577}}\left(\frac{A_xM_d}{M_x}\right)^3=\frac{25339}{304^{0.577}}\times\left(\frac{0.865\times200}{868}\right)^3h=7.4h$$

$$L_{h2} = \frac{25339}{n_x^{0.577}}\left(\frac{A_x M_d}{M_x}\right)^3 = \frac{25339}{515^{0.577}} \times \left(\frac{0.865 \times 200}{512.7}\right)^3 \text{h} = 26.5\text{h}$$

$$L_{h3} = \frac{25339}{n_x^{0.577}}\left(\frac{A_x M_d}{M_x}\right)^3 = \frac{25339}{751^{0.577}}\left(\frac{0.865 \times 200}{351.4}\right)^3 \text{h} = 66.3\text{h}$$

$$L_{h4} = \frac{470756}{n_x}\left(\frac{A_x M_d}{M_x}\right)^3 = \frac{470756}{1023}\left(\frac{0.865 \times 200}{258.1}\right)^3 \text{h} = 138.6\text{h}$$

$$L_{h5} = \frac{470756}{n_x}\left(\frac{A_x M_d}{M_x}\right)^3 = \frac{470756}{1320}\left(\frac{0.865 \times 200}{200.1}\right)^3 \text{h} = 230.5\text{h}$$

式中，M_d 查表 3-11 得，M_x 如表 3-16 所示。

表 3-16 　前轮驱动时驱动半轴万向节寿命参数计算结果

	所用公式	挡　位				
		1	2	3	4	5
1	挡位利用率 a_x(%)	1	6	18	30	45
2	$i_x = i_s i_0$	14.8	8.74	5.99	4.4	3.41
3	$n_x = n_e/i_x$ (r/min)	304	515	751	1023	1320
4	$v_x = 0.377 R_{dyn} n_e$ (km/h)	34.4	58.2	84.9	115.7	149.3
5	$M_x = \dfrac{2}{3}\dfrac{M_e}{m} i_x$ (N·m) $m=2$	868	512.7	351.4	258.1	200.1
6	$n_x \leqslant 1000$r/min 时，$L_{hx} = \dfrac{25339}{n_x^{0.577}}\left(\dfrac{A_x M_d}{M_x}\right)^3$ (h) 当 $n_x > 1000$r/min 时，$L_{hx} = \dfrac{470756}{n_x}\left(\dfrac{A_x M_d}{M_x}\right)^3$ (h)	7.4	26.5	66.3	138.6	230.5
7	同6	21.7	77.4	193.4	404.6	672.7

注：第 7 行数据为采用后轮驱动时的计算结果。

结合各挡使用的百分数 a_x，百万次循环负荷条件下，该万向节的使用寿命满足下式

$$\frac{1}{L_h} = \frac{a_1}{L_{h1}} + \frac{a_2}{L_{h2}} + \frac{a_3}{L_{h3}} + \frac{a_4}{L_{h4}} + \frac{a_5}{L_{h5}} = \left(\frac{0.01}{7.4} + \frac{0.06}{26.5} + \frac{0.18}{66.3} + \frac{0.3}{138.6} + \frac{0.45}{230.5}\right)\text{h}^{-1} = 10.44 \times 10^{-3}\text{h}^{-1}$$

所以 $L_h = 95.75$h。

平均行驶速度为

$$v_m = a_1 v_1 + a_2 v_2 + a_3 v_3 + a_4 v_4 + a_5 v_5$$
$$= (0.01 \times 34.3 + 0.06 \times 58.2 + 0.18 \times 84.9 + 0.3 \times 115.7 + 0.45 \times 115.7)\text{km/h}$$
$$= 121.0\text{km/h}$$

安全行驶里程 $L_s = L_h v_m = 95.75 \times 121\text{km} = 11591\text{km}$

由此可见，依据起动转矩选择的 RF85 万向节还不能满足行驶里程要大于 100000km 的耐久性要求，因而，必须选用另一个大的万向节。利用行驶里程与转矩比值成三次方的关系，计算相同速度和轴间夹角下的万向节的耐久性。

$$L_{s2} = L_{s1}\left(\frac{M_2}{M_1}\right)^3$$

RF91 万向节 $\qquad L_{s2} = 11591 \times \left(\frac{260}{200}\right)^3 \text{km} = 25465\text{km}$

RF95 万向节 $\qquad L_{s2} = 11591 \times \left(\frac{360}{200}\right)^3 \text{km} = 67599\text{km}$

RF107 万向节 $\qquad L_{s2} = 11591 \times \left(\frac{460}{200}\right)^3 \text{km} = 141028\text{km}$

只有 RF107 万向节 $M_N = 3290\text{N} \cdot \text{m}$，$M_d = 460\text{N} \cdot \text{m}$，满足要求的耐久性；VL107 万向节的 $M_N = 3300\text{N} \cdot \text{m}$，$M_d = 522\text{N} \cdot \text{m}$，是伸缩式万向节，它只能以平均夹角 $\beta = 4°$ 运转，但承受 M_d 较高。

VL107 的耐久性 $\qquad L_{s2} = 11591 \times \left(\frac{0.926 \times 522}{0.865 \times 200}\right)^3 \text{km} = 252829\text{km}$

2. 后轮驱动

1）后半轴用球笼式万向节，选择表 3-13 中的 VL91 万向节。

这时计算过程同表 3-16，唯一的区别是计算 L_{hx} 时，应考虑平均轴间夹角 β 所引起的铰接角的函数 $A_x = 0.926$，计算结果列第在 7 行。

百万次循环寿命

$$\frac{1}{L_h} = \frac{a_1}{L_{h1}} + \frac{a_2}{L_{h2}} + \frac{a_3}{L_{h3}} + \frac{a_4}{L_{h4}} + \frac{a_5}{L_{h5}} = \left(\frac{0.01}{21.7} + \frac{0.06}{77.4} + \frac{0.18}{193.4} + \frac{0.3}{404.6} + \frac{0.45}{672.7}\right)\text{h}^{-1}$$

$$= 35.7 \times 10^{-4}\text{h}^{-1}$$

$$L_h = \frac{1}{35.7 \times 10^{-4}}\text{h} = 279.56\text{h}$$

平均行驶速度 $v_m = 121.0\text{km/h}$ 保持不变。

安全行驶里程

$$L_s = L_h v_m = 279.56 \times 121\text{km} = 33827\text{km}$$

显然，VL91 万向节的耐久性不够。选择大一号的万向节计算耐久性。

VL95 万向节 $\qquad L_{s2} = 33827 \times \left(\frac{357}{267}\right)^3 \text{km} = 80860\text{km}$

VL107 万向节 $\qquad L_{s2} = 33827 \times \left(\frac{552}{267}\right)^3 \text{km} = 252779\text{km}$

从上面的计算结果可见，后轮驱动时应使用使用 VL107 万向节的传动轴，才满足耐久性的要求。

2）传动轴与后驱动桥的连接，选用球笼式万向节。

发动机的转矩乘以变速器的传动比就是传动轴所传递的转矩。此外，它的速度比半轴速度高出 4.11 倍。根据起动转矩选择 VL91 万向节，查表得：$M_N = 2200\text{N} \cdot \text{m}$，$M_d = 267\text{N} \cdot \text{m}$，计算结果列在表 3-17 中。

表 3-17 后轮驱动时传动轴上万向节寿命参数计算结果

	所用公式	挡位				
		1	2	3	4	5
1	a_x（%）	1	6	18	30	45
2	$i_x = i_s$	3.6	2.125	1.458	1.071	0.829
3	$n_x = n_e / i_x$（r/min）	1250	2113	3082	4206	5422
4	$v_x = 0.377 R_{dyn} n_e$（km/h）	34.4	58.2	84.9	115.7	149.3
5	$M_x = \dfrac{2}{3} M_e i_x$（N·m）	422.4	249.9	171.9	125.5	97.4
6	$n_x \leqslant 1000\text{r/min}$ 时，$L_{hx} = \dfrac{25339}{n_x^{0.577}} \left(\dfrac{A_x M_d}{M_x} \right)^3$（h）当 $n_x > 1000\text{r/min}$ 时，$L_{hx} = \dfrac{470756}{n_x} \left(\dfrac{A_x M_d}{M_x} \right)^3$（h）	75.5	215.8	459.3	855.8	1420.2
7	$L_{hx} = \dfrac{1.5 \times 10^7}{n_x \beta_x} \left(\dfrac{CR}{M_x k_t} \right)^{10/3}$（h）	327.2	1113.8	2688.6	5557.4	10035.4

$$\frac{1}{L_h} = \frac{a_1}{L_{h1}} + \frac{a_2}{L_{h2}} + \frac{a_3}{L_{h3}} + \frac{a_4}{L_{h4}} + \frac{a_5}{L_{h5}} = \left(\frac{0.01}{75.5} + \frac{0.06}{215.8} + \frac{0.18}{459.3} + \frac{0.3}{855.8} + \frac{0.45}{1420.2} \right) h^{-1}$$

$$= 14.698 \times 10^{-4} h^{-1}$$

$$L_h = \frac{1}{14.689 \times 10^{-4}} h = 680h$$

安全行驶里程 $L_s = L_h v_m = 680 \times 121 \text{km} = 82280 \text{km}$

VL91 万向节不能满足耐久性要求，选择 VL95，查表参数 $M_N = 2650\text{N·m}$，$M_d = 357\text{N·m}$。

安全行驶里程 $L_{s2} = 82280 \times \left(\dfrac{357}{267} \right)^3 \text{km} = 196682 \text{km}$

可以满足要求。

3）与后桥连接的传动轴上的虎克式万向节，选用 GWB287.00，计算耐久性，列入表 3-17 中第 7 行。

百万次循环寿命

$$\frac{1}{L_h} = \frac{a_1}{L_{h1}} + \frac{a_2}{L_{h2}} + \frac{a_3}{L_{h3}} + \frac{a_4}{L_{h4}} + \frac{a_5}{L_{h5}} = \left(\frac{0.01}{327.7} + \frac{0.06}{1113.8} + \frac{0.18}{2688.6} + \frac{0.3}{557.4} + \frac{0.45}{10035.4} \right) h^{-1}$$

$$= 25.202 \times 10^{-5} h^{-1}$$

$$L_h = 3996.8h$$

安全行驶里程 $L_s = L_h v_m = 3996.8 \times 121 \text{km} = 483613 \text{km}$

可见，GWB287.00，满足耐久性要求。

3. 四轮驱动

1）用于前半轴的球笼式万向节，表 3-16 中第 5 和 6 行有变化，前桥输入转矩是原第 5 行的 36%，计算结果如表 3-18 所示。

表 3-18　四轮驱动时前半轴万向节寿命参数计算结果

	所 用 公 式	挡 位				
		1	2	3	4	5
1	a_x（%）	1	6	18	30	45
2	$i_x = i_s i_A$	14.8	8.74	5.99	4.4	3.41
3	$n_x = n_e / i_x$　（r/min）	304	515	751	1023	1320
4	$v_x = 0.377 R_{dyn} n_e$（km/h）	34.4	58.2	84.9	115.7	149.3
5	$M_x = 0.36 \times \dfrac{2}{3} \times \dfrac{M_e}{m} i_x$（N·m） $m = 2$	312.48	184.6	126.5	92.9	72
6	$n_x \leqslant 1000$r/min 时， $L_{hx} = \dfrac{25339}{n_x^{0.577}} \left(\dfrac{A_x M_d}{M_x} \right)^3$（h） 当 $n_x > 1000$r/min 时， $L_{hx} = \dfrac{470756}{n_x} \left(\dfrac{A_x M_d}{M_x} \right)^3$（h）	158.6	568.2	1420.4	2971.7	4947.6

百万次循环寿命

$$\frac{1}{L_h} = \frac{a_1}{L_{h1}} + \frac{a_2}{L_{h2}} + \frac{a_3}{L_{h3}} + \frac{a_4}{L_{h4}} + \frac{a_5}{L_{h5}} = \left(\frac{0.01}{158.6} + \frac{0.06}{568.2} + \frac{0.18}{1461.2} + \frac{0.3}{2971.7} + \frac{0.45}{4947.24} \right) h^{-1}$$
$$= 5.095 \times 10^{-4} h^{-1}$$

$$L_h = \frac{1}{5.095 \times 10^{-4}} h = 1963 h$$

安全行驶里程　　　　　$L_s = L_h v_m = 1963 \times 121 km = 237523 km$

选择 RF85 万向节，查表参数 $M_N = 1200$N·m，$M_d = 200$N·m，满足耐久性要求。如后轮的驱动轮被摘除，必须考虑传动系的过载问题。

半轴内侧用 VL85 万向节的安全行驶里程计算时，应考虑平均轴间夹角 β 所引起的铰接角的函数 A_x 的变化，以下式计算

$$L_{内} = L_{外} \left(\frac{A \beta = 4°}{A \beta = 7°} \right)^3 = 237523 \times \left(\frac{0.925}{0.865} \right)^3 km = 290457 km$$

2）用于后半轴的球笼式万向节，这里后桥输入转矩是表 3-16 中第 5 行的 64%，计算结果如表 3-19 所示。

表 3-19　四驱时后驱动轴球笼式万向节参数计算结果

	所 用 公 式	挡 位				
		1	2	3	4	5
5	$M_x = 0.64 \times \dfrac{2}{3} \times \dfrac{M_e}{m} i_x$（N·m）　$m = 2$	555.7	328.2	224.9	165.2	128.0
6	$n_x \leqslant 1000$r/min 时， $L_{hx} = \dfrac{25339}{n_x^{0.577}} \left(\dfrac{A_x M_d}{M_x} \right)^3$（h） 当 $n_x > 1000$r/min 时， $L_{hx} = \dfrac{470756}{n_x} \left(\dfrac{A_x M_d}{M_x} \right)^3$（h）	82.5	295.1	737.8	1542.6	2570.2

百万次循环寿命

$$\frac{1}{L_h} = \frac{a_1}{L_{h1}} + \frac{a_2}{L_{h2}} + \frac{a_3}{L_{h3}} + \frac{a_4}{L_{h4}} + \frac{a_5}{L_{h5}} = \left(\frac{0.01}{82.5} + \frac{0.06}{294.2} + \frac{0.18}{735.4} + \frac{0.3}{1537.6} + \frac{0.45}{2561.8} \right) h^{-1}$$

$$= 9.412 \times 10^{-4} h^{-1}$$

$$L_h = \frac{1}{9.412 \times 10^{-4}} h = 1071.9h$$

安全行驶里程　　　　　$L_s = L_h v_m = 1071 \times 121 = 129700km$

选择 VL91 万向节，$M_N = 2200N \cdot m$，$M_d = 267N \cdot m$，满足耐久性要求。如短时间采用前轮驱动，必须考虑后传动系的过载问题。

3）传动轴上的球笼式万向节。对于四轮驱动，与后桥连接的传动轴只承受发动机转矩的 64%。因此，选择 VL85 万向节，$M_N = 1200N \cdot m$，$M_d = 200N \cdot m$，计算结果填入表3-20。

表3-20　四轮驱动时传动轴上球笼万向节寿命参数计算结果

	所用公式	挡位				
		1	2	3	4	5
1	a_x （%）	1	6	18	30	45
2	$i_x = i_s$	3.6	2.125	1.458	1.071	0.829
3	$n_x = n_e / i_x$ （r/min）	1250	2113	3082	4206	5422
4	$v_x = 0.377 R_{dyn} n_e$ （km/h）	34.4	58.2	84.9	115.7	149.3
5	$M_x = 0.64 \times \frac{2}{3} \times \frac{M_e}{2} i_x$ （N·m）	270.3	159.9	109.6	80.3	63.3
6	$L_{hx} = \frac{1.5 \times 10^7}{n_x \beta_x} \left(\frac{CR}{M_x k_t} \right)^{10/3}$ （h）	121.1	248.1	737.0	1373.1	2280.8

表3-17 的第5行和第6行变为：

$$\frac{1}{L_h} = \frac{a_1}{L_{h1}} + \frac{a_2}{L_{h2}} + \frac{a_3}{L_{h3}} + \frac{a_4}{L_{h4}} + \frac{a_5}{L_{h5}} = \left(\frac{0.01}{121.1} + \frac{0.06}{248.1} + \frac{0.18}{737.0} + \frac{0.3}{1373.1} + \frac{0.45}{2280.8} \right) h^{-1}$$

$$= 9.188 \times 10^{-4} h^{-1}$$

$$L_h = \frac{1}{9.188 \times 10^{-4}} h = 1088.4h$$

安全行驶里程　　　　　$L_s = L_h v_m = 1088.4 \times 121 km = 131696km$

VL85 万向节满足耐久性要求。

4）传动轴上的虎克式万向节。计算结果写入表3-21。

百万次循环寿命

$$\frac{1}{L_h} = \frac{a_1}{L_{h1}} + \frac{a_2}{L_{h2}} + \frac{a_3}{L_{h3}} + \frac{a_4}{L_{h4}} + \frac{a_5}{L_{h5}} = \left(\frac{0.01}{1450} + \frac{0.06}{4934} + \frac{0.18}{11914} + \frac{0.3}{24621} + \frac{0.45}{44506} \right) h^{-1}$$

$$= 5.645 \times 10^{-5} h^{-1}$$

$$L_h = \left(\frac{1}{5.645 \times 10^{-5}} \right) h = 17715h$$

表 3-21 四轮驱动时传动轴上虎克式万向节寿命参数计算结果

	所用公式	挡位				
		1	2	3	4	5
1	a_x （%）	1	6	18	30	45
2	$i_x = i_s$	3.6	2.125	1.458	1.071	0.829
3	$n_x = n_e / i_x$ （r/min）	1250	2113	3082	4206	5422
4	$v_x = 0.377 R_{dyn} n_e$ （km/h）	34.4	58.2	84.9	115.7	149.3
5	$M_x = \dfrac{2}{3} \times M_e i_x$ （N·m）	422.4	249.9	171.9	125.5	97.4
6	$L_{hx} = \dfrac{1.5 \times 10^7}{n_x \beta_x} \left(\dfrac{CR}{M_x k_t} \right)^{10/3}$ （h）	1450	4934	11914	24621	44560

安全行驶里程 $\qquad L_s = L_h v_m = 17715 \times 121 \, \text{km} = 2143515 \, \text{km}$

结论：

1）如果虎克式万向节和球笼式万向节装在同一根轴上，虎克式万向节的安全行驶里程在 483613km 到 2143515km 的范围内变化，从相对耐久性的角度上看，球笼式万向节的弱点明显地表现了出来。

2）万向节的使用寿命与所传递的转矩有 −10/3 次方的关系，对于虎克式万向节 $\dfrac{L_{s2}}{L_{s1}} = \left(\dfrac{M_1}{M_2} \right)^{10/3} = \left(\dfrac{1}{0.64} \right)^{10/3} = 4.428$，即转矩为原转矩的 0.64 倍时，其使用寿命可变为原来的 4.428 倍。

第四章 驱动桥的设计

第一节 确定驱动桥的结构形式

驱动桥分为断开式和非断开式两种。

在选择驱动桥的结构形式时，应当从所设计汽车的类型及使用、生产条件出发，并和所设计汽车的其他部件，尤其是悬架的结构形式与特性相适应，以共同保证整车的预期性能及使用要求。

一般来说，当采用非独立悬架时，应选用非断开式驱动桥，当采用独立悬架时，则应选用断开式驱动桥。

以下重点讨论非断开式驱动桥。

1. 主减速器结构形式及选择

主减速器的结构形式一般根据所采用的齿轮类型、主动齿轮和从动齿轮的支承形式和安置方法以及减速形式的不同而有所差异。

（1）主减速器齿轮形式的选择 现代汽车驱动桥（见图4-1）的主减速齿轮广泛采用螺旋锥齿轮（见图4-2）和双曲面齿轮（见图4-3）。

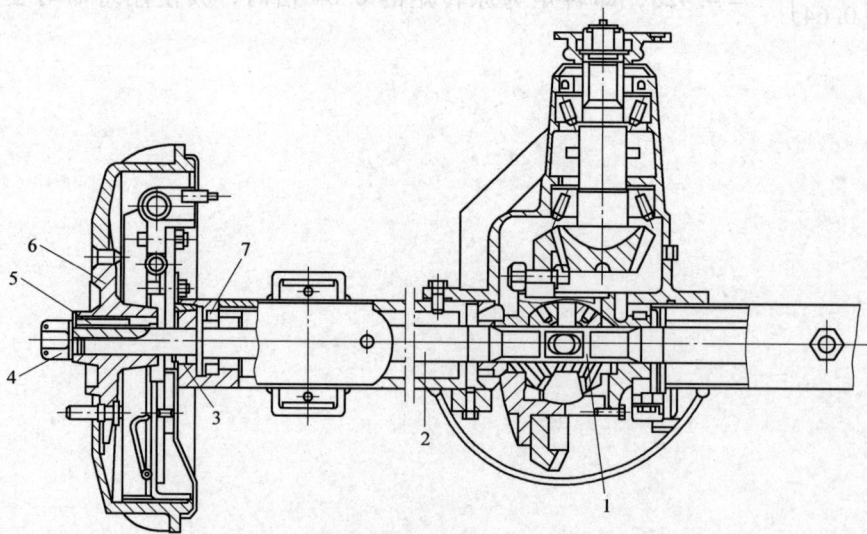

图 4-1 驱动桥总成

1—止推块 2—半轴 3—圆锥滚子轴承 4—锁紧螺母 5—键 6—轮毂 7—桥壳凸缘

螺旋锥齿轮传动在承受较高载荷时，工作平稳，噪声小。由于沿齿的纵向没有滑动，而只有小量的齿廓表面的滑动，所以滑动速度低。且由于其载荷通常是分配在两对以上同时接触的轮齿上，所以作用在齿面上的接触负荷也低。双曲面齿轮传动更显著地具有上述优点。

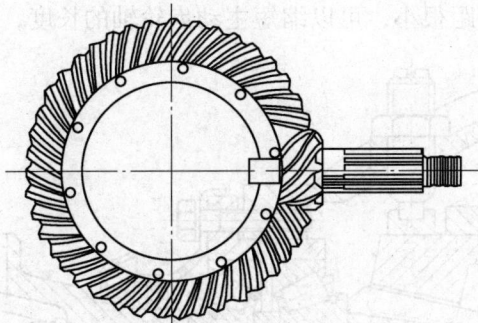

图 4-2 螺旋锥齿轮传动图

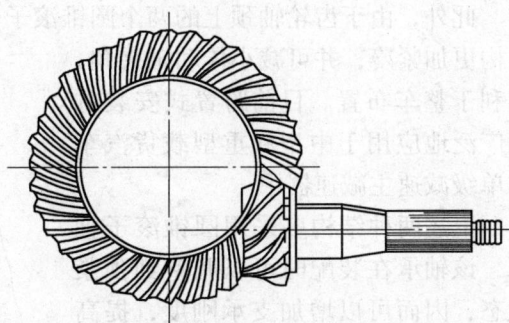

图 4-3 双曲面齿轮传动

在螺旋锥齿轮传动中，主动和从动齿轮的螺旋角是相等的。而双曲面齿轮传动中，主动齿轮轴线与从动齿轮轴线并不相交，偏移了一个距离，故主动齿轮的螺旋角比从动齿轮大。当两种传动形式主从动齿轮外径、齿面宽以及主动齿轮齿数（传动比）均相同时，双曲面齿轮由于主动齿轮螺旋角的增大，使主动齿轮的节圆直径约比螺旋锥齿轮大 20% 左右。这样可使主动齿轮轴的轴颈相应增大，从而大大提高了齿轮啮合的刚度，提高了主动齿轮的使用寿命。在螺旋锥齿轮传动中，其传动比一般不大于 7.2，这是因为主动齿轮直径不能随着传动比的加大而加大，不能承受足够大的载荷。

双曲面齿轮传动由于主动齿轮轴线与从动齿轮轴线偏移了一个距离，引起齿面之间的纵向滑移，且齿面间压力很大，因此对润滑油有特殊要求，需采用双曲面齿轮润滑油。双曲面齿轮加工精度和装配精度要求较高。

（2）主减速器主动齿轮的安装形式 主动齿轮的安装形式在很大程度上决定了它的刚度，这是齿轮能否平稳啮合并具有较高使用寿命的重要因素之一。对于直径在 152～381mm 范围内的锥齿轮来说，在传递最大转矩时，齿轮的极限变形和偏移量应不超过下列规定：

1）主动齿轮的径向极限变形和偏移量应在 $[-0.076, 0.076]$mm 区间。

2）主动齿轮的轴向极限变形和偏移量应在 $[-0.076, 0.076]$mm 区间。

3）从动齿轮的径向极限变形和偏移量应在 $[-0.076, 0.076]$mm 区间。

4）从动齿轮的轴向极限变形和偏移量，当速比接近或等于 1 时，在 $[-0.076, 0.076]$mm 区间，在大速比时，啮合点处从动轮离开主动齿轮的轴向极限变形和偏移量不得大于 0.254mm。

因此，选择支撑形式时，应使支撑刚度、精度满足以上要求。

主动齿轮的安装形式有两种：

1）跨置式。主动齿轮装在一个圆柱滚子轴承和两个圆锥滚子轴承之间（见图 4-4）。

2）悬臂式。在主动齿轮前端轴颈处安装两个圆锥滚子轴承（见图 4-5）。

悬臂式安装通常在负荷较小的小客车和轻型载货汽车上采用。在中、重型载货汽车上应用的双级主减速器中，由于空间小，齿轮布置困难，也多采用此种安装方法。

采用悬臂式安装时，为保证齿轮的刚度，主动齿轮轴颈应尽可能加大，并使两轴承间距离 b 比悬臂距离 a 大 2.5 倍以上。

跨置式安装使轴承负荷减小、齿轮支承刚度增加，齿轮承载能力比悬臂式提高 10% 左右。此外，由于齿轮轴颈上的两个圆锥滚子轴承间距很小，可以缩短主动齿轮轴的长度，使结构更加紧凑，并可减小传动轴夹角，有利于整车布置。目前跨置式安装方法广泛地应用于中型和重型载货汽车的单级减速主减速器中。

上述两种结构多采用圆锥滚子轴承，该轴承在装配时可以调整到预紧状态，因而可以增加支承刚度，提高齿轮啮合的平稳性。但轴承预紧过大，又会加速轴承磨损，降低传动效率，所以轴承预紧应根据试验确定，载货车主动齿轮轴承的预紧力矩一般为 $1 \sim 3 \mathrm{N \cdot m}$。

（3）主减速器从动齿轮的安装
从动齿轮的支承刚度主要取决于轴承的形式、两轴承之间的距离和轴承上载荷的分布情况。为了增加支承刚度，两轴承间的距离应尽量小，但为了使差速器壳有足够的位置设置加强肋，

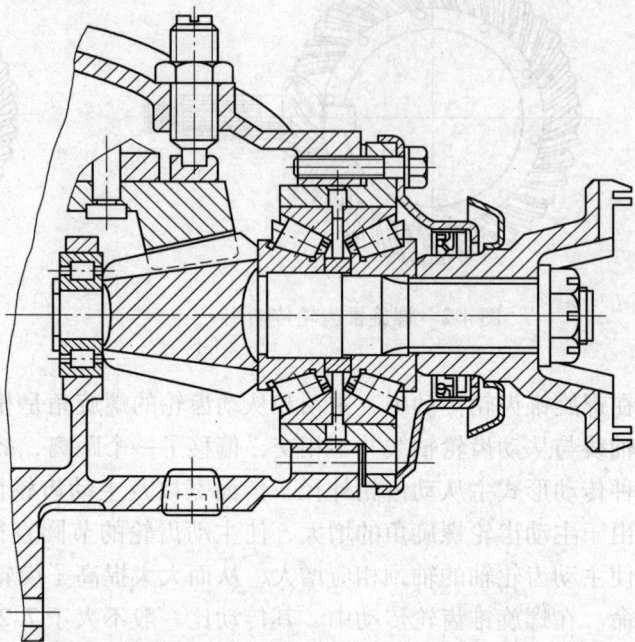

图 4-4　主动齿轮跨置式装置

并使两轴承上的载荷分布尽量趋于平均，可使两轴承之间的距离等于从动齿轮分度圆直径的 $60\% \sim 70\%$，并使 $c \approx d$，（见图 4-6）。

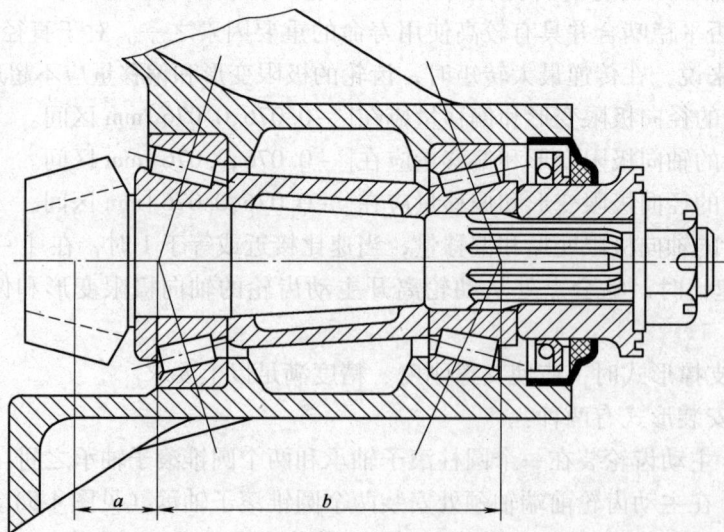

图 4-5　主动齿轮悬臂式装置

从动齿轮在轴向力的作用下会产生较大的变形和偏转，影响齿轮的正确啮合。为减小变形，有些结构在从动轮背面设置辅助支撑销，限制齿轮轴的变形，如图 4-7 所示东风 EQ1090E

汽车的主减速器结构图的中支撑螺栓 6。支撑销与齿轮背面的间隙一般为 0.25mm。

在汽车主减速器上，主、从动锥齿轮多用圆锥滚子轴承支承，如图 4-4、4-5、4-6 所示，但主动锥齿轮采用跨置式安装时，其轮齿小端的轴颈多采用圆柱滚子轴承支承，如图 4-4 所示。而在一般用的锥齿轮传动中，除了可采用圆锥或圆柱滚子轴承外，也常常采用向心推力球轴承。

如图 4-4、图 4-5 所示，汽车主减速器主动锥齿轮采用圆锥滚子轴承时，圆锥滚子的大端应朝外，这样可使离开锥顶的轴向力由靠近齿

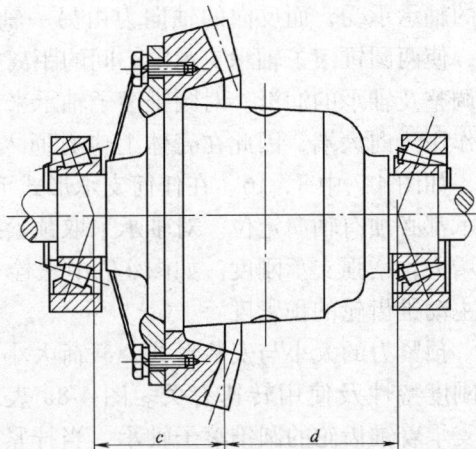

图 4-6　主减速器从动锥齿轮轴承中心间的距离

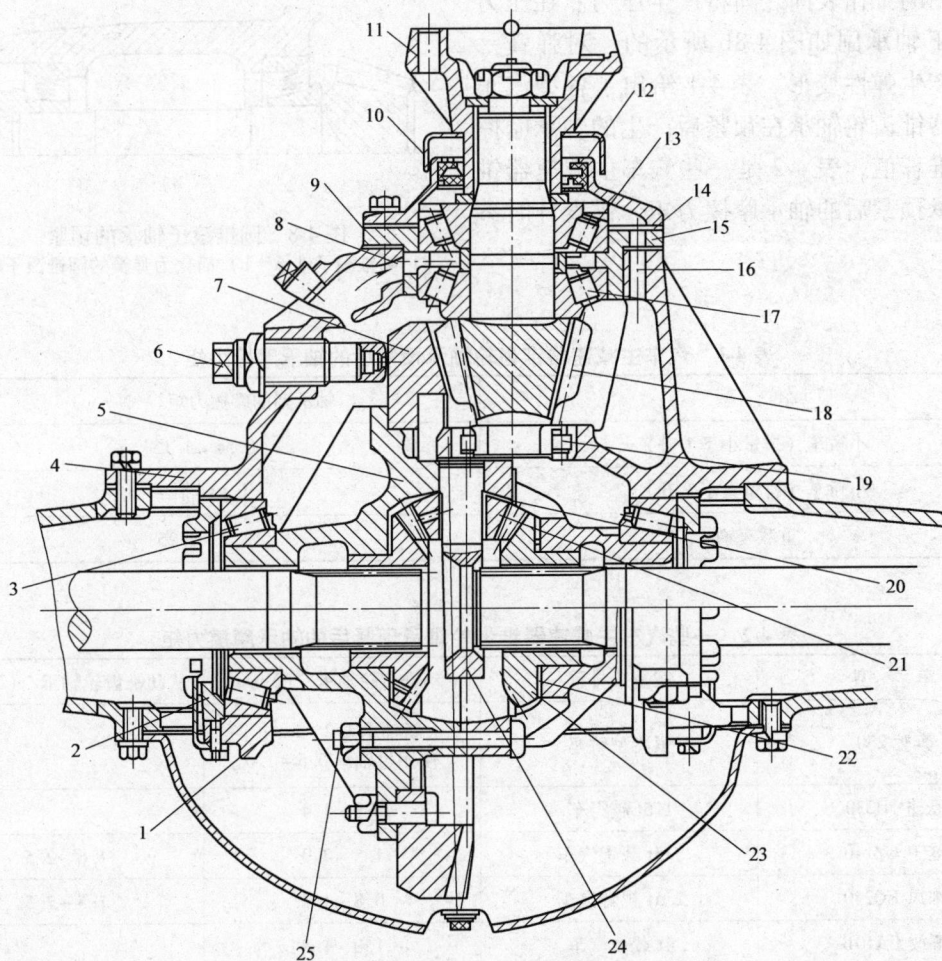

图 4-7　东风 EQ1090E 汽车的主减速器结构图

1—差速器轴承盖　2—从动锥齿轮轴承调整螺母　3、13、17—圆锥滚子轴承　4—主减速器壳　5—差速器壳
6—从动轮辅助支撑螺栓　7—从动双曲面锥齿轮　8—进油道　9、14—主动锥齿轮轴承度调整垫片
10—防尘罩　11—叉形凸缘　12—油封　15—轴承座　16—回油道　18—主动锥齿轮　19—圆柱滚子轴承
20—行星齿轮垫片　21—行星齿轮　22—半轴齿轮垫片　23—半轴齿轮　24—行星齿轮轴　25—螺栓

轮的轴承承受，而反向的轴向力由另一轴承承受，某一方向的轴向力总是只由一个轴承承受，使两圆锥滚子轴承支承中心间的距离拉长以改善支承刚度，也便于结构布置、轴承预紧度调整及轴承的润滑。对圆锥滚子轴承来说，由于润滑油只能从圆锥滚子的小端通过离心力的作用流向大端，因此在壳体上应有通入两轴承之间的进油道及使润滑油反回壳体的回油道，如图4-7中8，16。在任何支承形式下，各类圆锥齿轮和双曲面齿轮以及承受轴向力的轴承都必须有轴向定位。对轴承采取预紧措施是为了消除安装的原始间隙及磨合期间该间隙的增大，增强支承刚度。如图4-7中螺栓2用来调整从动锥齿轮的预紧度，垫片14用来调整主动锥齿轮的预紧度。

预紧力的大小与安装形式、载荷大小、轴承刚度特性及使用转速有关。图4-8a表示一对支承着锥齿轮的圆锥滚子轴承，当拧紧调整螺母给轴承副以预紧力后，轴承的圆锥滚子及内、外圈的工作表面之间将产生压力。在压力的作用下轴承副如图4-8b所示的一对弹簧一样，将产生弹性变形。表4-1给出了各型汽车主减速器锥齿轮轴承在预紧后产生的轴承摩擦力矩的推荐值，表4-2是一些汽车主减速器锥齿轮轴承预紧后的轴承摩擦力矩，供设计时参考。

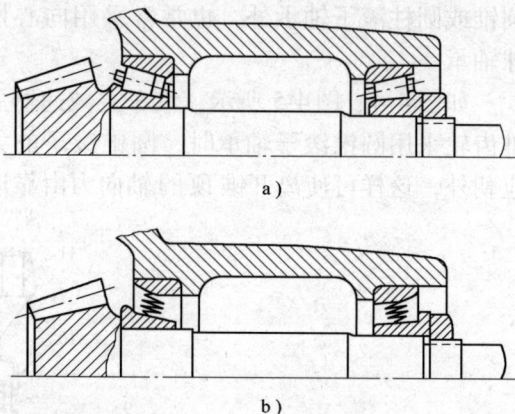

图4-8　圆锥滚子轴承的预紧
a）圆锥滚子轴承　b）简化为弹簧的圆锥滚子轴承

表4-1　汽车主减速器锥齿轮轴承预紧后的轴承摩擦力矩

车　型	轴承副的摩擦力矩/（N·m）
小轿车（排量小于1升）	0.56～1.13
小轿车（排量大于1升）	1.13～1.7
重载车辆	1.7～2.25

表4-2　一些汽车主减速器锥齿轮轴承预紧后的轴承摩擦力矩

车　型	载重或排量	主动锥齿轮轴承/（N·m）	从动锥齿轮轴承/（N·m）
奔驰230	紧凑型轿车	新轴承1.2～1.4； 使用过轴承0.5～1.0	
跃进NJ230	1.5t越野车	0.6～1.4	
红卫GZ140	3.5t载货汽车	1.5～3.0	1.6～2.5
东风EQ240	2.5t越野汽车	0.8～1.5	1.5～2.5
解放CA10B	4t载重汽车	1.0～1.8	
菲亚特650E	6.6t载货汽车	3.0～3.5	
五十铃TD50A～D	自卸汽车	新轴承3.4～3.8； 使用过轴承2.0～2.3	新轴承7.0～8.0； 使用过轴承4.2～4.8

2. 差速器结构形式及选择

（1）普通锥齿轮式差速器　普通锥齿轮差速器由于结构简单、工作平稳等优点，已广泛应用于小客车、载货汽车和公共汽车上。

普通锥齿轮差速器的结构如图 4-9 所示。这种差速器是由行星齿轮、半轴齿轮、行星齿轮轴、垫片及差速器左右壳体等件组成。

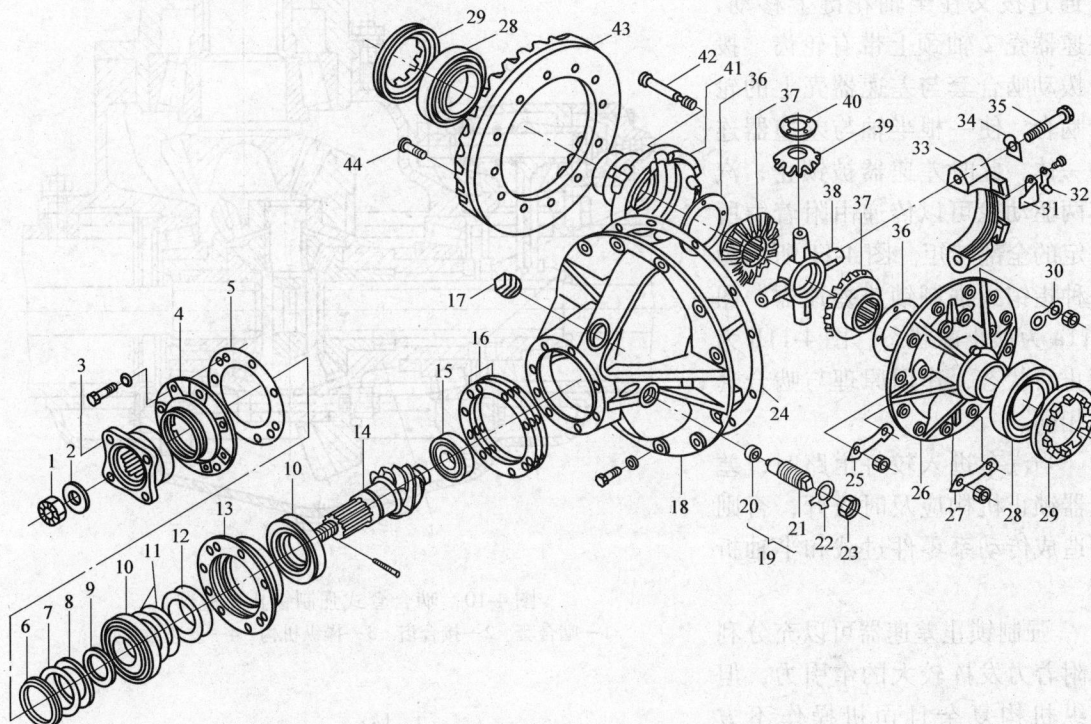

图 4-9　EQ1090E 汽车驱动桥壳与锥齿轮差速器的结构

1—槽形扁螺母　2、34—垫圈　3—主动锥齿轮叉形凸缘　4—油封座　5—油封座衬垫　6—主动锥齿轮外油封　7—油封导向环　8—主动锥齿轮内油封　9—止推垫圈　10—主动锥齿轮前轴承　11—轴承调整垫片　12—隔套　13—前轴承座　14—主动锥齿轮　15—主动锥齿轮后轴承　16—主动锥齿轮调整垫片　17—螺塞　18—主减速器壳　19—从动齿轮支撑销总成　20—支撑套　21—支撑螺母　22—锁片　23—螺母　24—主减速器壳垫片　25、27、30—锁止垫片　26—差速器左壳　28—差速器轴承　29—调整螺母　31—轴承盖锁片　32—垫片　33—主减速器轴承盖　35—主减速器轴承螺栓　36—半轴齿轮垫片　37—半轴齿轮　38—十字轴　39—行星齿轮　40—行星齿轮叉缘　41—差速器右壳　42—差速器连接螺栓　43—从动锥齿轮连接螺栓　44—从动锥齿轮联接螺栓

轻型汽车上行星齿轮多采用 2 个；中、重吨位的载货汽车、行星齿轮多采用 4 个，也有少数采用 3 个的。

普通锥齿轮差速器由运动学所决定，在各种工况下向两驱动轮分配的转矩在好路上无论是直线或转弯行驶基本上都是令人满意的。若一侧车轮进入附着系数较小的路面，牵引力大大降低，另一个车轮尽管与路面有良好的附着能力，但牵引力也不得不跟着减小，使汽车无法发挥潜在的牵引力而不能正常行驶。

（2）防滑差速器　防滑差速器的锁紧系数大，因而转矩分配系数也大。当一边车轮失去附着力而滑转时，另一侧没有滑转的车轮，可以大幅度地增大转矩，充分利用附着力来驱动车辆。根据作用原理，防滑差速器大体可分为强制锁止和自锁式两类。

　　强制锁止式防滑差速器通常是在普通锥齿轮式差速器基础上设计的。图4-10所示是一种啮合套式强制锁止差速器。啮合套1可通过拨叉在半轴花键上移动，差速器壳2轴颈上带有轮齿。拨叉拨动啮合套与差速器壳上的轮齿啮合，使一根半轴与差速器连为一体，此时差速器被锁止，汽车两驱动轮可以传递由附着力所决定的全部转矩。图4-11所示为一种指销式强制锁止差速器。图4-11a为锁止前状态，图4-11b为锁止后状态，作用原理与啮合套式相同。

　　当汽车进入较好道路时，差速器锁止机构应及时松开，否则将造成传动系零件过载和半轴折断。

　　强制锁止差速器可以充分利用附着力发挥较大的牵引力，但操纵机构复杂且司机操作不方便，故目前仅在部分越野汽车和特种重型车上应用。

3. 桥壳结构形式及选择

　　桥壳的主要作用是承受载荷并将作用在轮胎上的牵引力、制动力和横向力等传递到悬架及车架上，同时桥壳又是主减速器及差速器的壳体。桥壳结构大体可分为：可分式、整体式和组合式三种。

　　（1）可分式桥壳　可分式桥壳按其组合件数可分为二段式和三段式。

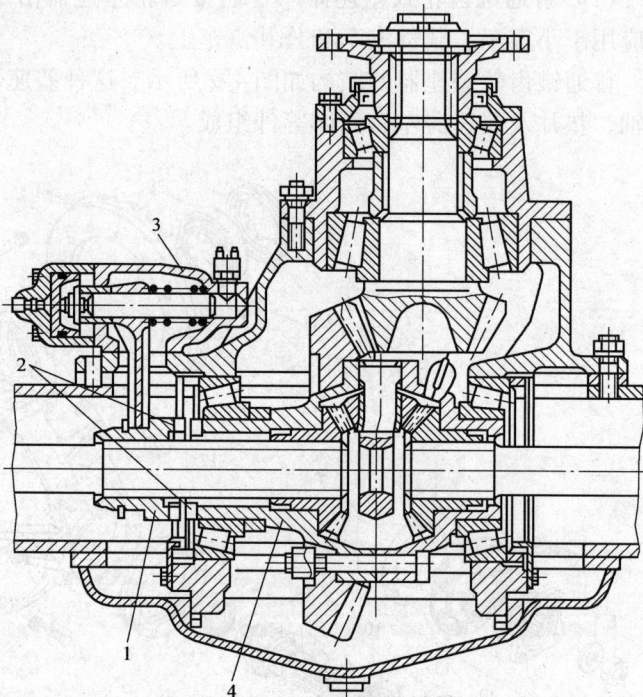

图4-10　啮合套式强制锁止差速器
1—啮合套　2—接合齿　3—操纵机构　4—差速器左壳

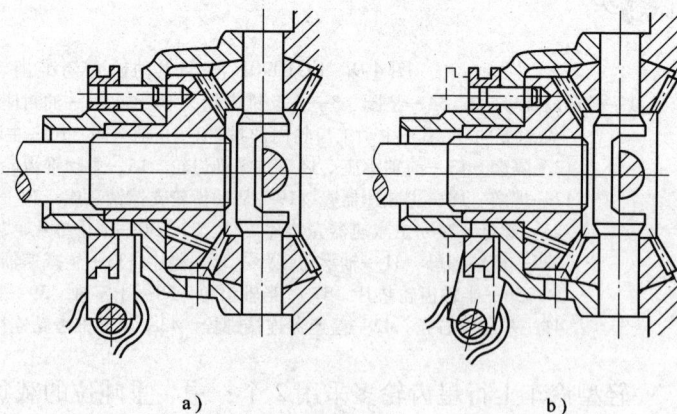

图4-11　指销式强制锁止差速器
a）锁止前　b）锁止后

　　图4-12所示为具有一个垂直分开面的可分式结构。桥壳由二部分组成，每部分均由一个铸件壳体和一个压入其内部的半轴套管组成；半轴套管与壳体用铆钉或销子连接，两半桥壳是通过螺栓连接为一体的。

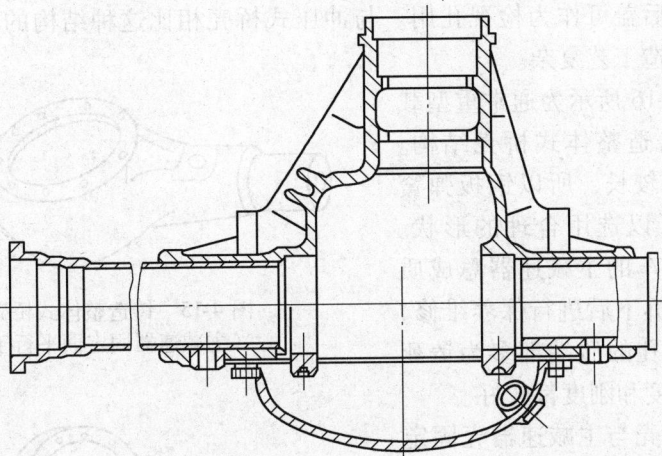

图 4-12　二段可分式桥壳

二段可分式桥壳虽然外形尺寸较小，并且制造工艺简单，但由于主减速器的拆装维修、保养很不方便，目前正在被淘汰。

图 4-13 所示为具有两个垂直分开面的三段可分式桥壳结构。中央部分和左右两半壳均为铸件，桥壳与左右半轴套管用对焊连接。这种结构虽然工艺较简单，但刚度和强度均较差，仅适用于轻型汽车。

（2）整体式桥壳　整体式桥壳适用于中、重型载货车。这种结构对主减速器的拆装，调整都比较方便。按照制造工艺方法，整体式桥壳大体上可分为铸造式和冲压焊接式两种。

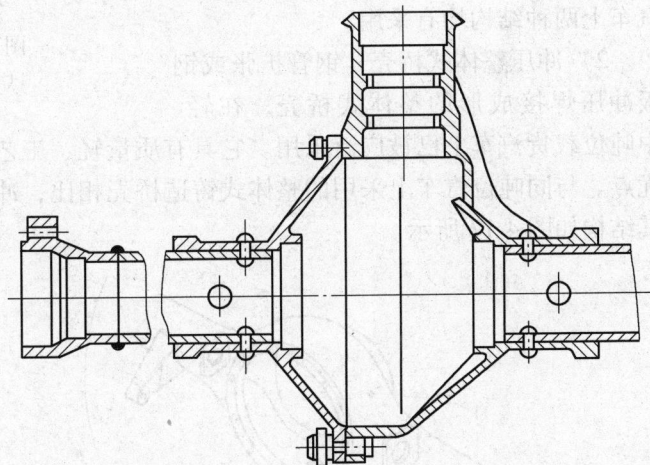

图 4-13　三段可分式桥壳

1）铸造整体式桥壳。图 4-14 所示为铸造整体式桥壳结构，中央部分为一整体铸件，两端压入钢管。这种结构的桥壳刚度和强度较大。钢板弹簧座与桥壳壳体铸成一体，所以危险截面（钢板弹簧座附近）可根据强度要求铸成适当的形状。中央部分的前后平面与地面垂直，前端平面与主减速器总成用螺栓连接，主减速器总成的拆装、调整都比较方便。后端面

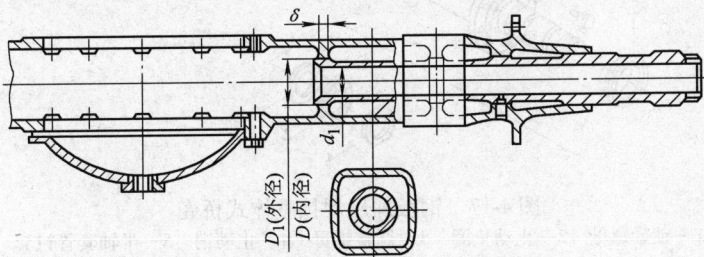

图 4-14　铸造整体式桥壳

与后盖相连，打开后盖可作为检视孔用。与冲压式桥壳相比这种结构的主要缺点是质量较大，加工面多，制造工艺复杂。

图 4-15 和图 4-16 所示为通常重型载货汽车上采用的铸造整体式桥壳结构。由于中央部分长度较长，所以钢板弹簧座处的铸造断面可以选用合理的形状。另外还由于重型汽车的主减速器总成质量较重，一般只能拆下后进行保养维修，所以通常作为检视孔的后端部多为铸死结构，因此它的强度和刚度都较好。

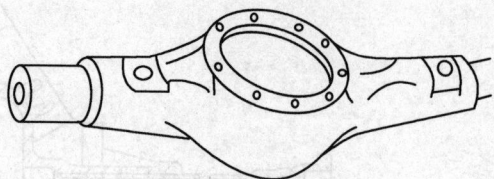

图 4-15　铸造整体式桥壳的外观
（主减速器固定面平行于地面）

图 4-15 所示桥壳与主减速器壳固定平面是与地面平行的，而图 4-16 所示是垂直的，这是根据结构布置而言，重型汽车上两种结构均有采用。

2）冲压整体式桥壳。钢管扩张或钢板冲压焊接成形的整体式桥壳，在轻、中吨位载货汽车上已被广泛采用。

图 4-16　铸造整体式桥壳的外观
（主减速器固定面垂直于地面）

它具有质量轻、工艺简单、材料利用率高和制造成本低等优点。与同吨位汽车上采用的整体式铸造桥壳相比，冲压焊接式桥壳质量可降低 25% 左右，其结构如图 4-17 所示。

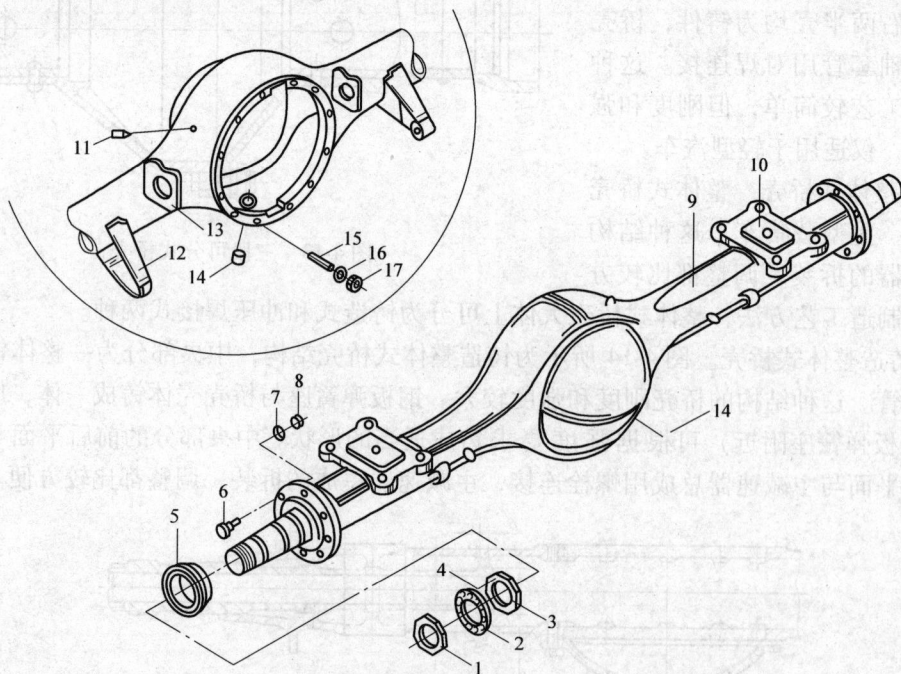

图 4-17　钢板冲压焊接整体式桥壳
1—锁紧螺母　2—止动垫圈　3—调整螺母　4—止动销　5—半轴套管衬套
6、7、8—螺栓、弹簧垫圈、螺母　9—桥壳　10—钢板弹簧座　11—通气塞
12—减振器下支架　13—挡油片　14—放油螺塞　15—双头螺栓　16—弹簧垫圈　17—螺母

根据制造工艺的不同，冲压焊接式桥壳的结构可分为下列几种：

① 左右两半桥壳闪光对焊结构。用两根钢带卷焊成管，经过缩小（或两根钢管扩张）成两半桥壳，然后用闪光对焊成整体。通常为了提高刚度在桥壳前后平面上各焊一块加强板。图 4-18 所示为钢带卷焊的两半桥壳闪光对焊结构。

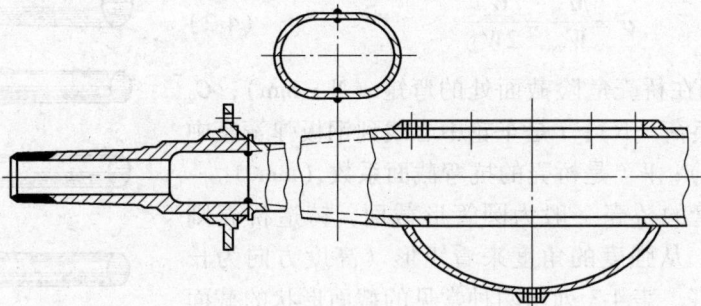

图 4-18 左右两半桥壳闪光对焊结构

② 上下两半桥壳对焊结构。图 4-19 所示为两块钢板冲压成上下两半桥壳后，沿纵向焊接成整体桥壳的结构。

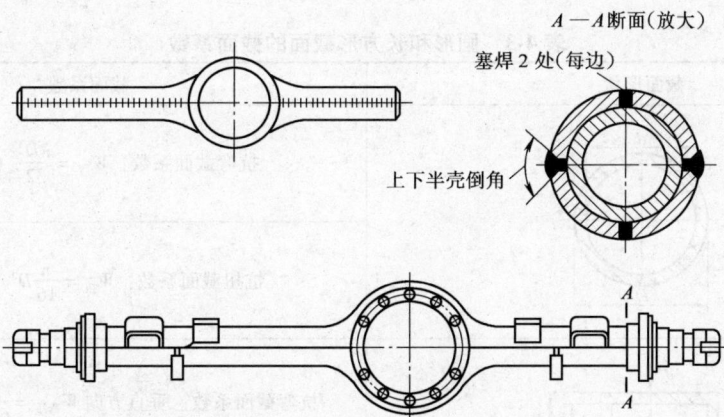

图 4-19 上下两半桥壳对焊

③ 扩张成形整体桥壳结构。图 4-20 所示为用一根无缝钢管或一钢板卷焊成管扩张成形的桥壳结构。其扩张程序如图 4-21 所示。

总的来说，对于轻、中吨位载货汽车应用钢板冲压焊接和钢管扩张式结构日趋增多。此种结构适合于大量生产。对于无一定冲压、焊接或扩张设备

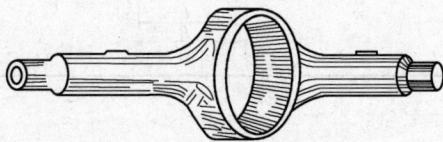

图 4-20 扩张成形整体桥壳

的生产厂或产量不大时，采用铸造整体式桥壳或组合式桥壳，容易实现生产。桥壳结构选定后，主要是选择桥壳截面的尺寸。桥壳的危险截面通常在靠近钢板弹簧座处。这个截面的安全系数 K，根据我国的道路条件对于载货汽车推荐不低于 6，对于越野汽车推荐不低于 8。

安全系数 K 按下式计算

$$K = \frac{\sigma_b}{\sigma} \tag{4-1}$$

式中，σ_b 是桥壳材料的强度极限（N/mm²）；σ 是桥壳危险截面的弯曲应力（N/mm²）；桥壳的 σ 按下式计算

$$\sigma = \frac{M_弯}{W_弯} = \frac{G_2 l}{2W_弯} \tag{4-2}$$

式中，$M_弯$ 是作用在桥壳危险截面处的弯矩（N·mm）；G_2 是满载时驱动桥负荷（N）；l 是车轮中心线到钢板弹簧座中心线的距离（mm）；$W_弯$ 是桥壳的抗弯截面系数（mm³）。

对于两端压管的桥壳一般为圆管形截面，铸造桥壳则截面多为长方形。从强度的角度来看矩形（高度方向为长边）截面比圆的好。表4-3列出两种常见的截面形状的截面系数计算公式。

桥壳的结构形式和截面形状确定后，根据主传动器的形式和尺寸、已定的轮距、钢板弹簧座位置、半轴尺寸就可以初步画出桥壳的轮廓尺寸的各截面的尺寸和形状。

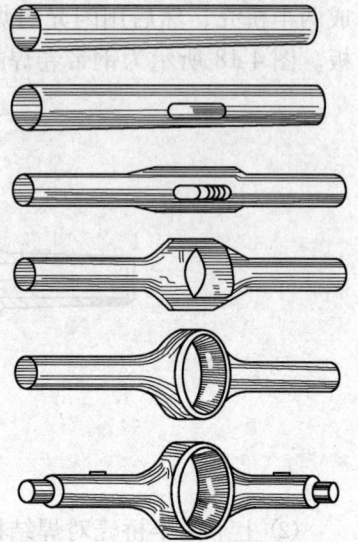

图 4-21　扩张程序示意图

表 4-3　圆形和长方形截面的截面系数

截面形状	截面系数
	抗弯截面系数：$W_弯 = \frac{\pi D^3}{32}\left(1 - \frac{d^4}{D_4}\right)$
	抗扭截面系数：$W_扭 = \frac{\pi}{16}D^3\left(1 - \frac{d^4}{D^4}\right)$
	抗弯截面系数：垂直方向 $W_{弯垂} = \frac{1}{6H}(BH^3 - bh^3)$ 水平方向 $W_{弯平}\frac{1}{6B} = (B^3H - b^3h)$
	抗扭截面系数：$W_扭 = 2\delta_1(B - \delta)(H - \delta_1)$

第二节　主减速器和差速器齿轮主要参数的选择与计算

一、主减速器齿轮主要参数的选择

1. 齿数

应尽量使相啮合齿轮的齿数之间没有公约数，以便使齿轮在使用过程中各齿之间都能相

互啮合，以加速磨合。为了得到理想的齿面重合度，大小齿轮的齿数和，轿车为 50~60，货车应不少于 40，小齿轮的最小齿数 Z_1 推荐值如表 4-4 和表 4-5 所示。

表 4-4　轿车主减速器齿轮齿数

传动比（Z_2/Z_1）	推荐主动齿轮最小齿数	传动比（Z_2/Z_1）	推荐主动齿轮最小齿数
2.00~2.11	17	3.08~3.27	11
2.12~3.31	16	3.28~3.43	10
2.32~3.55	15	3.44~3.99	9
2.56~2.83	14	4.00~4.50	8
2.84~3.07	13		

表 4-5　载货汽车主减速器齿轮齿数

传动比（Z_2/Z_1）	推荐主动齿轮最小齿数（Z_1）	传动比（Z_2/Z_1）	推荐主动齿轮最小齿数（Z_1）
1.50~1.75	14	4.0~4.5	9
1.75~2.00	13	4.5~5.0	8
2.0~2.5	11	5.0~6.0	7
2.5~4.0	10	6.0~8.0	6

2．分度圆直径及端面模数

螺旋锥齿轮与双曲面齿轮大齿轮的分度圆直径 $d_2(\mathrm{mm})$，按经验公式（4-3）选出

$$d_2 = k_\mathrm{d}\sqrt[3]{T_\mathrm{j}} \tag{4-3}$$

式中，k_d 是直径系数，取 13~16；T_j 是作用在从动锥齿轮上的计算转矩（N·m），取发动机最大转矩和驱动轮打滑转矩的较小值。

大端端面模数 $m(\mathrm{mm})$

$$m = \frac{d_2}{Z_2} \tag{4-4}$$

所得模数不应小于下式值

$$m = k_\mathrm{m}\sqrt[3]{T_\mathrm{j}} \tag{4-5}$$

式中，k_m 是模数系数，取 0.3~0.4；Z_2 是大齿轮齿齿数。

3．大齿轮齿面宽

螺旋锥齿轮和双曲面齿轮传动的大齿轮齿面宽 $F(\mathrm{mm})$，按式（4-6）计算

$$F = 0.155d_2 \tag{4-6}$$

此外，亦推荐齿面宽小于节锥距 A 的 0.3 倍，小于端面模数 m 的 10 倍。

螺旋锥齿轮的小齿轮齿面宽比大齿轮的齿面宽稍大，使其在大齿轮齿面两端都超出一些。通常小齿轮齿面宽加大 10% 较为合适。

4．双曲面小齿轮偏移距 $E(\mathrm{mm})$

轿车与轻型载货汽车，$E \leqslant 0.2d_2$ 或 $E \leqslant 0.4A_0$；载货汽车、越野车和公共汽车，$E =$

$(0.1 \sim 0.12)d_2$。

5. 螺旋角 β

螺旋角是沿节锥齿线变化的。大端的螺旋角 β_0 较大，小端的螺旋角 β_i 较小，齿面宽中点处的螺旋角为齿轮的名义螺旋角，以 β 表示。

螺旋角应足够大，以便齿面（或纵向）重合度 m_F 有较大值。载货汽车 m_F 不小于 1.25，轿车 m_F 为 $1.5 \sim 1.8$。当 $m_F \geq 2.0$ 时可得到很好的结果。但螺旋角较大时轴向力也较大。

汽车主减速器锥齿轮的螺旋角 β_m（对双曲面齿轮则是大、小齿轮螺旋角的平均值）多在 $35° \sim 40°$ 范围内。轿车应用较大值的，保证有较大的 m_F 使运转平稳、噪声低；载货汽车选用较小值，以防止轴向力过大，通常选用 $35°$。

"格里森"制推荐用式（4-7）预选螺旋锥齿轮与双曲面小齿轮的名义螺旋角（°）

$$\beta_1' = 25 + 5\sqrt{\frac{Z_2}{Z_1}} + 90\frac{E}{d_2} \tag{4-7}$$

选用的 β_1 与上式计算所得的预选值 β_1' 之间相差不得超过 $5°$，否则难于完成良好的强度平衡。

用下式近似地确定大齿轮的名义螺旋角 β_2

$$\beta_2 = \beta_1 - \varepsilon \tag{4-8}$$

式中，ε 是偏移角近似值（°）。

$$\varepsilon = \arcsin\frac{2E}{d_2 - F} \tag{4-9}$$

由上述公式可见：双曲面大、小齿轮的螺旋角不等，直接受偏移距大小及方向的影响，螺旋锥齿轮没有偏移距，故大小齿轮的螺旋角相等。

6. 螺旋方向

螺旋锥齿轮和双曲面齿轮的螺旋方向决定了轴向力的方向。应选择工作状态下的轴向力，促使相啮合齿轮分离，啮合间隙有增大趋势的螺旋方向，以避免轮齿互相咬死。螺旋方向用轮齿的曲线方向表示，分为"左旋"及"右旋"两种。汽车前进时，主传动小齿轮轴顺时针旋转（从汽车前面向后看），因此小齿轮螺旋方向应为左旋，相应大齿轮螺旋方向应为右旋。

7. 法向压力角 α

"格里森"制主减速器螺旋锥齿轮，规定在轿车上用 $14°30'$ 或 $16°$ 的法向压力角，但应符合表 4-6 所示的齿数配合才不致产生根切，载货汽车选用 $20°$ 的压力角，重型载货汽车选用 $22°30'$ 的压力角。

表 4-6 不同压力角下的齿数配合

压力角 16°	小齿轮齿数	24	23	22	21	20
	大齿轮齿数	>24	>25	>26	>27	>29
	小齿轮齿数	19	18	17	16	—
	大齿轮齿数	>31	>36	>45	>50	—

（续）

	小齿轮齿数	28	27	26	25	24
压力角 14°30′	大齿轮齿数	>28	>29	>30	>32	>33
	小齿轮齿数	23	22	21	20	19
	大齿轮齿数	>34	>40	>42	>50	>70

对于"格里森"制双曲面齿轮来说，大齿轮轮齿两侧齿形的压力角相等，小齿轮轮齿两侧的压力角不相等，因此应按平均压力角考虑。载货汽车选用22°30′的平均压力角，轿车选用19°的平均压力角。

双曲面小齿轮轮齿两侧的压力角如自然地不相等时，则正反两个方向旋转时啮合线长度相同；而人为地控制使压力角不相等时，可使正反两个方向旋转时的啮合线长度不等。近年来的趋势是减小驱动侧（小齿轮轮齿凹面）压力角，以增大该侧的啮合线长度，因而增加了重合度，一般比自然压力角小2°。但应注意：

1）不应减小到使轴向力将小齿轮推向大齿轮。

2）驱动侧压力角不得小于10°。

3）当压力角较自然压力角小2°以上，或两侧压力角相差达2°以上时，应检查是否根切。

8. 铣刀盘名义直径 $2r_d$

刀盘的名义直径是指通过被切齿轮齿宽中点的假设同心圆的直径。选择时通常是兼顾两个方面，即设计及使用的最合适的齿向曲率以及加工时用最经济的刀盘直径。

为了减少刀盘的规格，把刀盘名义直径标准化了，并规定每种名义直径的刀盘，可加工一定尺寸范围的圆弧齿锥齿轮。可用下式来初步估算刀盘名义直径 $2r_d$（mm）

$$2r_d = \sqrt{2K^2A_0^2 - A_m^2(2 - \sin^2\beta_2)} + A_m\sin\beta_2 \tag{4-10}$$

式中，K 是系数，取 0.9 ~ 1.1 范围内的某值，以使 $2r_d$ 为标准值；A_0 是大齿轮的节锥距（外锥距）（mm）；A_m 是大齿轮中点的节锥距（mm），$A_m = A_0 - \dfrac{F}{2}$。

按上式初步估算值在表4-7所示中选出其最接近的刀盘名义半径的标准值，或按大齿轮分度圆直径 d_2，直接在该表中选取刀盘名义半径。

表 4-7　圆弧齿锥齿轮铣刀盘名义半径的选择

从动齿轮分度圆直径 d_2		刀盘半径 r_d	
/in	/mm	/in	/mm
3.000 ~ 5.250	75 ~ 135	1.750	44.450
3.875 ~ 6.750	100 ~ 170	2.250	57.150
4.250 ~ 7.500	110 ~ 190	2.500	63.500
5.125 ~ 9.000	130 ~ 230	3.000	76.200
5.375 ~ 9.375	135 ~ 240	3.125	79.375

（续）

从动齿轮分度圆直径 d_2		刀盘半径 r_d	
/in	/mm	/in	/mm
6.500 ~ 11.250	165 ~ 285	3.750	95.250
7.750 ~ 13.500	195 ~ 345	4.500	114.300
10.250 ~ 18.000	260 ~ 455	6.000	152.400
13.750 ~ 24.000	350 ~ 610	8.000	203.200
18.000 ~ 31.500	455 ~ 800	10.500	266.700

二、直齿锥齿轮式差速器齿轮基本参数选择

1. 行星齿轮数目的选择

中、重型载货汽车和越野汽车多用 4 个行星齿轮，轻型载货汽车、轿车常用两个行星齿轮，少数汽车采用 3 个。

2. 行星齿轮的球面半径

锥齿轮式差速器的尺寸，通常决定于差速器行星齿轮背面的球面半径，它就是行星齿轮的理论安装距（见图 4-22）。

球面半径 R_S（mm）可根据经验公式来确定

$$R_S = K \sqrt[3]{T_j} \qquad (4-11)$$

式中，K 是系数，$K = 2.52 ~ 2.99$，对于 4 个行星齿轮，轿车和公路载货取小值，越野和矿用车取大值；对于有 2 个行星齿轮的轿车取大值。

3. 直齿锥齿轮节锥距 A_0（mm）

$$A_0 = (0.98 ~ 0.99)R_s \qquad (4-12)$$

另外，少数汽车差速器行星齿轮的背面不是球面而是平面，这时节锥距

$$A_0 = K_{A_0} \sqrt[3]{T_j} \qquad (4-13)$$

式中，K_{A_0} 是节锥距系数，$K_{A_0} = 2.5 ~ 2.9$，对于 4 个行星齿轮的轿车和公路载货汽车取小值，越野汽车和矿用汽车取大值；对于有 2 个行星齿轮的轿车取大值。

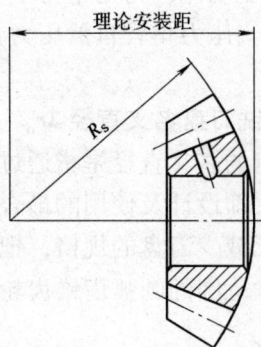

图 4-22　行星齿轮的理论安装距

4. 齿数

行星齿轮齿数不少于 10，半轴齿轮齿数为 14 ~ 25，大多数汽车的半轴齿轮与行星齿轮的齿数比在 1.5 ~ 2 的范围内。

差速器的各个行星齿轮与两个半轴齿轮同时啮合，因此在确定这两种齿轮的齿数时应考虑它们之间的装配关系，左右两半轴齿轮的齿数之和，必须能被行星齿轮的数目所整除，以使行星齿轮能均匀分布于半轴齿轮的轴线周围，否则差速器将不能安装。

5. 模数 m 及分度圆直径 d_1，d_2

行星齿轮和半轴齿轮的节锥角 γ_1、γ_2（°）

$$\gamma_1 = \arctan\left(\frac{Z_1}{Z_2}\right) \tag{4-14}$$

$$\gamma_2 = \arctan\left(\frac{Z_2}{Z_1}\right) \tag{4-15}$$

式中，Z_1、Z_2 是行星齿轮和半轴齿轮的齿数。

大端端面模数 m（mm）

$$m = \frac{2A_0}{Z_1}\sin\gamma_1 = \frac{2A_0}{Z_2}\sin\gamma_2 \tag{4-16}$$

分度圆直径 d_1、d_2（mm）

$$d_1 = mZ_1 \tag{4-17}$$

$$d_2 = mZ_2 \tag{4-18}$$

6. 半轴齿轮齿面宽 F（mm）

$$F = (0.25 \sim 0.30)A_0 \tag{4-19}$$

但 F 不应超过端面模数 m 的 10 倍，即 $F \leqslant 10m$，行星齿轮的齿面宽一般比半轴齿轮的齿面宽略小。

7. 齿全高 h（mm）

齿工作高 $\qquad\qquad\qquad\qquad h_g = 1.6m$

齿径向间隙 $\qquad\qquad\qquad C = 0.188m + 0.051$

齿全高 $\qquad\qquad\qquad h = h_g + C = 1.788m + 0.051 \tag{4-20}$

当 $m \geqslant 2.54$ 时，对于齿间表面粗糙度要求不高的，建议在粗切时将切齿深度比计算值增加 0.13mm，使精切时刀顶不参加切削，当然精切时精切齿面应为计算齿全高。

8. 齿顶高 h'（mm）

一对共轭齿轮的速比不等于 1 的所有情况下，应进行变位修正，小齿轮正变位，大齿轮负变位，变位量选择的原则是清除小齿轮根切，保证大小齿轮的轮齿有大致相同的弯曲强度，变位后加大了小齿轮齿顶高，相应减小了大齿轮齿顶高。1992 年"格里森"标准规定采用齿顶高系数 K_a 计算齿顶高。

半轴齿轮齿顶高

$$h_2' = K_a m \tag{4-21}$$

行星齿轮齿顶高

$$h_1' = h_g - h_2' \tag{4-22}$$

$$K_a = 0.43 + \frac{0.37}{(Z_2/Z_1)^2} \tag{4-23}$$

9. 压力角 α（°）

汽车差速器大都采用 22°30′压力角，最小齿数可减少到 10，因此可用较大的模数在差速器空间不变的情况下，可以提高齿轮强度。有些重型车和矿用车甚至采用 25°压力角。

10. 行星齿轮安装孔的直径 Φ（mm）及其长度 L（mm）的确定

通常取 $L = 1.1\Phi$

$$\Phi = \sqrt{\frac{T_0 \times 10^3}{1.1[\sigma_c]nl}} \tag{4-24}$$

式中，T_0 是按 T_j 计算的差速器传递的转矩（N·m）；n 是行星齿轮数；l 是行星齿轮安装孔中点到锥顶的距离（mm）；$[\sigma_c]$ 是安装孔的许用挤压应力，取 $[\sigma_c] = 98\text{N/mm}^2$。

三、差速器"格里森"制直齿锥齿轮几何尺寸计算

计算程序如表 4-8 所示。

表 4-8 汽车差速器直齿锥齿轮的几何尺寸计算用表

序号	项目	计算公式	序号	项目	计算公式
1）	行星齿轮齿数	$Z_1 \geqslant 10$，应尽量取小值	13）	齿顶高	$h_1' = h_g - h_2'$；$h_2' = \left[0.43 + \dfrac{0.370}{\left(\dfrac{Z_2}{Z_1}\right)^2}\right]m$
2）	半轴齿轮齿数	$Z_2 = 14 \sim 25$	14）	齿根高	$h_1' = 1.788m - h_1'$ $h_2' = 1.788m - h_2'$
3）	模数	m	15）	径向间隙	$c = h - h_2 = 0.188m + 0.051$
4）	齿面宽	$F = (0.25 \sim 0.30)A_0$；$F \leqslant 10m$	16）	齿根角	$\delta_1 = \arctan\dfrac{h_1'}{A_0}$；$\delta_2 = \arctan\dfrac{h_2'}{A_0}$
5）	齿工作高	$h_2 = 1.6m$	17）	面锥角	$\gamma_{01} = \gamma_1 + \delta_2$；$\gamma_{02} = \gamma_1 + \delta_1$
6）	齿全高	$h = 1.788m + 0.051$	18）	根锥角	$\gamma_{R1} = \gamma_1 - \delta_1$；$\gamma_{R2} = \gamma_2 - \delta_2$
7）	压力角	一般汽车：$\alpha = 22°30'$某些重型汽车：$\alpha = 25°$	19）	外圆直径	$d_{01} = d_1 + 2h_1'\cos\gamma_1$ $d_{02} = d_2 + 2h_2'\cos\gamma$
8）	轴交角	$\Sigma = 90°$	20）	节锥顶点至齿轮外缘距离	$X_{01} = \dfrac{d_2}{2} - h_1'\sin\gamma_1$ $X_{02} = \dfrac{d_1}{2} - h_2'\sin\gamma_2$
9）	分度圆直径	$d_1 = mZ_1$；$d_2 = mZ_2$	21）	理论弧齿厚	$S_1 = t \sim S_2$ $S_2 = \dfrac{t}{2} - (h_1' - h_2')\arctan\alpha - \tau m$ τ 是弧齿厚系数（见图 4-25）
10）	节锥角	$\gamma_1 = \arctan\dfrac{Z_1}{Z_2}$ $\gamma_2 = 90 - \gamma_1$	22）	齿侧间隙	B（见表 4-9）
11）	节锥距	$A_0 = \dfrac{d_1}{2\sin\gamma_1} = \dfrac{d_2}{2\sin\gamma_2}$	23）	弦齿厚	$S_{x1} = S_1 - \dfrac{S_1^3}{6d_1^2} - \dfrac{B}{2}$ $S_{x2} = S_2 - \dfrac{S_2^3}{6d_1^2} - \dfrac{B}{2}$
12）	齿距	$t = 3.1416m$	24）	弦齿高	$h_{x1} = h_1' + \dfrac{S_1^2\cos\gamma_1}{4d_1}$ $h_{x2} = h_2' + \dfrac{S_2^2\cos\gamma_2}{4d_2}$

各尺寸参数，参阅图 4-23、4-24。

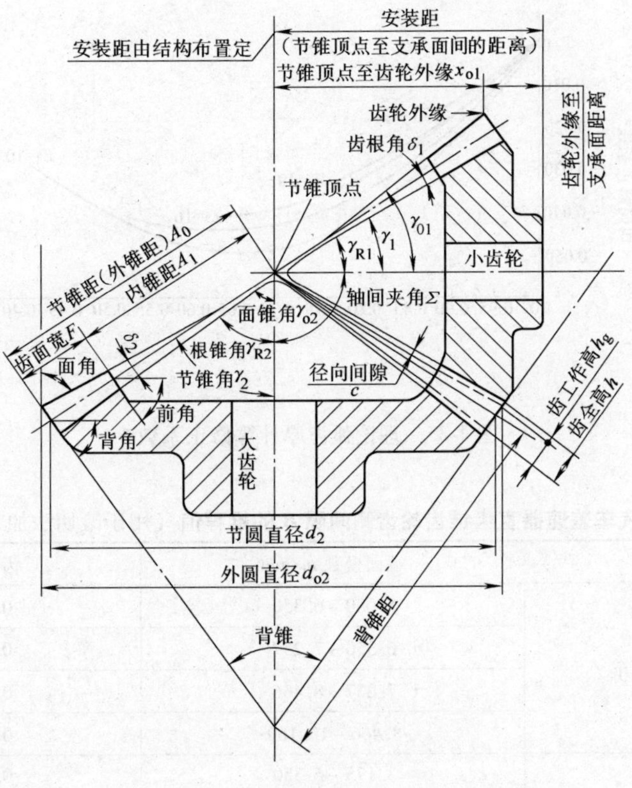

图 4-23 "格里森"制直齿锥齿轮几何尺寸计算用图 1

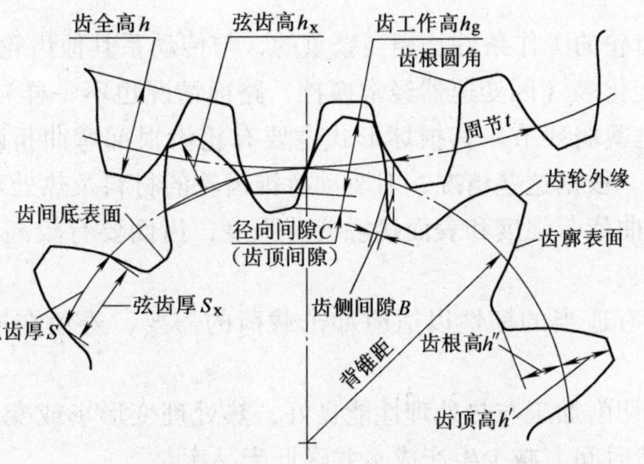

图 4-24 "格里森"制直齿锥齿轮几何尺寸计算用图 2

在表 4-8 中,序号 17)面锥角 γ_0,面锥为圆锥齿轮的齿顶表面。面锥母线不通过节锥顶点,而是平行于相啮合齿轮的根锥母线。

序号 21)理论弧齿厚,计算式中的 t 按"格里森"标准,可查图 4-25。

序号 22)齿侧间隙,指在圆锥齿轮大端法向齿侧间隙,是大小齿轮径配对研磨后装配完的值。齿侧间隙采用"格里森"制推荐值,如表 4-9 所示。

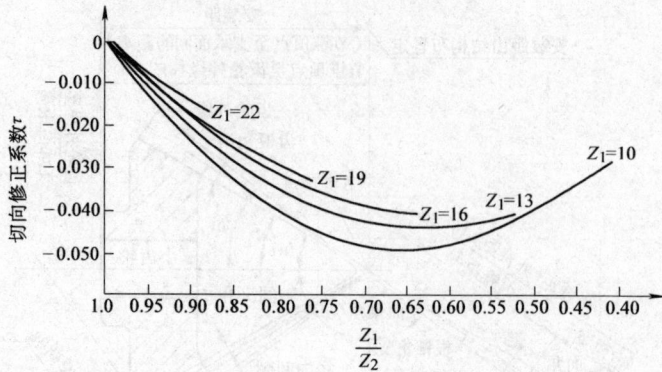

图 4-25 理论弧齿厚计算修正系数 τ

表 4-9 汽车差速器直齿锥齿轮齿侧间隙 B 的推荐值（用于滚切法加工的齿轮）

用于	端面模数 m/mm	齿侧间隙 B/mm
载货汽车和牵引车	5.080 ~ 6.350	0.152 ~ 0.203
	6.350 ~ 7.257	0.178 ~ 0.229
	7.257 ~ 8.466	0.203 ~ 0.279
	8.466 ~ 10.160	0.254 ~ 0.330
轿车	3.175 ~ 6.350	0.000 ~ 0.076

四、驱动桥齿轮的材料与热处理的选择

汽车驱动桥锥齿轮的工作条件是相当繁重的，与传动系其他齿轮比较，其特点是：载荷大、作用时间长、变化多（因变速器经常换挡，路面情况也不一样）、带冲击，在传动系中主减速器齿轮往往是薄弱环节。其损坏形式主要有轮齿根部弯曲折断、齿面疲劳点蚀（剥落）、磨损和擦伤等。根据这些情况，对驱动桥锥齿轮的材料及热处理应提出如下要求：

1）具有高的弯曲疲劳强度和表面接触疲劳强度，齿面要有较高的耐磨性。因此，齿表面应有高的硬度。

2）轮齿心部应有适当的韧性以适应冲击载荷的需要，避免在冲击载荷下轮齿根部折断。

3）钢材锻造、切削加工与热处理性能良好，热处理变形小或变形规律易控制，以提高产品质量、缩短制造时间、减少生产成本并降低废品率。

4）选择锥齿轮材料的合金元素时要适应我国的情况。例如，为了节约镍、铬等，我国发展了以锰、钒、硼、钛、钼、硅为主的合金结构钢系统。

汽车主减速器与差速器锥齿轮目前基本上都是用渗碳合金钢（含碳量低于 0.30%）制造，有极少数也用氰化合金钢制造差速器齿轮。

目前国产的用于制造主减速器锥齿轮的渗碳合金钢钢号有：18CrMnTi 、22CrMnMo 和 20CrNiMo，用于制造差速器锥齿轮的钢号有：18CrMnTi、22CrMnTi、20CrNiMo 和 20CrMo（见表 4-10）。

表4-10　美国用于制造汽车驱动桥锥齿轮的钢号（AISI）

成分/（%）\钢号	4027	4028	4520	8620	4119
C	0.25 ~ 0.30	0.25 ~ 0.30	0.18 ~ 0.23	0.18 ~ 0.23	0.18 ~ 0.23
Mn	0.70 ~ 0.90	0.70 ~ 0.90	0.45 ~ 0.70	0.70 ~ 0.90	0.70 ~ 0.90
Si	0.20 ~ 0.35	0.20 ~ 0.35	0.25 ~ 0.35	0.20 ~ 0.35	0.20 ~ 0.35
P	≤0.04	≤0.04	≤0.04	≤0.04	≤0.04
S	≤0.04	0.035 ~ 0.050	≤0.04	≤0.04	≤0.04
Mo	0.20 ~ 0.30	0.20 ~ 0.30	0.45 ~ 0.60	0.15 ~ 0.25	0.08 ~ 0.15
Cr				0.40 ~ 0.60	0.40 ~ 0.60
Ni				0.40 ~ 0.70	

为了减少镍、铬的消耗，近年来我国开始采用自己发展的新的合金钢品种 20MnVB 和 20Mn2TiB 作为汽车驱动桥主减速器和差速器锥齿轮的材料。

美国制造汽车驱动桥锥齿轮用量最大的钢号是 AISI（美国钢铁学会）4027 和 4028。另外还用 AISI4520、8620 和 4119，其中 AISI4520 是最近几年才开始采用的。表4-10 中列出了其成分。

表4-11 所示是日本用于制造重负荷齿轮的渗碳钢号（JIS：G4052）。

表4-11　日本用于制造重负荷齿轮渗碳钢号（JIS：G4052）

材料		化学成分/（%）							
		C	Si	Mn	P	S	Ni	Cr	Mo
铬钢	SCr21H	0.12 ~ 0.18	0.15 ~ 0.35	0.55 ~ 0.90	<0.30	<0.30	—	0.85 ~ 1.25	—
	SCr22H	0.17 ~ 0.23	0.15 ~ 0.35	0.55 ~ 0.90	<0.30	<0.30		0.85 ~ 1.25	
铬钼钢	SCM21H	0.12 ~ 0.18	0.15 ~ 0.35	0.55 ~ 0.90	<0.30	<0.30	—	0.85 ~ 1.25	0.15 ~ 0.35
	SCM22H	0.17 ~ 0.23	0.15 ~ 0.35	0.55 ~ 0.90	<0.30	<0.30		0.85 ~ 1.25	0.15 ~ 0.35
镍铬钼钢	SNCM21H	0.17 ~ 0.23	0.15 ~ 0.35	0.60 ~ 0.95	<0.30	<0.30	0.35 ~ 0.75	0.35 ~ 0.65	0.15 ~ 0.30
	SNCM23H	0.17 ~ 0.23	0.15 ~ 0.35	0.40 ~ 0.70	<0.30	<0.30	1.55 ~ 2.00	0.35 ~ 0.65	0.15 ~ 0.30

渗碳合金钢的优点是表面可得到很高的含碳量（对大多数低碳合金钢来说，表面渗碳层的含碳量最好为 0.8%，一般在 0.8 ~ 1.2% 范围内）的硬化层，有相当高的耐磨性和抗压性，而心部较软，有很好的韧性。因此，弯曲强度、表面接触强度和承受冲击载荷的强度均较高。由于钢本身的含碳量较低，锻造性能及切削加工性能均较好。主要缺点是热处理费用较高，表面硬化层以下的基底较软，在承受很大压力时可能产生塑性变形；如果渗碳层与心部的含碳量相差过多，含碳浓度的差别太大，会有表面硬化层剥落的现象产生。

用渗碳合金钢制造齿轮，经过渗碳、淬火、回火后，轮齿表面硬度可高达 58 ~ 64HRC（常采用 58 ~ 63HRC），而心部硬度较低，当端面模数 m > 8 时为 29 ~ 45HRC，当端面模数 m≤8 时为 32 ~ 45HRC。齿轮上其他相对摩擦的表面及淬硬的花键表面硬度应与轮齿表面的硬度一样。螺纹及螺孔部分硬度应不大于 38HRC。渗碳层深度可参考以下规定为，当端面模数 m≤5 时为 0.9 ~ 1.3mm；5 < m≤8 时为 1.0 ~ 1.4mm；m > 8 时为 1.2 ~ 1.6mm。即端面模数较大时取较大值。"格里森"制推荐用图 4-26 所示，按端面模数来选取渗碳层总厚度。

对齿面在渗碳后尚需磨削的齿轮来说，渗碳层厚度是指精加工磨削完了以后的厚度。

图中框内供选择的范围上限（渗碳层较厚的数值）用于需磨齿的齿轮及齿面宽较窄的齿轮。

渗碳层厚度是按齿轮强度和寿命的需要来规定的，渗碳层过厚将引起热处理变形量的增大，而太薄时容易产生表层剥落及压陷，影响齿轮的强度及寿命。轮齿心部硬度过低时，受载后易产生心部过渡层的塑性变形，使渗碳层过载，出现深层剥落及点蚀，并降低齿轮的抗弯强度；心部硬度太高，容易产生脆性断齿。

碳氮共渗是向钢中同时渗入碳、氮元素的一种表面硬化处理的新工艺。这种工艺综合了渗碳、渗氮的优点，它具有热处理温度低、变形小、强度

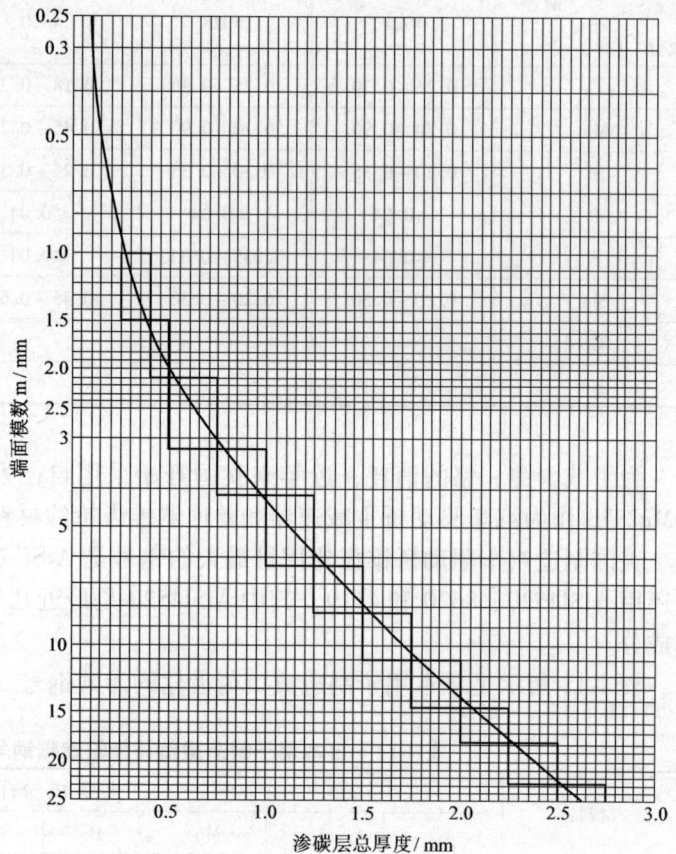

图 4-26 锥齿轮渗碳层厚度与端面模数的关系

高、耐磨性好和抗疲劳性能好等优点。因此，近年来得到了迅速发展和广泛应用。

一般制造高强度齿轮的方法，要经过毛坯的锻造、机械加工、热处理等一系列工艺过程，在这过程中不但花费了很多工时，而且要切削掉大量的原材料导致齿轮的制造成本很高。制造齿轮的另一种方法是用金属粉末压制成形再进行烧结，即所谓粉末冶金法。这种方法所制成的齿轮物理性能一般，不能满足传递重负荷的要求。近年来在国内外开始出现将这两种方法结合起来称之为"粉末锻造"的新工艺，它综合运用了粉末冶金和精密锻造的优点，开始要烧结预压成形件，然后经一次锻造成齿轮。制件的密度可接近理论值，机件性能可接近锻钢的性能。又具有少切削或无切削的特点，减少了材料消耗与机加工工时。

由于新齿轮润滑不良，为了防止齿轮在运行初期产生胶合、咬死或擦伤，防止早期磨损，圆锥齿轮和双曲面齿轮传动的齿轮副（或仅仅大齿轮）在热处理及精加工（如磨齿或配对研磨）后均予以厚度为 0.005~0.020mm 的磷化处理，或者镀铜、镀锡。这种表面镀层不应用于补偿零件的公差尺寸，也不能代替润滑。对齿面进行喷丸处理有可能提高寿命达 25%。对于滑动速度高的齿轮为了提高其耐磨性可进行渗硫处理。由于渗硫处理的温度较低，故没有变形。渗硫后摩擦系数可显著降低，故即使润滑条件较差，也会防止咬死、胶合和擦伤等现象产生。

表4-12列出了部分国产汽车主减速器和差速器齿轮所用材料的钢号及对于热处理的要求。

表4-12　国产汽车主减速器和差速器齿轮材料

项目 车型 \ 齿轮	主减速器齿轮					差速器齿轮				
	端面模数 /mm	使用钢号	齿表面硬度 /HRC	齿心部硬度 /HRC	渗碳层深 /mm	端面模数 /mm	使用钢号	齿表面硬度 /HRC	齿心部硬度 /HRC	渗碳层深 /mm
红旗 CA770	5.65	18CrMnTi GB/T 3077—1999	58~63	33~48	0.8~1.1	4.8	18CrMnTi GB/T 3077—1999	58~63		0.6~0.9
上海 SH760	4.25	18CrMnTi GB/T 3077—1999	58~64	33~45	0.9~1.3	4.25	18CrMnTi GB/T 3077—1999	58~64	32~45	0.9~1.3
上海 SH130	6.75	18CrMnTi GB/T 3077—1999	60~65	≥33	1.2~1.6	5.4	18CrMnTi YB6~59	58~63	≥33	0.9~1.3
跃进 NJ130	8.0169	18CrMnTi GB/T 3077—1999	58~63	30~45	1.5~1.8	5	18CrMnTi GB/T 3077—1999	58~63	30~45	0.9~1.3
红卫 GZ140	9.2	18CrMnTi GB/T 3077—1999	58~63	33~48	1.2~1.6	6.15	18CrMnTi GB/T 3077—1999	58~63	33~48	1.0~1.4
解放 CA10B	9	20Mn2TiB GB/T 3077—1999	58~63	33~48	1.2~1.6	6.35	20Mn2TiB GB/T 3077—1999	58~63	33~48	1.0~1.4
东风 EQ140	9.8947	20MnVB GB/T 3077—1999	58~63	33~48	1.5~1.9	6.5	20MnVB GB/T 3077—1999	58~63	33~48	1.0~1.4
黄河 JN150	8	18CrMnTi GB/T 3077—1999	58~63	30~45	1.4~1.8	8	18CrMnTi GB/T 3077—1999	58~63	30~45	1.0~1.4
北京 BJ212	5.439	18CrMnTi GB/T 3077—1999	60~66	33~43	1.2~1.5	5	18CrMnTi GB/T 3077—1999	60~66		0.9~1.2
东风 EQ240	8.25	20MnVB GB/T 3077—1999	58~63	33~48	1.1~1.5	6.15	20MnVB GB/T 3077—1999	58~63	33~48	1.0~1.4
延安 SX250	10	25CrMnTi	58~65	33~48	1.2~1.6	8	18CrMnTi GB/T 3077—1999	58~63	33~48	1.0~1.4
红岩 CQ261	9.7	20CrNi3A	58~63	29~48	1~1.5	9.5	20CrNi3A	58~63	29~48	1.0~1.5
交通 SH361	10.5	18CrMnTi GB/T 3077—1999	58~64	33~48	1.2~1.7	8	18CrMnTi GB/T 3077—1999	58~64	29~45	1.2~1.6
交通 SH380	13	18CrMnTi GB/T 3077—1999	58~64	33~48	1.3~1.8	8	18CrMnTi GB/T 3077—1999	58~64	29~45	1.2~1.6
北京 BJ370	9.0769	20CrMnTi GB/T 3077—1999	58~64	33~48	1.2~1.6	9	20CrMnTi GB/T 3077—1999	58~64	33~48	1.0~1.4
解放 CA390	16.5	16SiMn2W MoV A	58~63	33~48	1.9~2.3	11	20CrMnTi	58~63	33~48	1.2~1.6

第三节　齿轮的结构设计、图样及技术要求

一、齿轮的结构设计

齿轮的结构形状对其能否正常工作及精确制造都有影响。齿轮的结构应尽量避免过大的应力集中及变形。为此，应分析齿轮受力的大小及方向，并尽量使齿轮轮毂的肋或辐板方向与所受力的方向一致，如图 4-27 所示，以减少受力后的变形。

为了齿轮能正常工作以及切齿和热处理时能可靠地装夹，齿轮结构应有足够的刚性，这不仅对制造精度有好处，也提高了加工效率。为此，齿轮的安装孔、轴颈、支承端面的尺寸应与齿轮节圆直径和模数的大小成一定比例。尽可能不采用小的安装孔和薄的辐板。切齿时齿圈不应露出夹具太长，以免变形。齿轮外端的轴向支承表面应足够大，且应光洁平整（精切或磨削）并与径向定位孔（磨削）垂直。内端的轴向支承表面应平整并与外端的轴向支承表面平行，如图 4-28 所示。

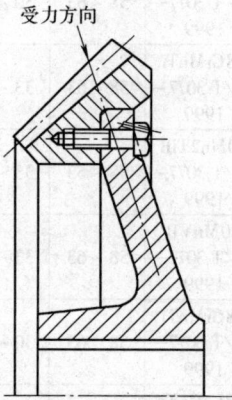

图 4-27　齿轮辐板方向
与受力方向一致

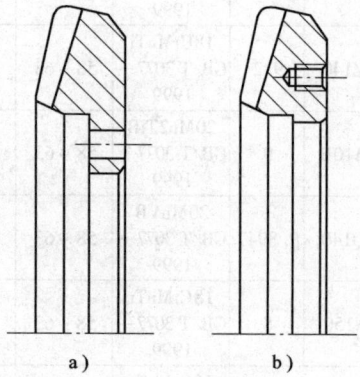

图 4-28　锥齿轮的结构形式
a）有辐式　b）无辐式

齿圈有三种基本结构形式：有辐式、无辐式及扩孔式（见图 4-28a、b 和图 4-27）。

在中型或重型载重汽车上，主减速器从动锥齿轮都是采用有辐式结构。但也有采用无辐式结构的，如菲亚特 650E 载重汽车。在小轿车上的主减速器从动锥齿轮常采用无辐式结构。其上有细牙螺孔供紧固在齿轮毂上用。对于直径大于 178mm 的齿轮来说，采用这种结构时热处理变形小。

带有扩孔式安装定位面的齿圈结构，主要用在节锥角为 45°左右的大尺寸的齿圈上。

各种结构的齿圈用细牙螺栓、铆钉或穿通螺栓固定在齿轮毂上，螺栓或螺母应可靠地锁紧，如图 4-29 所示。齿

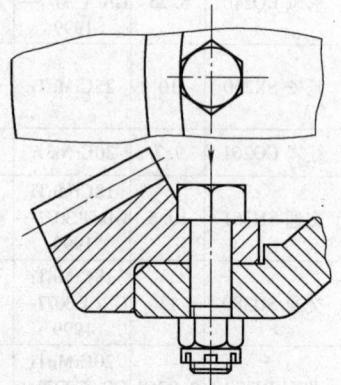

图 4-29　穿通螺栓及其止动方式

圈与齿轮毂的径向安装定位面间最好没有间隙，而应有不大的过盈，在汽车主减速器上此处

是采用过渡配合。

由于扭紧的螺栓或铆钉使齿圈与齿轮毂的安装平面间产生很大的压紧力，因此它们之间的摩擦力很大，不可能产生螺栓或铆钉剪断的情况。因此，齿圈与轮毂间不需安装定位销钉，也不需用定位螺栓。

齿肩处的轮体厚度不应小于齿全高 h（见图 4-30），而齿轮上螺纹孔底部与根锥表面间的最短距离不应小于 $h/3$。

在设计小齿轮小端前的轴颈时应注意铣齿刀具与工件有无干涉（见图 4-31）。

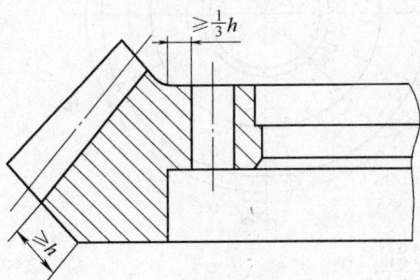

图 4-30 齿肩处的轮体厚度

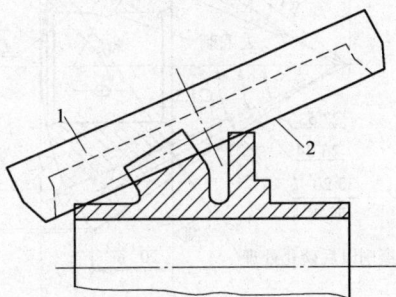

图 4-31 齿轮前端轴颈与
根锥母线的干涉问题
1—铣刀盘 2—根锥母线

齿轮装在有辐板的齿轮毂上时，支承的辐板应有足够的刚度，辐板最好做成锥形以增加其支承刚度（见图 4-28）。为了便于加工，并消除齿轮毂及辐板的不平衡，辐板上最好不要加强肋。但支承汽车主减速器从动锥齿轮的差速器壳，由于结构空间关系不能做成锥形辐板，为了增强其支承刚度需有加强肋（见图4-6），且一般不少于 6 条。

二、齿轮的图样及技术要求

1. 汽车差速器直齿锥齿轮的图样及技术要求

差速器半轴齿轮及行星齿轮图样上应注的尺寸可参考图 4-32～图 4-35 及图 4-36。图样上的齿轮参数可参考表 4-13。

差速器齿轮的运动精度及接触精度均为 8 级。在技术要求中应注明：

1）关于热处理的技术要求。

2）有关尺寸的摆差范围。对行星齿轮：球面对孔的摆差及球面与以其名义尺寸做成的样板间的间隙可参考表 4-14，半轴齿轮以花键孔定位时，D、T 表面（如图 4-32 所示）的摆差可参考表 4-14。

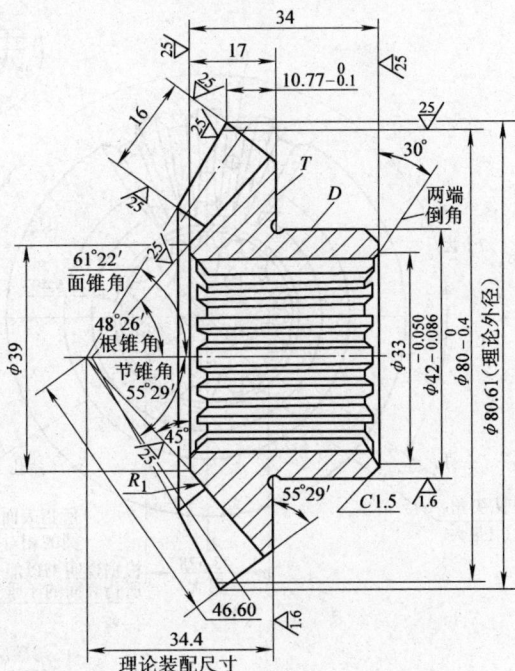

图 4-32 红旗牌轿车驱动桥差速器半轴齿轮

技术要求
1. N 球面对 D 表面的摆差不大于 0.08mm。
2. $R79.35$ 的样板与球面间的间隙不大于 0.04mm。
3. 渗碳层深度 1.0～1.4mm。
4. 硬度58～63HRC。
5. 心部硬度33～48HRC。

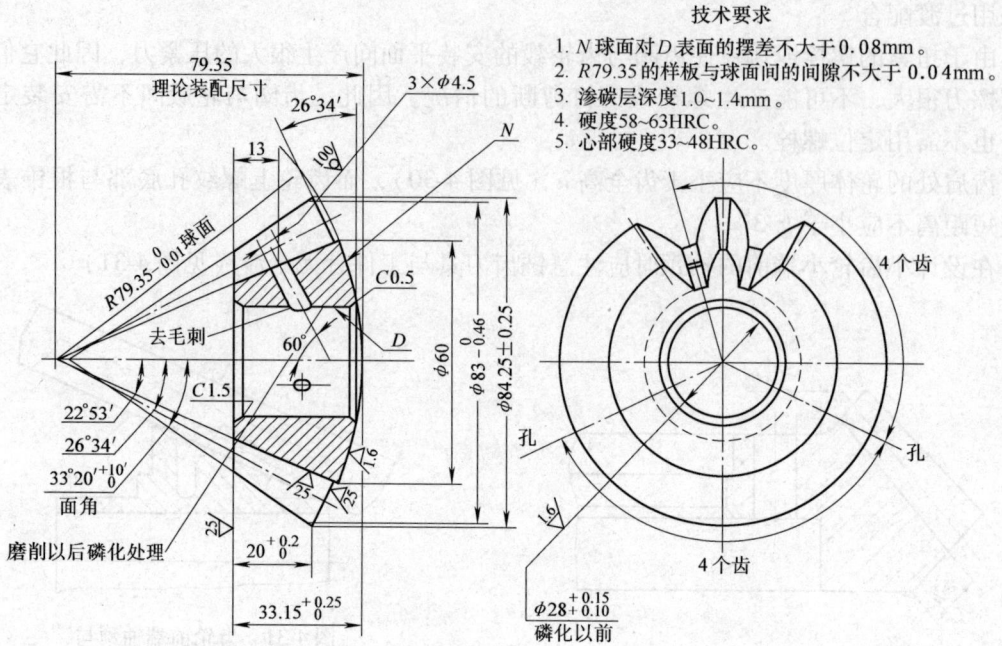

图 4-33　解放 CA10B 汽车驱动桥差速器行星齿轮

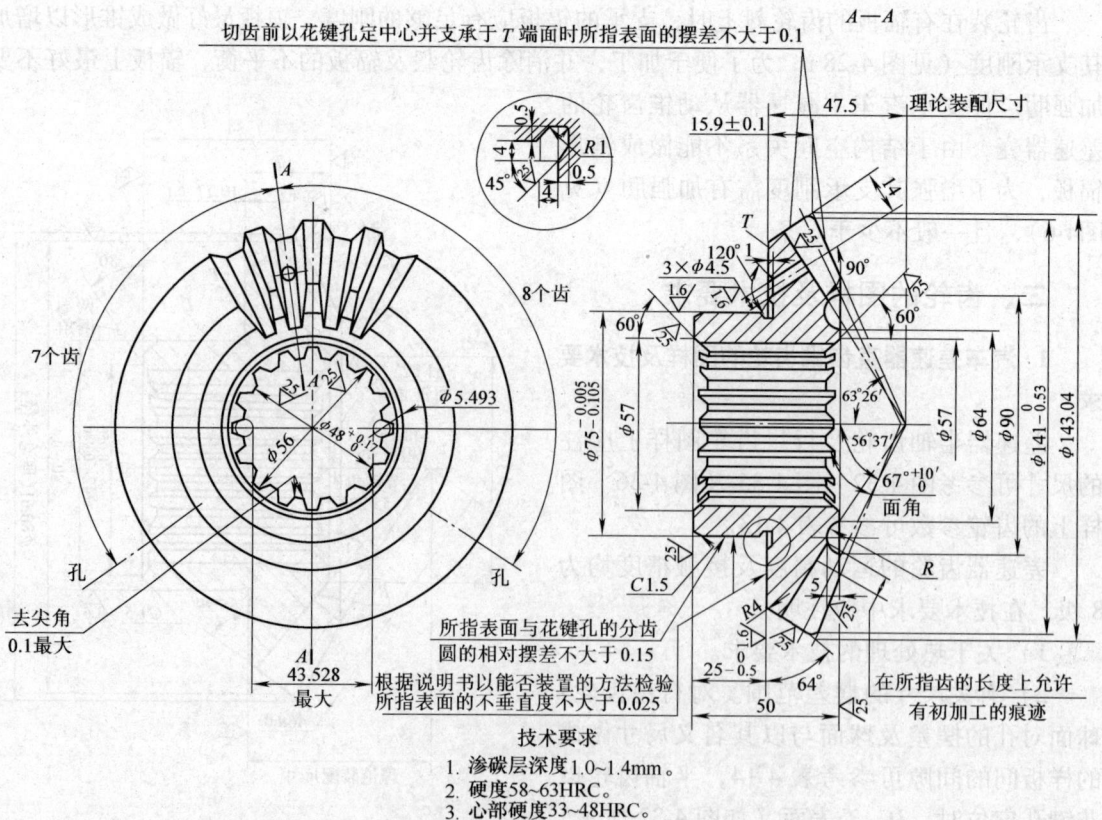

切齿前以花键孔定中心并支承于 T 端面时所指表面的摆差不大于0.1

所指表面与花键孔的分齿圆的相对摆差不大于0.15
根据说明书以能否装置的方法检验所指表面的不垂直度不大于0.025
在所指齿的长度上允许有初加工的痕迹

技术要求
1. 渗碳层深度 1.0～1.4mm。
2. 硬度58～63HRC。
3. 心部硬度33～48HRC。

图 4-34　解放 CA10B 汽车驱动桥差速器半轴齿轮

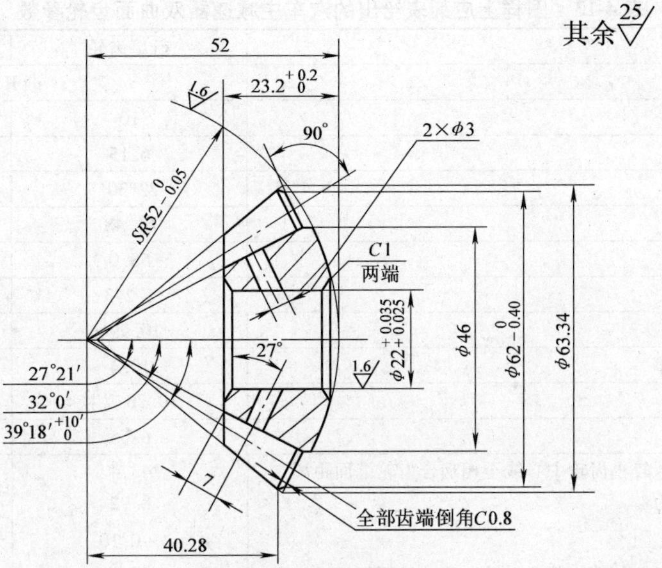

其余 $\sqrt{\dfrac{25}{\ }}$

技术要求

1. 渗碳层深度0.9~1.3mm；表面硬度58~63HRC；心部硬度不低于33HRC。
2. 球面对φ22孔的跳动在φ40上允差为0.08mm。
3. R52标准样板与球面的间隙不大于0.04mm。
4. 去尖角、毛刺。

图 4-35 上海 SH130 汽车差速器行星齿轮

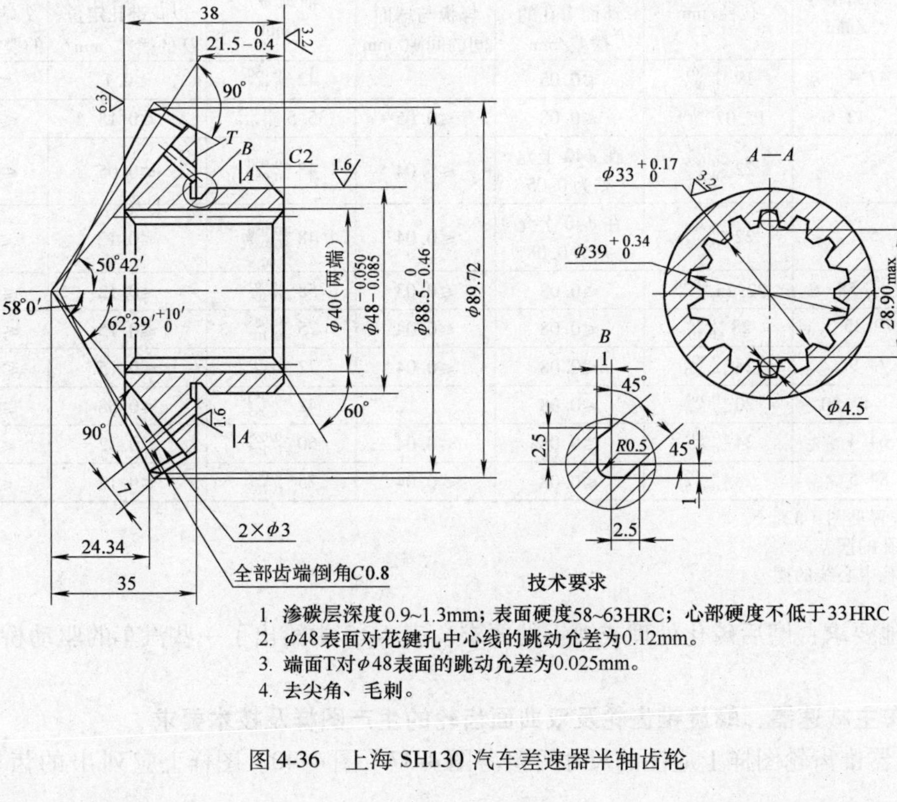

技术要求

1. 渗碳层深度0.9~1.3mm；表面硬度58~63HRC；心部硬度不低于33HRC
2. φ48表面对花键孔中心线的跳动允差为0.12mm。
3. 端面T对φ48表面的跳动允差为0.025mm。
4. 去尖角、毛刺。

图 4-36 上海 SH130 汽车差速器半轴齿轮

表 4-13　图样上应列表给出的汽车主减速器双曲面齿轮参数　　　（单位：mm）

齿轮参数	行星齿轮	半轴齿轮
齿形	渐开线	
齿数	10	16
分齿圆上端面模数	6.15	6.15
分齿圆上压力角	22°30′	22°30′
分齿圆直径	61.48	98.37
节锥距	58.0	58.0
齿顶高	6.273	3.57
齿全高	10.996	10.996
分齿圆上理论弧齿厚	10.4	8.92
分齿圆上弦齿厚	$10.26^{-0.12}_{-0.27}$	$8.82^{-0.12}_{-0.27}$
分齿圆上弦齿高	6.65	3.67
在一对啮合齿轮中，较小齿轮中心线至相啮合齿轮端面距离	43.4	43.4
当分齿圆上弦齿厚为	8.92	10.4
齿数为 $\frac{16}{10}$ 的检验用齿轮与其相啮合时轴向移动量不得超过	$+0.10$ -0.15	$+0.10$ -0.15
接触痕迹	按标准	按标准
齿工作表面光洁度	不低于 0.3	不低于 0.3
与其相啮合的齿轮齿数	$Z=16$	$Z=10$

表 4-14　部分汽车驱动桥差速器齿轮参数及某些摆差要求

齿轮参数 / 车型	行星齿轮				半轴齿轮		
	球面半径 /mm	孔径/mm	图样上技术要求中应注明		轴颈 D[1] /mm	图样上技术要求中应注明	
			球面对孔的摆差/mm	样板与球面间的间隙/mm		以花键孔定位 D 的摆差/mm[2]	T 端面对 D 的摆差/mm[3]
红旗 CA770	$47.4_{-0.05}$	$19^{+0.105}_{+0.060}$	≤0.05		$42^{-0.050}_{-0.085}$	≤0.1	≤0.02
上海 SH760	42.5	$17.07^{+0.05}$	≤0.08	≤0.05	$35.5^{-0.025}_{-0.055}$	≤0.15	≤0.025
北京 BJ130	$52_{-0.05}$	$22^{+0.085}_{+0.025}$	在 φ40 上允差为 0.05	≤0.04	$48^{-0.050}_{-0.085}$	≤0.05	≤0.025
上海 SH130	$52_{-0.05}$	$22^{+0.085}_{+0.025}$	在 φ40 上允差为 0.08	≤0.04	$48^{-0.050}_{-0.085}$	≤0.12	≤0.03
跃进 NJ130	58	$22.25^{+0.05}$	≤0.08	≤0.03	$58^{-0.065}_{-0.105}$	≤0.12	≤0.025
解放 CA10B	$79.35_{-0.07}$	$28^{+0.15}_{+0.10}$	≤0.08	≤0.04	$75^{-0.065}_{-0.105}$	≤0.15	≤0.025
东风 EQ140	$74.9_{-0.06}$	$28^{+0.105}_{+0.060}$	≤0.08	≤0.04	$72^{-0.065}_{-0.105}$	≤0.15	≤0.025
北京 BJ212	47.80	$20^{+0.105}_{+0.060}$	≤0.08	≤0.04	$42^{-0.050}_{-0.085}$	≤0.08	≤0.025
东风 EQ240	$64.4_{-0.06}$	$24^{+0.105}_{+0.06}$	≤0.08	≤0.04	$60^{-0.065}_{-0.105}$	≤0.12	≤0.03
延安 SX250	$84.5_{-0.07}$	$28^{+0.105}_{+0.060}$	≤0.08	≤0.04	$75^{-0.065}_{-0.105}$	≤0.12	≤0.03

① D、T 位置见图 4-32。
② 背面对孔的摆差。
③ 对花键孔中心线的摆差。

　　3）其他要求：磨后磷化处理或镀钢的要求。表 4-15 中给出了一些汽车的驱动桥差速器齿轮参数。

2. 汽车主减速器、螺旋锥齿轮及双曲面齿轮的生产图样及技术要求

　　主减速器锥齿轮图样上应注的尺寸可参考图 4-37～图 4-40。图样上应列出的齿轮参数

表 4-15　部分汽车驱动桥差速器的参数

（单位：mm）

参数	红旗CA770	上海SH760	北京BJ212	北京BJ130	上海SH130	跃进NJ130 NJ230	解放CA10B	东风EQ140	东风EQ240	延安SX250	解放CA390
齿数 Z_1/Z_2	11/16	10/16	10/16	10/16	10/16	11/20	11/20	11/20	10/18	10/18	11/22
模数 m	4.8	4.25	5	5.4	5.4	5	6.35	6.5	6.15	8	11
齿面宽 F	16	16						24			40
齿全高 h	9.12	9.047	8.030	9.655	9.66		13.08	11.62		14.354	19.668
压力角 α	20°	20°	20°30'	22°30'	22°30'	22°30'	20°	22°30'	22°30'	22°30'	22°30'
节圆直径 d_1	52.8	42.5	50	54	54	55	69.85	71.5	61.5	80	121
d_2	76.8	68	80	86.4	86.4	100	139.7	130	110.7	144	242
节锥角 γ_1	34°31'	32°	32°	32°	32°	28°49'	26°34'	28°48'38"		29°3'17"	26°33'54"
γ_2	55°29'	58°	58°	58°	58°	61°11'	63°26'	61°11'22"		60°56'43"	63°26'6"
节锥距 A_0	46.60	41.86	47.176	50.94	50.94	57.053	78.09	74.18	63.318	82.365	135.282
周节 t	15.0797	13.3518		16.96	16.96	15.708	19.949	20.42		25.1328	
齿顶高 h_1'	4.32	6.20	4.525	5.56	5.51	5.75	8.05	6.89	6.412	8.45	11.88
h_2'	3.36	5.775	2.505	3.08	3.13	2.25	3.73	3.51	3.383	4.355	5.72
齿根高 h_1''	4.80	4.727	3.505	4.095	4.15		5.03	4.73		5.904	
h_2''	5.76	5.687	5.525	6.575	6.53		9.35	8.11		9.999	
齿根角 δ_1	5°53'				4°39'		3°41'	3°38'38"		4°5'4"	
δ_2	7°3'				7°18'		6°49'	6°14'22"		6°53'18"	
面锥角 γ_{01}	41°34'	40°18'+10'	38°41'	39°21'	39°18'+10'	37°49'+15'	33°20'+10'	35°3'+10'		65°0'47"	32°27'5"+8"
γ_{02}	61°22'	63°23'+10'	62°15'	62°35'	62°39'+10'	66°52'+15'	67°+10'	64°50'+10'		35°56'35"	66°43'47"+8"

（续）

参数	符号	红旗 CA770	上海 SH760	北京 BJ212	北京 BJ130	上海 SH130	跃进 NJ130 NJ230	解放 CA10B	东风 EQ140	东风 EQ240	延安 SX250	解放 CA390
根锥角	γ_{R1}	28°38′	26°37′	27°45′	27°24′	27°21′	23°08′	22°53′	25°10′		34°58′13″	23°16′12″
根锥角	γ_{R2}	48°26′	49°42′	51°19′	50°39′	50°42′	52°11′	56°37′	54°57′		54°3′25″	57°32′54″
理论外径	d_{01}	$59.92_{-0.1}$	53.015	57.675	63.43	63.34	64.48	$84.25_{\pm0.25}$	83.574		94.767	142.252
理论外径	d_{02}	80.61	74.12	82.655	89.66	89.72	103.64	143.04	133.38		148.228	247.116
最大外径	d_{max1}	$59_{-0.4}$	$51_{-0.2}$	$81_{-0.2}$	$62_{-0.46}$	$62_{-0.4}$		$83_{-0.46}$	$81_{-0.46}$		$93_{-0.15}$	$140_{-0.46}$
最大外径	d_{max2}	$80_{-0.4}$	$71_{-0.2}$		$88.5_{-0.46}$	$88.5_{-0.46}$		$141_{-0.53}$	$131_{-0.53}$		$147_{-0.15}$	245
齿轮外缘至背面的轴向距离	行星齿轮	$11.45_{-0.1}$	9.70	10.197		11.72		13.15	$13.22_{\pm0.1}$		$16.6_{\pm0.1}$	$22.313_{\pm0.2}$
齿轮外缘至背面的轴向距离	半轴齿轮	$10.77_{-0.1}$	7.91	$8.42_{\pm0.025}$		10.66		$15.9_{\pm0.1}$	$12.73_{\pm0.1}$		$18.81_{\pm0.1}$	$27.12_{\pm0.15}$
齿轮前缘至背面的轴向距离	行星齿轮	22	19.58	23.28	23.2	$23.2^{+0.2}$		$33.15^{+0.25}$	$31_{-0.28}$		$37.5_{-0.25}$	$58_{-0.4}$
齿轮前缘至背面的轴向距离	半轴齿轮		15	18		16.5		25	21.5		30	$42.5_{-0.55}$
理论弧齿厚	S_1	7.89	8.47	8.671	9.18	9.925	9.4	11.834	11.20	10.321	13.934	20.512
理论弧齿厚	S_2	7.19	8.16	7.037	7.79	7.039	6.3	8.115	9.22	8.771	14.354	14.045
弦齿厚	S_{x1}	$7.87^{-0.06}_{-0.12}$	$8.43^{-0.065}_{-0.145}$	$8.641^{-0.05}_{-0.10}$	$9.05^{-0.08}_{-0.19}$	$9.89^{-0.08}_{-0.19}$		$11.79^{-0.12}_{-0.27}$	$11.05^{-0.12}_{-0.27}$		$13.74^{-0.1}_{-0.2}$	$20.414^{-0.12}_{-0.25}$
弦齿厚	S_{x2}	$7.19^{-0.06}_{-0.12}$	$8.155^{-0.18}_{-0.09}$	$7.03^{-0.05}_{-0.10}$	$7.69^{-0.095}_{-0.205}$	$7.037^{-0.095}_{-0.205}$		$8.114^{-0.12}_{-0.27}$	$9.11^{-0.12}_{-0.27}$		$11.07^{-0.12}_{-0.25}$	$14.037^{-0.15}_{-0.30}$
弦齿高	h_{x1}	4.56	6.56	4.844	5.89	5.90		8.5	7.27		8.96	12.66
弦齿高	h_{x2}	3.46	5.90	2.587	3.17	3.21		3.78	3.59		4.458	5.81
理论安装距	行星齿轮	47.4	42.5	47.80	52	52	58	79.35	74.9	64.4	84.5	138
理论安装距	半轴齿轮	34.4	27.6	$31.3_{\pm0.025}$		35	36.8	47.5	45.4	43.4	55	82.5
齿轮精度等级					接触 8 级	接触 8 级						8
差速器行星齿轮数		4	2	4	4	4	4	4	4	4	4	4

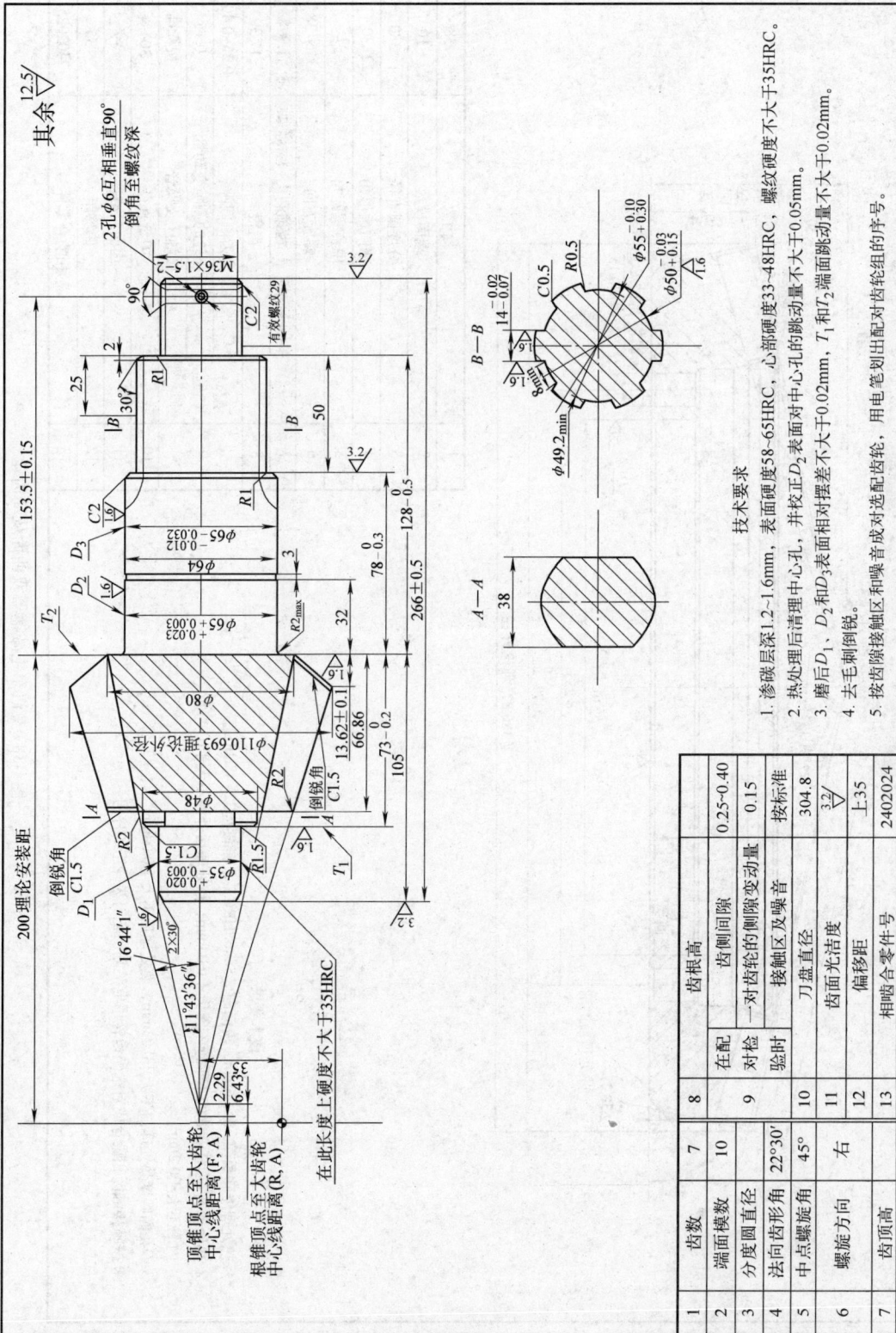

图4-37 某汽车主减速器双曲面主动齿轮

1	齿数	7	8
2	端面模数	10	
3	分度圆直径		
4	法向齿形角	22°30'	
5	中点螺旋角	45°	
6	螺旋方向	右	
7	齿顶高		
8	齿根高		
9	齿侧间隙	0.25~0.40	0.15
10	刀盘直径	304.8	
11	齿面光洁度	3.2	
12	偏移距	上35	
13	相啮合零件号	2402024	

技术要求

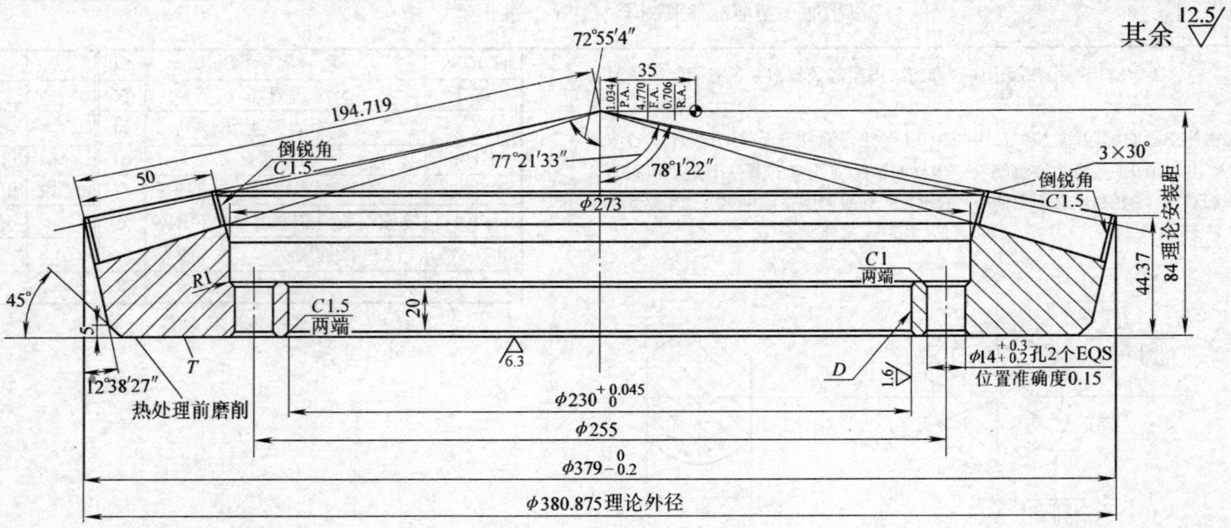

1	齿数	38
2	端面模数	10
3	分度圆直径	380
4	法向齿形角	22°30′
5	中点螺旋角	33°5′38″
6	螺旋方向	左
7	齿顶高	1.998
8	齿根高	17.39
	齿侧间隙	0.25~0.40
9	一对齿轮的侧隙变动量	0.15
	接触区	按标准
10	刀盘直径	304.8
11	齿面光洁度	∇32
12	偏移距	35
13	相啮合零件号	2402025

其余 12.5∇

其余 6.3∇

技术要求

1. 热处理渗碳层深1.2~1.6mm，表面硬度58~65HRC，心部硬度32~48HRC。
2. 热处理前T面在任意处的不平度不得大于0.03mm，热处理后大于0.08mm，内圈不圆度热处理前大于0.2mm。
3. D孔椭圆度热处理前大于0.03mm，热处理后不大于0.08mm。
4. 按照接触区和噪音成对选配齿轮用电笔划出配对齿轮组的序号。

图4-38 某汽车主减速器双曲面从动齿轮

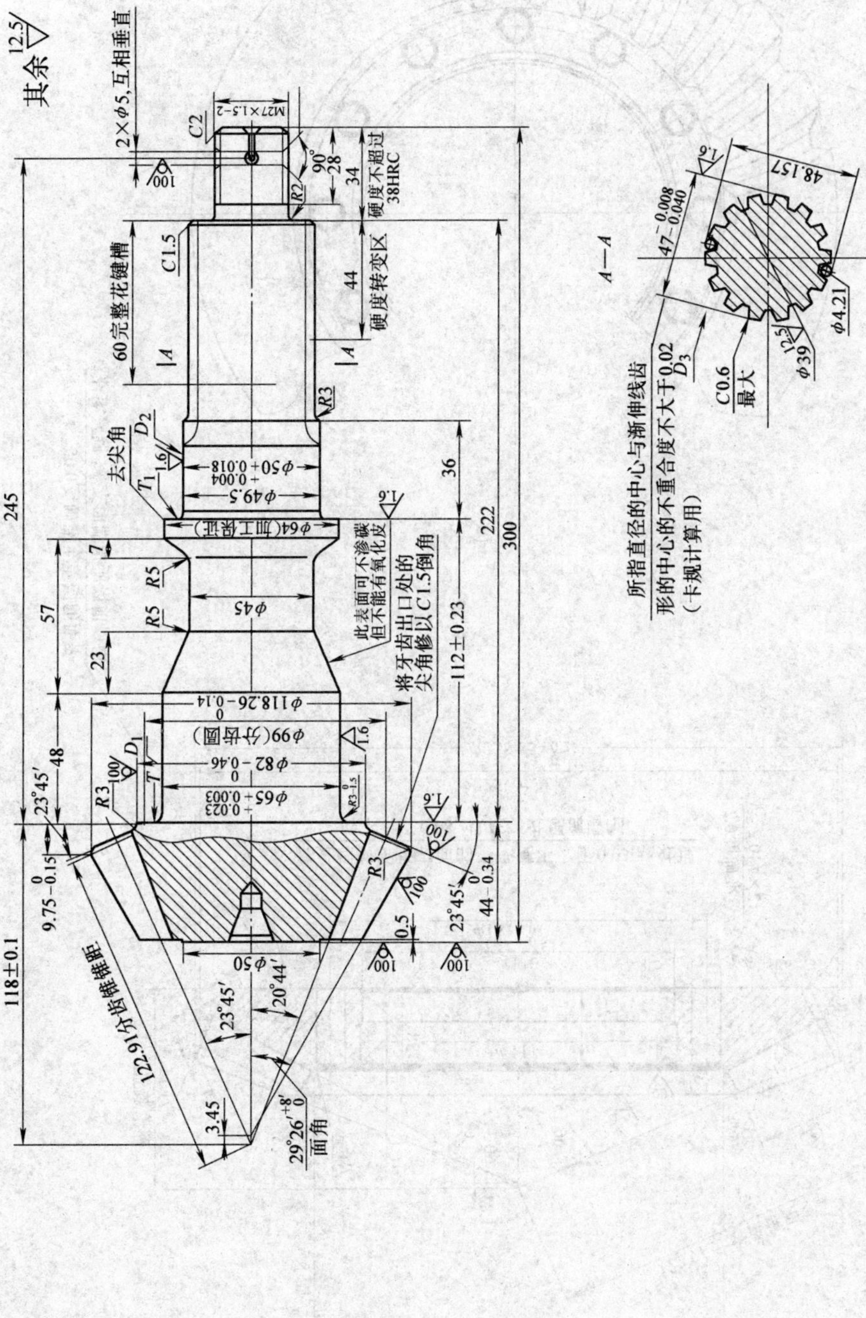

图4-39 某汽车主减速器主动齿轮

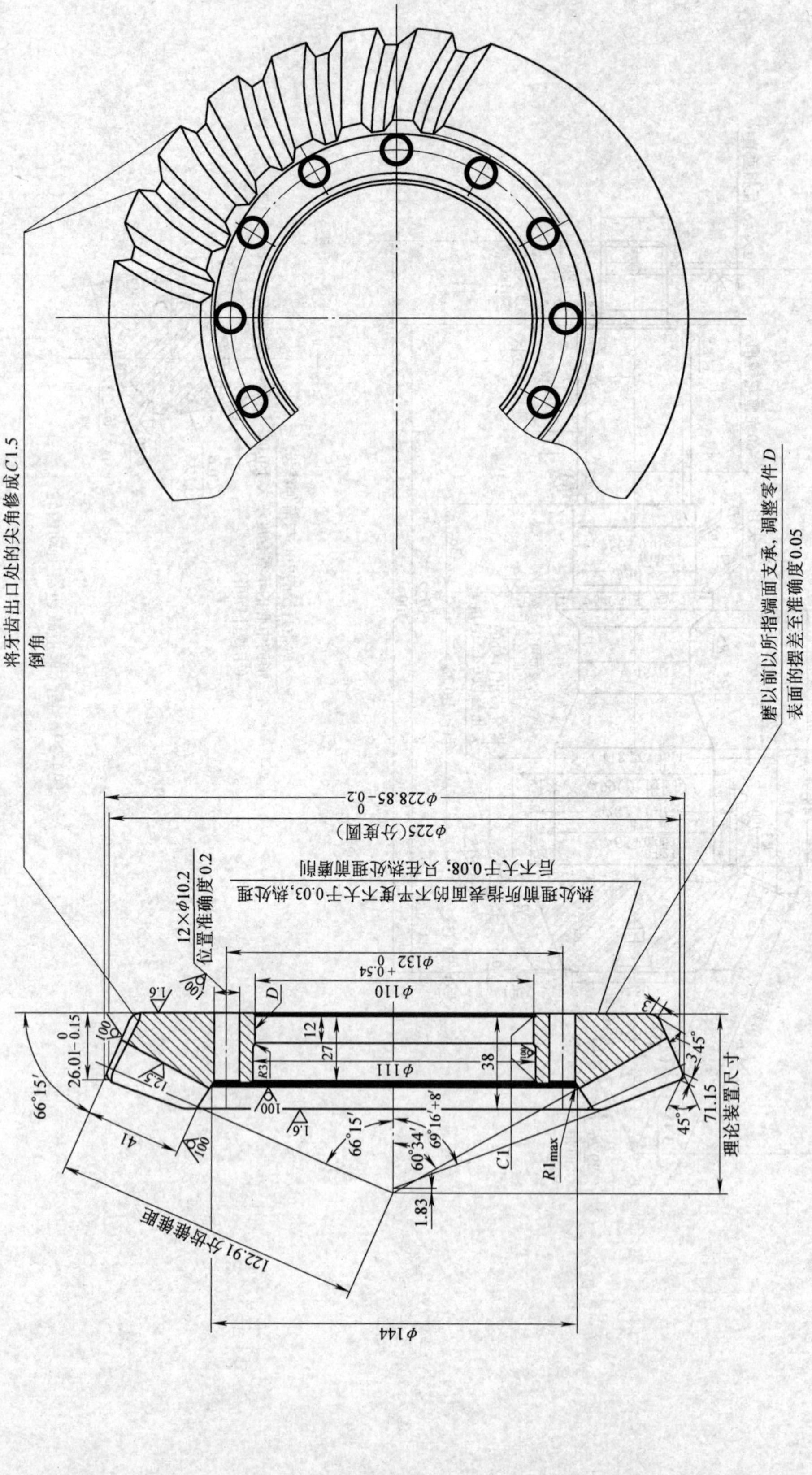

图4-40 某汽车主减速器从动齿轮

可参考表 4-16。图中 PA 表示节锥顶点至相啮合齿轮中心线的距离，FA 表示面锥顶点至相啮合齿轮中心线的距离，RA 表示根锥顶点至相啮合齿轮中心线的距离。

表 4-16　生产图样上应列表给出的汽车主减速器双曲面齿轮参数　（单位：mm）

齿轮参数	主动齿轮	从动齿轮
主动锥齿轮偏移距	下偏置 35	
齿数	6	37
分齿圆上端面模数	8.25	
分齿圆上平均压力角	22°30′	
分齿圆直径		305.25
螺旋角	49°59′58″	34°57′42″
螺旋方向	左	右
齿顶高		1.401
齿全高		14.059
刀盘直径	304.8（12″）	
齿侧间隙	0.15～0.40	
齿面接触痕迹	按标准	
噪音检验	按标准	
齿工作表面光洁度	$\overset{32}{\triangledown}$	
相啮合齿轮的图号及齿数		

在图样上的技术要求中应注明：

1）关于热处理的技术要求。

2）有关尺寸的摆差范围及公差，可参考差速器公差要求及表 4-17、表 4-18。

表 4-17　某些汽车主减速器主动锥齿轮主要尺寸公差及摆差（符号参见图 4-37）　（单位：mm）

	车型　　项目	CA10B	EQ140	EQ240	SX250	SH380	"格里森"推荐值
主要尺寸公差	导向轴承支承轴颈 D_1	无	$39^{+0.035}_{+0.018}$	$25^{+0.030}_{+0.015}$	$35^{+0.020}_{-0.003}$	$60^{+0.023}_{+0.003}$	-0.013
	内轴承支承轴颈 D_2	$65^{+0.023}_{+0.003}$	$55^{+0.04}_{+0.02}$	$45^{+0.035}_{+0.018}$	$65^{+0.023}_{+0.003}$	$100^{+0.035}_{+0.012}$	-0.013
	外轴承支承轴颈 D_3	$50^{+0.004}_{+0.015}$	$55^{-0.012}_{-0.032}$	$45^{-0.010}_{-0.027}$	$65^{-0.012}_{-0.032}$	$95^{-0.015}_{-0.038}$	-0.013
	外径公差	-0.14	-0.14	-0.12		-0.26	当 $m<10$ 时为 -0.127，$m\geqslant10$ 时为 -0.254
	轮缘至背面公差	-0.15	-0.1	-0.1	±0.1	-0.10	当 $m<10$ 时为 -0.051，$m\geqslant10$ 时为 -0.102
	面锥角公差	+8′	+8′	+8′		+10′	$m\geqslant1.4$ 时为 +8′
	双曲面齿轮偏移距公差	—					当 $D=300～600$ 时为 ±0.025

（续）

项目 车型		CA10B	EQ140	EQ240	SX250	SH380	"格里森"推荐值
在技术要求中应注明的摆差	热处理后磨削前清理中心孔，并校正 D_2、D_3 表面，D_2、D_3 对中心孔的摆差不大于	0.05	0.05	0.05	0.05		D_2 处为 0.025 D_3 处为 0.038
	磨削后 D_1、D_2、D_3 表面相对摆差不大于	0.02	0.01	0.02	0.02	0.02	0.005
	以 D_1、D_2 定位时 D_4 的摆差不大于	0.05	0.05	0.05		D_4 对中心孔 0.03	0.025
	以 D_1、D_2 定位时 T_1、T_2 端面（轴承支承面）的摆差不大于	0.02	0.02	0.02	0.02	0.02	0.005

表 4-18　某些汽车主减速器从动锥齿轮主要尺寸公差及摆差（符号参见图 4-38）　（单位：mm）

项目 车型		CA10B	EQ140	EQ240	SX250	SH380	"格里森"推荐值
主要尺寸公差	安装定位孔 D	$110^{+0.054}$	$234^{+0.045}$	$165^{+0.04}$	$230^{+0.045}$	$260^{+0.045}$	当 $D<101.6$ 时，$+0.013$；$101.6<D<508$ 时，$+0.025$
	外径公差	-0.2	-0.25		-0.2	-0.38	当 $m<10$ 时为 -0.127；$m>10$ 时为 -0.254
	齿面宽公差			-0.25		-0.40	-0.25
	轮缘至背面公差	-0.15	-0.15	-0.15		-0.10	当 $m<10$ 时为 -0.051；$m>10$ 时为 -0.102
	面锥角公差	$+8'$	$+8'$	$+8'$		$+5'$	$m\geqslant1.4$ 时为 $+8'$
在技术要求中应注明的摆差	热处理前 T_1 表面不平度不大于	0.03	0.03	0.03	0.03		0.025
	热处理后 T_1 表面不平度不大于	0.08	外圈 0.01 内圈 0.2	外圈 0.02 内圈 0.13	外圈 0.08 内圈 0.2	0.15	
	D 孔椭圆度热处理前不大于	磨削前以 T_1 表面支承，D 表面摆差不大于 0.05	0.03	0.03	0.03		0.025
	D 孔椭圆度热处理后不大于		0.08	0.08	0.08		0.075

　　3）其他要求，如：按齿隙、接触面和声响成对选配齿轮，齿轮配对后打标记，研磨后镀铜或磷化处理以及某些齿轮要求喷丸处理等。表 4-19 给出了一些汽车主减速器主动锥齿轮参数。

　　另外，图 4-41～图 4-43 还给出了部分半轴的生产图样，供学习参考。

表4-19　一些汽车驱动桥主减速器锥齿轮参数及主要尺寸

（单位：mm）

车型 参数	红旗 CA770	上海 SH760	北京 BJ 212	北京 BJ130	上海 SH130	跃进 NJ130	解放 CA10B	东风 EQ 140	黄河 JN150	东风 EQ240	延安 SX250
主减速器形式	单级	单级	单级	单级	单级	单级	双级，锥齿轮为第一级	单级	双级，锥齿轮为第一级	单级	双级，锥齿轮为第二级
齿数 Z_1/Z	10/39	10/41	9/41	6/35	6/37	6/40	11/25	6/38	19/33	6/37	7/38
端面模数 m	5.65	4.25		7.15	6.75	8.0169	9	9.8947	8	8.25	10
双曲面齿轮偏移距 E	下38	25.4	42	30	30	螺旋锥齿轮	螺旋锥齿轮	下38	螺旋锥齿轮	下35	上35
分齿圆上平均压力角 α	21°15′	21°15′		22°30′	22°30′	20°	20°	22°30′	14°30′	22°30′	22°30′
分齿圆 d_1						48.1025	99		152		
直径 d_2	220.35	174.25	223	250.25	249.75	320.675	225	376	264	305.746	380
螺旋角 β_1	50°	50°	50°	50°	50°	30°37′	35°	50°	27°28′	49°59′58″	45°
β_2	28°8′	30°54′	25°9′32″	34°7′52″	34°3′	33°37′	35°	36°58′58″	27°28′	34°57′42″	33°5′38″
齿面宽 F	32	28	33.45	37	$37_{-0.30}$	42.5	41	46	$50_{-0.25}$	$42_{-0.25}$	50
节锥距 A_0[①]	114.9812		115.08	127.66	127.111	162.130	122.91	191.619	152.315	155.079	194.719
齿工作高 h_g[①]	10.1669	7.66	10.1405	11.006	10.417		15.30		15.104		15.369
齿全高 h[①]	11.2463	8.45	11.19	12.165	11.514	13.18/13.28	16.992	15.586		14.059	17.39
齿顶高 h_1'						9.4996	10.52		8.88		
h_2'	1.7292	1.3	1.73956	1.211	1.146	2.54	4.78	1.542	4.72	1.401	1.998
齿根高 h_1''						3.7846	6.47		6.224		
h_2''	9.5171	7.15	1.0495	10.954	10.368	10.64	12.21		10.384		15.3826
节锥角 γ_1	16°5′					8°31′50″	23°45′		29°56′		12°22′38″
γ_2	73°22′	75°17′	75°40′50″	78°34′20″	79°14′	81°28′10″	66°15′	78°51′	60°4′	79°47′37″	77°21′33″

（续）

参数		红旗 CA770	上海 SH760	北京 BJ212	北京 BJ130	上海 SH130	跃进 NJ130	解放 CA10B	东风 EQ140	黄河 JN150	东风 EQ240	延安 SX250
面锥角	γ_{01}	21°18′	19°52′+8′	18°48′5″	16°44′	15°50′+10′	11°53′+8′	29°26′+8′	14°52′	33°50′+8′	15°45′31″	16°44′01″
	γ_{02}	74°38′	76°32′+8′	76°57′19″	79°18′	79°56′+10′	82°22′+8′	69°16′+8′	79°21′+8′	62°24′+8′	80°32′44″	78°01′22″
根锥角	γ_{R1}	14°18′	12°45′	11°52′7″	10°17′41″	9°41′	7°12′	20°44′	10°23′	27°36′	9°8′9″	11°43′36″
	γ_{R2}	67°14′	69°5′	69°27′20″	72°38′4″	73°34′	77°41′10″	60°34′	74°46′	56°10′	73°42′36″	72°55′04″
齿根角	δ_1							3°0′35″		2°20′		
	δ_2	6.1466°		6°21′14″				5°40′43″		3°54′		4°26′28″
理论外径	d_{01}	94.0804	68.4	85.52		70.88	66.85−0.15	118.26			85.684−0.12	110.693
	d_{02}	221.34	176	223.87		250.18	321.4−0.15	228.85			305.746	380.875
最大外径	d_{max1}		67.9−0.2	83−0.25		70.3−0.2						
	d_{max2}	220−0.3	172.9	223−0.5	249−0.2	248−0.30			376	267−0.051		379−0.2
齿轮外缘至背锥距离	小齿轮	7.10−0.05	6.8			5.70−0.10	3±0.1	9.75−0.15				13.62±0.1
	大齿轮	24.65−0.05	21.4			26.90−0.10	35.62−0.15	26.01−0.15				44.37
齿轮前缘至背锥距离	小齿轮	42	37−0.34			46.2−0.30	45	43.5				66.86
	大齿轮	32	28			33	40−0.3	38				
分齿圆理论弧齿厚	S_1							17.4186		13.853		
	S_2							10.8558		11.28		
分齿圆法向弦齿厚	S_{x1}						13.462	12.65		10.75		
	S_{x2}						5.94	8.2		9.89		
弦齿高	h_{x1}						9.8552	10.39		8.83		
	h_{x2}						2.51	4.7		4.67		

（续）

参数		红旗 CA770	上海 SH760	北京 BJ 212	北京 BJ130	上海 SH130	跃进 NJ130	解放 CA10B	东风 EQ 140	黄河 JN150	东风 EQ240	延安 SX250
径向间隙	C	1.0794	0.79		1.159	1.097		1.692				2.021
齿侧间隙	B	0.16~0.24	0.155~0.38	0.15~0.25	0.17~0.24	0.20~0.44	0.15~0.35	0.20~0.35	0.15~0.40	0.20~0.35	0.15~0.40	0.25~0.40
刀盘半径	r_d	114.300	95.250	114.300	114.300	114.300	161.925	114.300	152.400	152.400	152.400	152.400
理论安装值	小齿轮	112	90.75		128.5±0.1	127.5±0.1	161.925	118±0.1	192	144±0.10	159	200
	大齿轮	60.8	47.6			51.5	57.125	71.15	78	72	65	84
RA	小齿轮	+32.7561	+27.95	+41.42	+15.04	+16.04			-0.264		+26.625	-6.43
	大齿轮	-1.8709	-1.76	-1.780	+0.402	+0.29			-0.211		+0.438	+0.706
FA	小齿轮	+15.7778	+10.71	+20.03	+2.8	+3.20		-3.45	+3.162		+2.593	-2.29
	大齿轮	-5.7251	-5.21	-5.81	-2.389	-2.41		-1.83	+0.033		-4.140	+0.771
PA	小齿轮											
	大齿轮	-4.9050	-4.52	-4.96	-1.957	-2.00			+0.184		-3.497	+1.034
小齿轮轴	导向轴承轴径	—	—	—	—	—	$25^{+0.030}_{+0.015}$	—	$35^{+0.030}_{+0.018}$	—	$25^{+0.030}_{+0.015}$	$35^{+0.020}_{-0.003}$
	内轴承轴径	$45^{+0.027}_{+0.009}$	$40^{+0.014}_{+0.002}$	$35^{+0.020}_{+0.003}$	$45^{+0.020}_{+0.003}$	$45^{+0.035}_{+0.018}$	$45^{+0.035}_{+0.018}$	$65^{+0.023}_{+0.003}$	$55^{+0.04}_{+0.02}$	$75^{+0.012}_{-0.007}$	$45^{+0.035}_{+0.018}$	$65^{+0.023}_{+0.003}$
	外轴承轴径	$40_{-0.017}$	$35^{+0.007}_{-0.004}$	$30^{-0.010}_{-0.025}$	$35_{-0.017}$	$35_{-0.017}$	$45^{-0.025}_{-0.041}$	$50^{+0.004}_{-0.015}$	$55^{-0.012}_{-0.032}$	$50^{+0.011}_{-0.005}$	$45^{-0.010}_{-0.027}$	$65^{-0.012}_{-0.032}$
大齿轮定位内孔		$120^{+0.035}$	$108^{+0.02}$	$125^{+0.024}$	$139^{+0.04}$	$139^{+0.04}$	$184.05^{+0.045}$	$110^{+0.045}$	$234^{+0.045}$	$98^{+0.035}$	$165^{+0.040}$	$230^{+0.045}$
小齿轮花键	齿数	10	10	10		16	10	14				6
	形式	矩形	矩形	矩形		渐开线 $m=2$	矩形	渐开线 $m=3$				矩形
	内径	32.5（最小）	24	$25.5_{-0.28}$		$30.2_{-0.35}$	32.5（最小）	39				$50^{-0.03}_{-0.06}$
花键	外径	$38^{-0.025}_{-0.050}$	$28_{-0.014}$	$30^{-0.02}_{-0.04}$		$35^{-0.17}_{-0.34}$	$38_{-0.05}$	$47^{-0.008}_{-0.040}$				$55^{-0.19}_{-0.30}$
	键宽	$6^{-0.025}_{-0.075}$	$4_{-0.045}$	$4.5^{-0.011}_{-0.061}$			$5.89_{-0.05}$					$14^{-0.02}_{-0.07}$

① 对于双曲面齿轮未说明者均指大齿轮的数据。

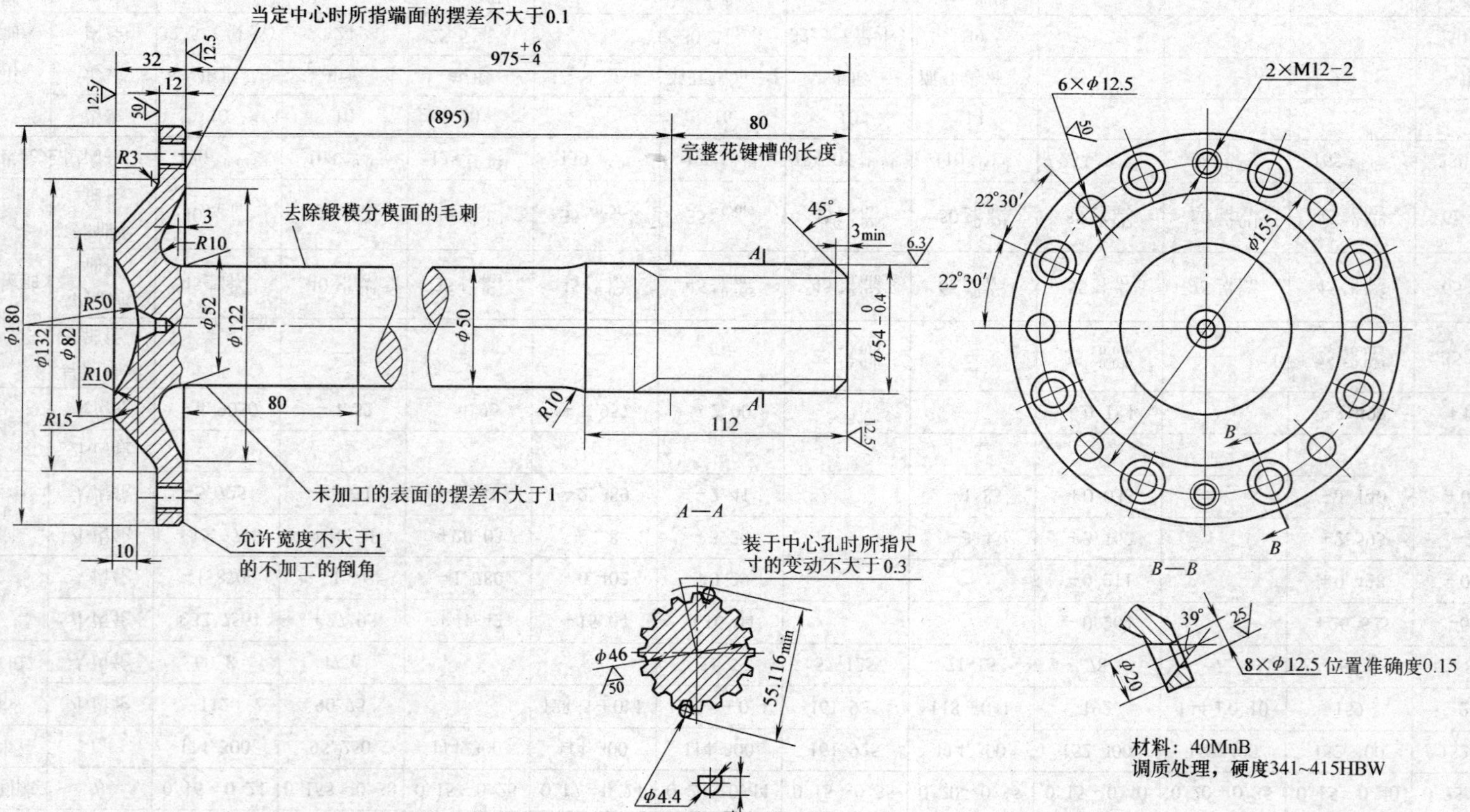

材料：40MnB
调质处理，硬度341~415HBW

8×φ12.5 位置准确度0.15

B—B

2×M12-2

φ155

6×φ12.5

22°30′

22°30′

39°

φ20

25

当定中心时所指端面的摆差不大于0.1

975$^{+6}_{-4}$

(895)

完整花键槽的长度

80

3 min

45°

φ54$^{0}_{-0.4}$

6.3

12.5

A

A

112

φ50

R10

去除锻模分模面的毛刺

未加工的表面的摆差不大于1

80

允许宽度不大于1
的不加工的倒角

12.5

32

12

50

R3

3

R10

φ52

φ122

R50

R10

R15

φ82

φ132

φ180

装于中心孔时所指尺
寸的变动不大于0.3

A—A

55.116 min

φ46

50

φ4.4

图4-41　带凸缘的全浮式半轴的结构（用于中型载货汽车）

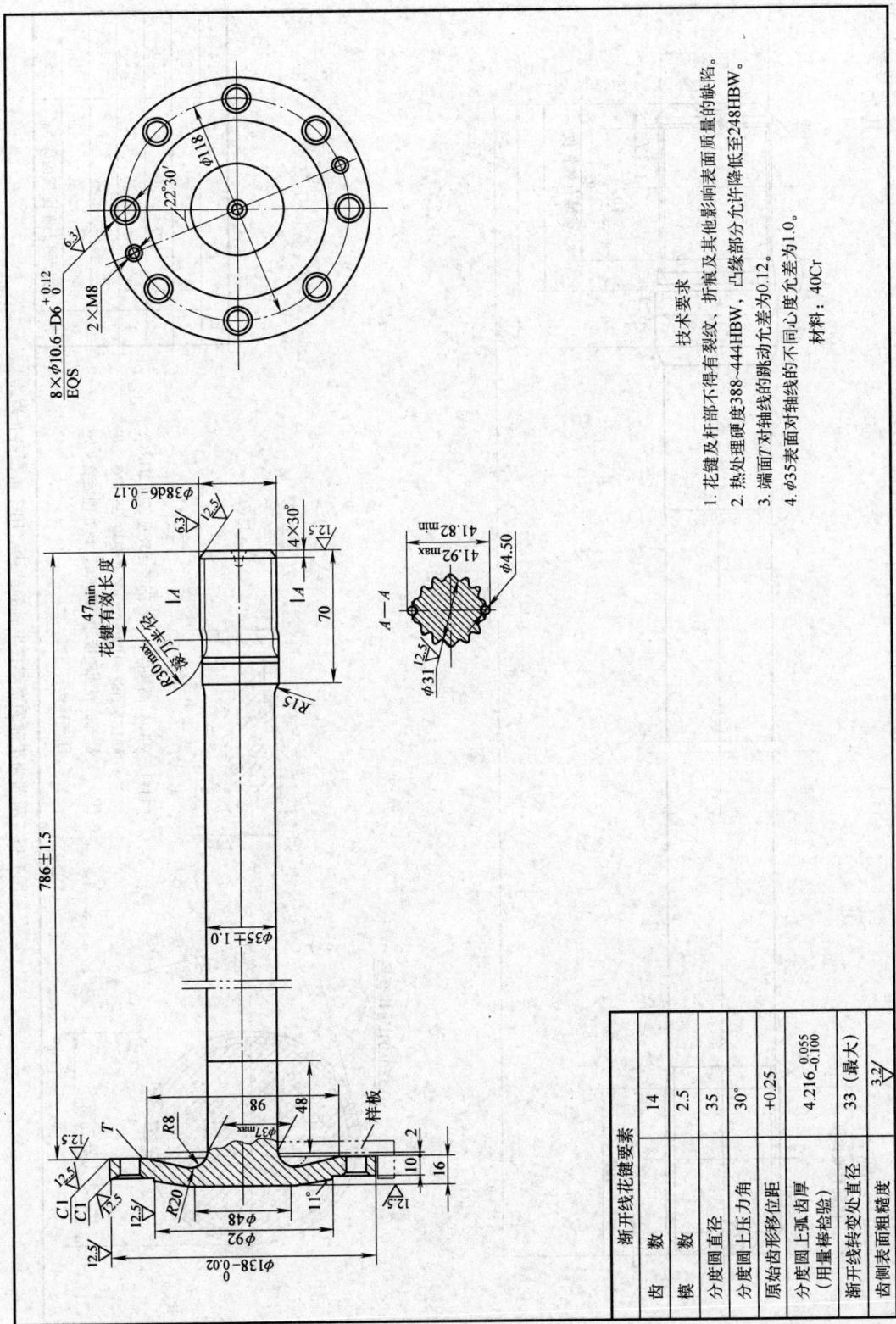

技术要求

1. 花键及杆部不得有裂纹、折痕及其他影响表面质量的缺陷。
2. 热处理硬度388~444HBW，凸缘部分允许降低至248HBW。
3. 端面厂对轴线的跳动允差为0.12。
4. φ35表面对轴线的不同心度允差为1.0。

材料：40Cr

图4-42 带凸缘的全浮式半轴的结构（用于轻型载货汽车）

渐开线花键要素	
齿 数	14
模 数	2.5
分度圆直径	35
分度圆上压力角	30°
原始齿形移位距	+0.25
分度圆上弧齿厚（用量棒检验）	4.216 $^{0.055}_{-0.100}$
渐开线转变处直径	33（最大）
齿侧表面粗糙度	$\frac{3.2}{\triangledown}$

其余 $\sqrt{12.5}$

1	齿　数	z	24
2	模　数	m	2.5
3	压 力 角	α	30°
4	齿 顶 高	h'	2.5
5	全 齿 高	h	3.125
6	移 距 量	ξ_m	1.25
7	分度圆上理论弧齿厚 S_0		5.37

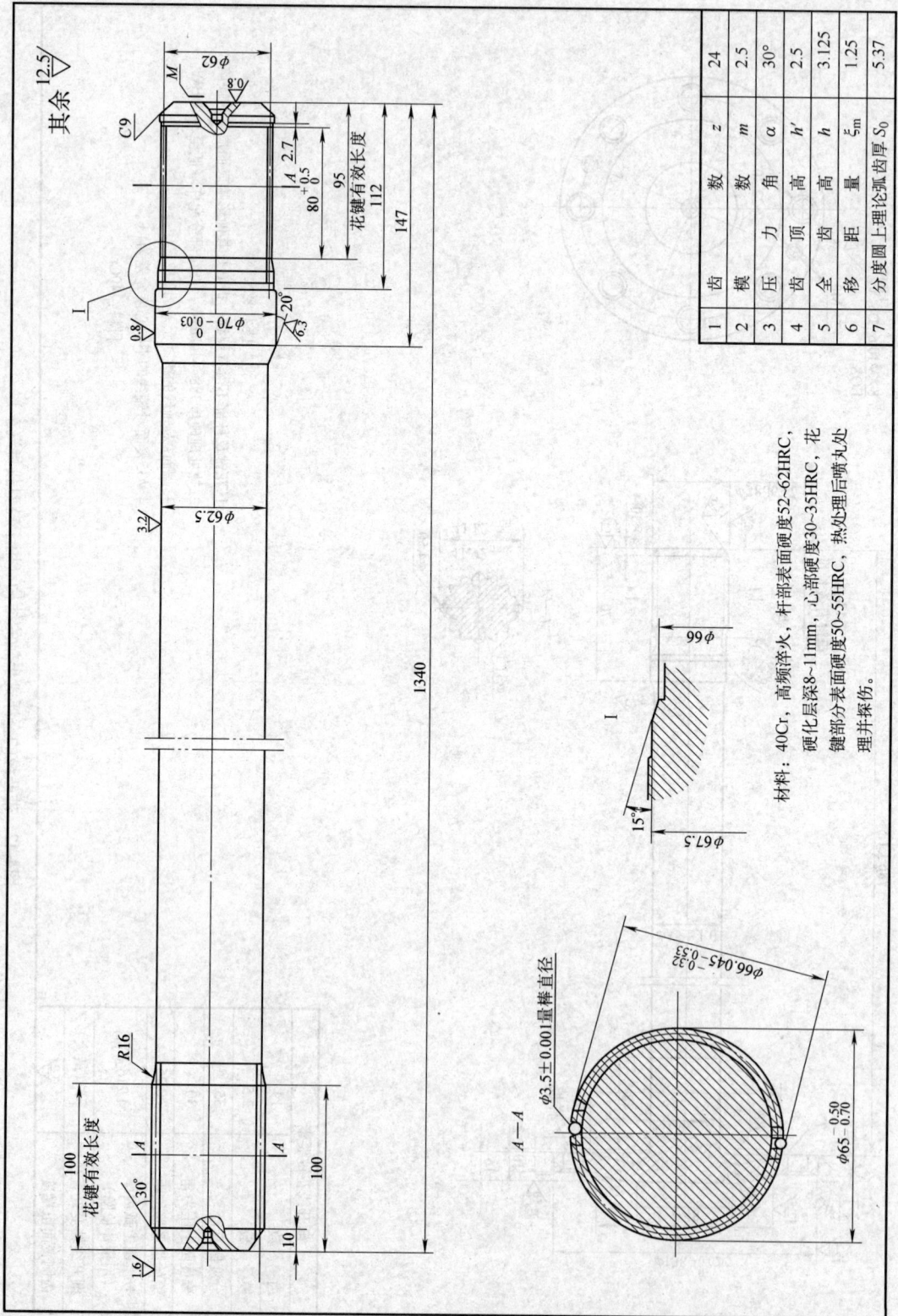

材料：40Cr，高频淬火，杆部表面硬度52~62HRC，硬化层深8~11mm，心部硬度30~35HRC，花键部分表面硬度50~55HRC，热处理后喷丸处理并探伤。

图4-43　两端为花键的全浮式半轴的结构（用于重型载货汽车）

第五章　悬架设计

第一节　悬架的结构形式

悬架按导向机构的基本形式来分，有独立悬架和非独立悬架两大类。

一、独立悬架

独立悬架的特点是左、右车轮不连在一根车轴上，是单独通过悬架与车架（或车身）相连，每个车轮能独立上、下运动。轿车前、后悬架及轻型车前悬架大多都采用了独立悬架（见图 5-1），越野车、矿用车和大型客车前悬架有的也采用独立悬架结构。

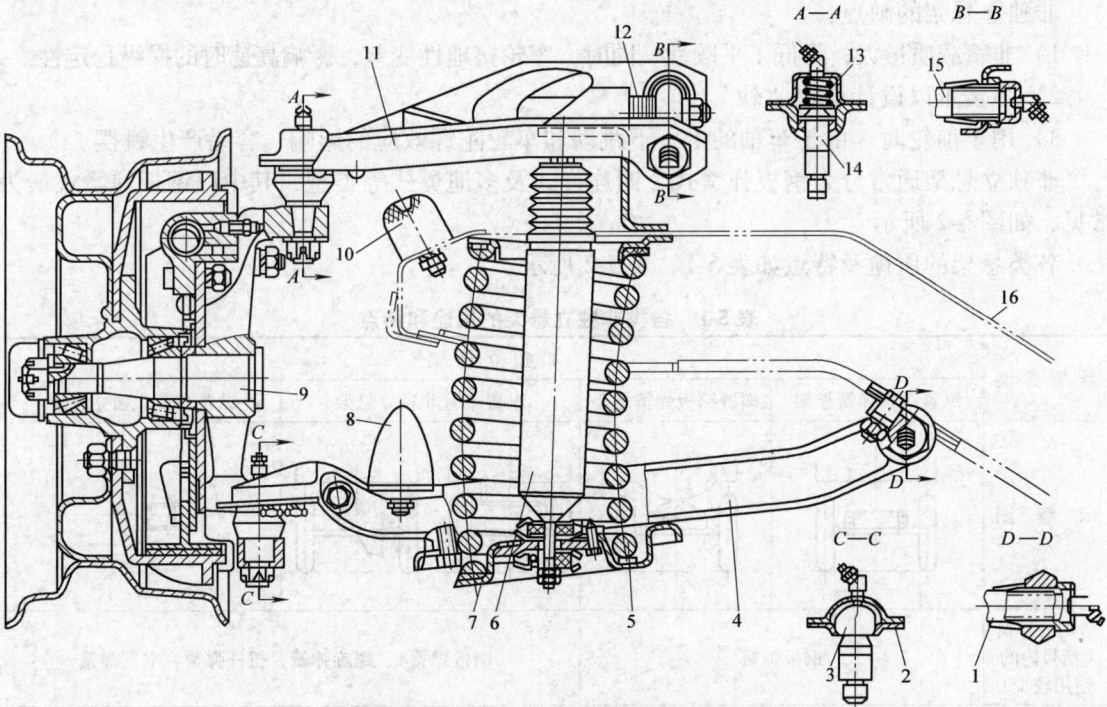

图 5-1　红旗 CA7560 型轿车的前悬架

1—下摆臂轴　2—垫片　3—下球头销　4—下摆臂　5—螺旋弹簧　6—筒式减振器　7—橡胶垫圈　8—下缓冲块
9—转向节　10—上缓冲块　11—上摆臂　12—调整垫片　13—弹簧　14—上球头销　15—摆臂轴　16—车架横梁

独立悬架的优点：

1）非簧载质量小，有利于行驶平顺性。同时，车轮接地性较好，有利于操纵稳定性。

2）当用于转向轮时，左、右前轮由于不是连在一根轴上，通过合理地布置，可使悬架与转向杆系的运动干涉减小，因此不易发生跳摆。

3）可用较软的弹簧，改善汽车平顺性。

4）由于有效弹簧距等于轮距，有利于提高横向角刚度，减少侧倾。

5）在不平路面上行驶时、容易获得较大的动行程、减少悬架"击穿"的机率。

6）由于没有连接左、右车轮的车轴，能够降低发动机和驾驶室的高度，从而降低了质心，同时也能扩大车身和行李舱的面积。

独立悬架的缺点：

1）结构复杂、制造成本高。

2）一般情况下，车轮上、下跳动时，因为车轮外倾角和轮距变化较大，轮胎磨损较大。

二、非独立悬架

非独立悬架的特点是左、右车轮用一根刚性轴连接起来，并通过悬架与车架（或车身）相连，这种方式以大型客车、货车为主、使用范围很广。

非独立悬架的优点：

1）结构简单、性能可靠、成本低、维修保养方便。

2）车轮上、下跳动时所引起的前轮定位参数变化小，轮胎磨损小。

非独立悬架的缺点：

1）非簧载质量大，降低了平顺性。同时，车轮接地性变差，影响高速时的操纵稳定性。

2）弹簧难以设计得较"软"。

3）用于前轮时，由于车轴的上、下跳动和车轮陀螺效应的影响、容易产生跳摆。

非独立悬架通常分为钢板弹簧式、四连杆式及多迪奥式等类型，其中以钢板弹簧式最为常见，如图 5-2 所示。

各类悬架的用途及特点如表 5-1、表 5-2 所示。

表 5-1　各类非独立悬架的用途和特点

悬架类型	非 独 立 悬 架			
	纵置钢板弹簧悬架	横置钢板弹簧悬架	纵置单臂非独立悬架	纵置双臂非独立悬架
示　意　图	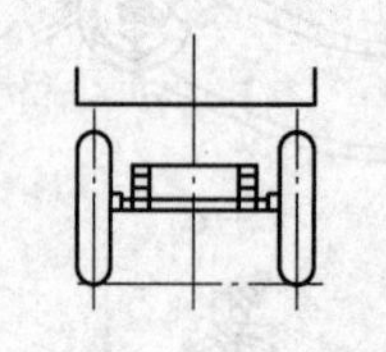	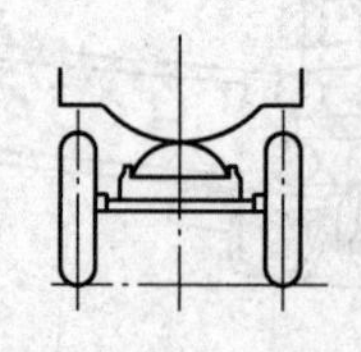	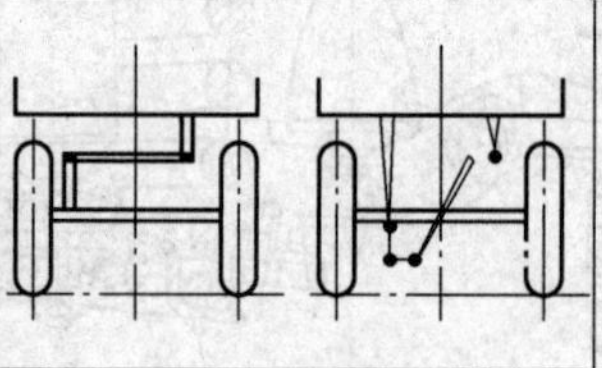	
适用的弹簧（括号内的使用较少）	钢板弹簧		（钢板弹簧）、螺旋弹簧、扭杆弹簧、空气弹簧	
适用的车型	货车、大型客车的前、后轮，小型客车的后轮	轻型客车前、后轮	轿车、轻型客车后轮，货车、大型客车前、后轮	
基本特性 非簧载质量	大			
侧倾中心高度	较高			
平顺性	一般较差		取决于弹性元件	
前轮定位角的变化	1）左、右车轮同时上、下跳动时，前轮定位角不变；2）左、右车轮交替上、下跳动时，两侧车轮外倾角都有变化；3）轮距不变			

（续）

悬架类型	非独立悬架			
	纵置钢板弹簧悬架	横置钢板弹簧悬架	纵置单臂非独立悬架	纵置双臂非独立悬架
基本特性 横向刚度	一般较低		取决于弹性元件的布置	
轴转向	通常有轴转向		取决于导向杆系的布置	
操纵稳定性	1）车轮接地性差，在坏路上易产生不稳定现象；2）左、右车轮在不同相位上跳动时，整个车轮会左、右摇摆，使前轮易产生摆振；3）前轮跳动与转向系统有干涉			
备注	1）结构简单、可靠；2）弹簧一般较硬	装有导向机构	多用于空气弹簧大型客车及其他特种车辆	

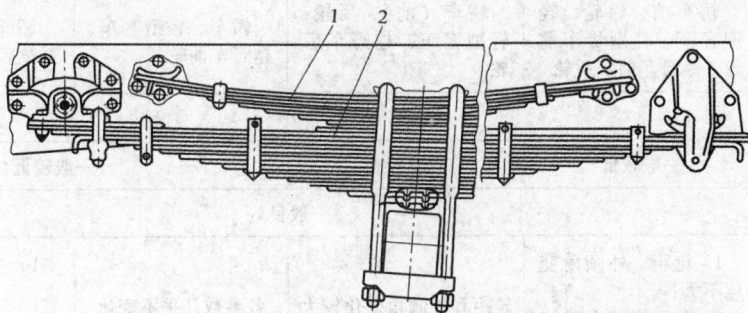

载货汽车主、副钢板弹簧后悬架

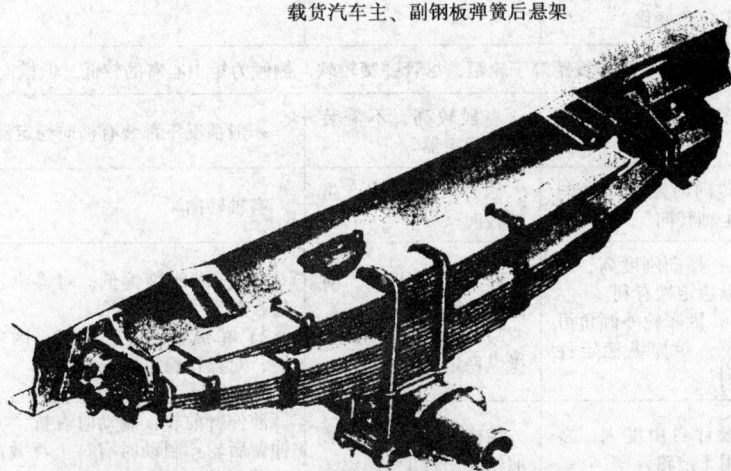

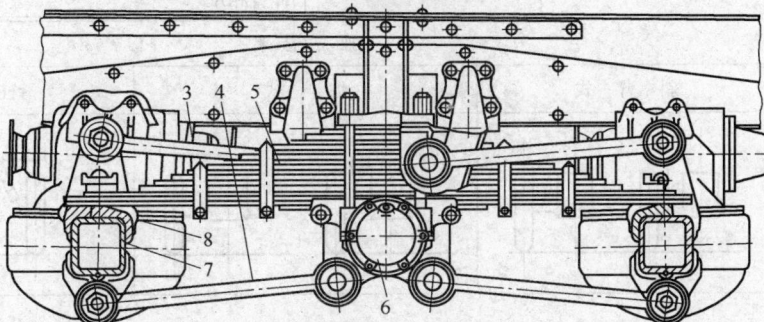

中、后驱动桥的平衡悬架

图 5-2 纵置钢板弹簧非独立悬架
1—主簧 2—副簧 3、4—上、下导向杆 5—钢板弹簧 6—平衡轴
7—中驱动桥 8—板簧座

表 5-2　各类独立悬架的用途和特点

悬架类型	独立悬架			
	双横臂	单横臂	双纵臂	单纵臂
示意图				
适用的弹簧（括号内的使用较少）	螺旋弹簧、扭杆弹簧、空气弹簧、橡胶弹簧	螺旋弹簧、扭杆弹簧、钢板弹簧、空气弹簧	扭杆弹簧、螺旋弹簧、（油气弹簧）、橡胶弹簧	
适用的车型（括号内的使用较少）	轿车前、后轮，轻型客车、轻型货车前轮，越野车前、后轮	轿车（前）、后轮，轻型客车、越野车后轮	轿车、轻型客车、越野车前轮	轿车、轻型客车、越野车后轮

基本特性	非簧载质量	小			
	侧倾中心高度	一般较低	一般较高	一般较低	
	平顺性	一般良好			
	前轮定位角	1. 轮距、外倾角变化不大； 2. 可用拉杆布置控制定位角变化	轮距和外倾角变化较大	各参数几乎不变化	1）主销后倾角变化较大 2）外倾角和轮距几乎不变
	横向刚度	因为有效弹簧距等于轮距，尽管弹簧较软，侧倾力矩中心有的较低，但横向刚度较好			
		多数装有横向稳定性	一般较高，不需装横向稳定器	一般情况下都装有横向稳定器	
	轴转向	转向时随车身倾斜产生轴转向	因外倾角变化产生轴转向	有轴转向	
	操纵稳定性	1）横向刚度高，对操纵稳定性有利 2）因车轮外倾角可调整，对操纵稳定性有利	1）横向刚度高，对操纵稳定性有利 2）有举升效应，对操纵稳定性不利	1）横向刚度偏低，对操纵性不利，用于前轮，易发生摆头现象 2）单纵臂用于前轮时，因主销后倾角变化时，对操作稳定性不利	
备注		设计自由度大，多数用于前轮	结构简单，成本低，前轮使用较少	前伸臂前轮：制动时有抗"点头"效应；前伸臂后轮：制动时有抗上浮效应。后拖臂与前伸臂相反	

悬架类型	独立悬架		
	斜臂式	烛式	滑柱连杆式
示意图			
适用的弹簧（括号内的使用较少）	螺旋弹簧（空气弹簧）		
适用的车型	轿车、轻型客车及越野车后轮	轿车、轻型客车前轮	轿车、轻型客车前、后轮

（续）

悬架类型		独立悬架		
		斜 臂 式	烛 式	滑柱连杆式
基本特性	非簧质量		小	
	侧倾中心高度	取决于臂的布置角度	较低	较高
	平顺性	良好	一般	较好
	前轮定位角的变化	轮距、外倾角、前束均有一定变化，但比单横臂式好	几乎不变	变化较小
	横向刚度	因有效弹簧距等于轮距，故横向角刚度较好		
				一般装有横向稳定器
	轴转向	有轴向效应		
	操纵稳定性	较好		较好
备 注		具有单横臂及单纵臂式的特点，多用于轻型客车、轿车后悬架	目前很少采用	1）滑动部分易产生间隙 2）多数用于轿车、轻型客车前悬架

第二节　悬架弹性元件的设计与计算

悬架的弹性元件主要包括钢板弹簧、螺旋弹簧、扭杆弹簧、空气弹簧等。由于钢板弹簧在汽车设计课程中介绍较多，因此，本指导书对钢板弹簧的设计与计算不做介绍，重点介绍其他几种弹性元件的设计与计算。

一、扭杆弹簧的设计计算

1. 扭杆弹簧结构和特点

扭杆弹簧与钢板弹簧的不同之处是利用扭杆弹簧扭转变形起缓冲减振作用。扭杆弹簧与钢板弹簧相比，单位体积储存的弹性变形能较大，弹簧质量小。此外，由于扭杆弹簧占据空间尺寸较小，便于整车布置，车辆高度可以调整等原因，扭杆弹簧在汽车上特别是轻型车上应用比较多。

扭杆弹簧截面形状有圆形、环形、矩形等，使用较多的是实心圆形截面。这里主要讨论这种截面扭杆弹簧设计计算。

2. 扭杆弹簧扭转变形及扭转剪应力

1）扭转变形角。扭杆弹簧在力矩 M 作用下产生的扭转变形角 θ（rad）为

$$\theta = \int_0^l \frac{M}{GJ_P} \mathrm{d}s \tag{5-1}$$

式中，G 是剪切弹性模数，一般取 $7.7 \times 10^4 \mathrm{N/mm^2}$；$J_P$ 是截面的惯性矩，扭杆直径为 d 时，$J_P = \pi d^4/32$。

如图 5-3 所示，当扭杆长为 L，断面惯性矩为 J_P 时，由式（5-1）计算得扭杆扭转变形角 θ 为

$$\theta = \frac{ML}{GJ_P} \qquad (5\text{-}2)$$

如果扭杆弹簧直径不等，应分段求得扭杆弹簧变形角。

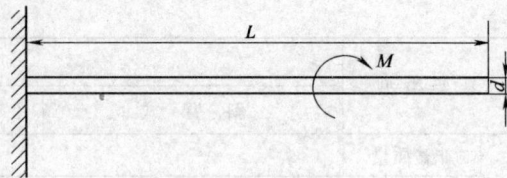

图 5-3 扭转变形

2）扭转剪应力。当扭杆弹簧在扭矩 M 作用下，其扭转剪应力 τ（N/mm^2）为

$$\tau = \frac{16M}{\pi d^3} = \frac{Gd\theta}{2L} \qquad (5\text{-}3)$$

3）扭转刚度。单位扭转角所需要的扭矩称为扭杆弹簧刚度（$N \cdot mm/rad$），其值为

$$K = \frac{M}{\theta} = \frac{\pi d^4 G}{32L} \qquad (5\text{-}4)$$

扭杆弹簧刚度仅与扭杆直径和长度有关，与钢板弹簧一样，弹簧刚度是常数。

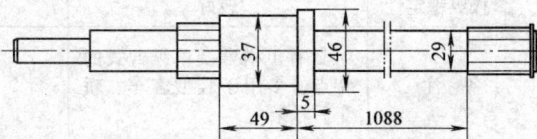

图 5-4 扭杆弹簧尺寸

例 5-1

扭杆弹簧几何形状如图 5-4 所示，计算该扭杆弹簧刚度。

由于扭杆弹簧各段直径不等，因此用式（5-1）计算扭杆扭转变形时，采用分段积分。

$$\theta = \int_0^{1083} \frac{M}{GJ_1} dx + \int_{1083}^{1088} \frac{M}{GJ_2} dx + \int_{1088}^{1137} \frac{M}{GJ_3} dx$$

式中，$J_1 = 69437.1 mm^4$，$J_2 = 439573.2 mm^4$，$J_3 = 183995.3 mm^4$。

$$\theta = 2.0616 \times 10^{-7} M(rad)$$

由式（5-4）计算得扭杆弹簧刚度 $K = 4850.5 N \cdot m/rad$。

3. 扭杆弹簧有效工作长度

为避免在扭杆端部和杆体连接处产生应力集中，用圆弧或圆锥形过渡。用圆弧连接时圆弧半径约为扭杆直径的 3 ~ 5 倍；用圆锥连接时，锥顶角一般为 30°，再以半径为 1.5 倍杆径的圆弧将锥部和杆体部分连接起来。由于扭杆弹簧过渡部分也能参与扭杆弹簧变形，因此在计算弹性变形时，应将两端过渡部分换算成当量长度。扭杆弹簧有效工作长度 L 应为扭杆弹簧长度 l_1 和当量长度 l_2 两部分之和。下面讨论当量长度计算。

1）端部为锥形过渡。锥形过渡区 l（见图 5-5），可以看成是与长度 l_2，直径为 d 的扭杆弹簧具有相同的弹性。

过渡部分长度 l 为

$$l = \frac{D-d}{2\tan 15°} \qquad (5\text{-}5)$$

则当量长度 l_2 为

$$l_2 = \frac{l}{3}\left(\frac{d}{D} + \frac{d^2}{D^2} + \frac{d^3}{D^3}\right) \qquad (5\text{-}6)$$

两端为锥形过渡的扭杆弹簧有效工作长度 L 为

$$L = l_1 + 2l_2 \tag{5-7}$$

2）端部为圆弧形过渡，当量长度 l_2（见图 5-6）为

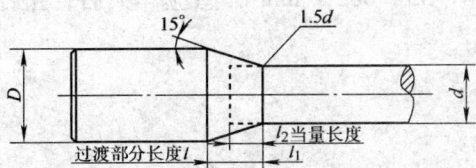

图 5-5　圆锥过渡扭杆弹簧有效工作长度　　图 5-6　圆弧形过渡扭杆弹簧有效工作长度

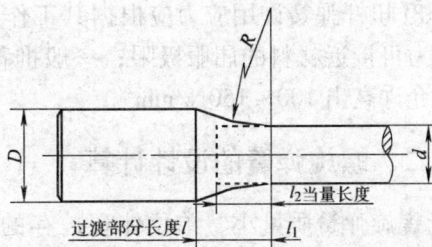

$$l_2 = \frac{l}{48}\left[8\left(\frac{d}{D}\right)^3 + 10\left(\frac{d}{D}\right)^2 + 15\frac{d}{D} + 15\left(\frac{d}{D-d}\right)^{0.5} \tan^{-1}\left(\frac{D}{d}-1\right)^{0.5} \right] \tag{5-8}$$

如果扭杆工作直径为 d，端部直径为 D，圆弧过渡部分长度 l 已知时，则圆弧半径 R 为

$$R = \frac{l^2}{D-d} + \frac{D-d}{4} \tag{5-9}$$

4. 扭杆弹簧独立悬架刚度计算

汽车扭杆弹簧一般多用于独立悬架结构中，悬架设计仅知道扭杆弹簧刚度是不够的。往往需要知道悬架刚度，下面讨论双横臂式扭杆弹簧独立悬架刚度计算：

如果不计悬架系统中摩擦阻力影响，悬架刚度 C（N/mm）为

$$C = M\frac{\mathrm{d}^2\theta}{\mathrm{d}x^2} + K\left(\frac{\mathrm{d}\theta}{\mathrm{d}x}\right)^2 \tag{5-10}$$

式中，K 是扭杆弹簧刚度（N·mm/rad）；M 是作用在扭杆弹簧上的扭矩（N·mm）；$\mathrm{d}x$ 是车轮在垂直载荷作用下，微量垂直位移（mm）；$\mathrm{d}\theta$ 是扭杆弹簧微量转角（rad）。

由于上式中 $\frac{\mathrm{d}^2\theta}{\mathrm{d}x^2}$ 值较小，为计算方便可忽略不计，这样式（5-10）可简化成

$$C = K\left(\frac{\mathrm{d}\theta}{\mathrm{d}x}\right)^2 \tag{5-11}$$

这样求出 $\left(\frac{\mathrm{d}\theta}{\mathrm{d}x}\right)^2$ 值，即可求出悬架刚度。

5. 扭杆弹簧材料及热处理

1）扭杆弹簧材料。国内常用的扭杆弹簧材料有 45CrNiMoVA、42CrMo、40Cr 等。日本扭杆弹簧材料有 SUP11A（Ni-Cr-B 钢）、SUP12 及 SUP13 等。

2）热处理。扭杆弹簧热处理方法有调质处理和表面感应淬火两种。

① 调质处理。常见的 45CrNiMoVA 材料热处理规范是：淬火温度为 860±10℃，油冷却，回火温度 460±10℃ 最后加热到 430℃，以消除内应力。热处理后材料机械性能达到 GB3078—1982 标准有关规定，一般热处理后硬度 415~495HBW。

② 感应淬火。常见扭杆弹簧材料有 40Cr 或 42CrMo，经调质处理后，扭杆表面进行感应淬火，淬硬层深度为直径的 18%~22%，表面硬度为 52~58HRC，扭杆心部硬度 28~

32HRC。由于材料表面状态对弹簧疲劳强度影响较大，因此扭杆弹簧生产中应消除材料表面缺陷，表面不允许有裂纹、划伤、锈蚀等缺陷。产品出厂前应100%进行磁力探伤检查。

③ 扭杆弹簧许用应力应根据其工作特点来确定，扭杆经喷丸、预扭强化后，最大许用剪应力可接近材料的屈服极限；一般推荐 $[\tau_{max}] = 735 \sim 882 \text{N/mm}^2$，感应淬火后，扭杆应力可允许高出 $100 \sim 150 \text{N/mm}^2$。

二、螺旋弹簧的设计计算

螺旋弹簧质量小、单位体积贮存的弹性变形能较大，在轿车和厢式客车上使用较多。螺旋弹簧截面形状多是圆形，其次是矩形。弹簧节距根据弹簧特性不同，有等节距和不等节距两种，这里主要讨论等节距圆形断面的圆柱压缩螺旋弹簧的设计计算。

图 5-7　圆柱压缩螺旋弹簧的基本几何参数

螺旋弹簧形状与几何尺寸如图 5-7 所示。为计算方便将公式中使用的符号列入表 5-3 中。

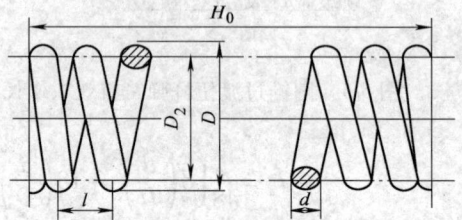

表 5-3　螺旋弹簧尺寸参数

弹 簧 参 数	代　号	弹 簧 参 数	代　号
弹簧丝直径（mm）	D	总圈数	n_1
弹簧中径（mm）	D_2	节距（mm）	t
弹簧指数（旋绕比）	C	螺旋角（°）	α
自由高度（mm）	H_0	工作负荷（N）	P
压并高度（mm）	H_b	弹簧刚度（N/mm）	K
有效圈数	n	弹簧变形（mm）	F
支承圈数	n_2	弹簧剪切应力（N/mm²）	τ

1. 螺旋弹簧主要参数确定

1）弹簧端部结构。弹簧端部结构形式如表 5-4 所示，表中 YⅠ、YⅡ 型端圈并紧，保证了弹簧端部和轴线垂直，并能与弹簧座很好接触；YⅢ、YⅣ 型结构端圈不并紧也不磨平，为了保证弹簧端圈与弹簧座很好接触，在弹簧座上须作出相应形状与端圈接触。一般说当弹簧指数（旋绕比）在 3～10 之间时，弹簧端部最好磨平；在 10～15 之间时，端部可磨平，也可不磨平，大于 15 时可不磨平。

表 5-4　圆截面材料压缩弹簧的端部结构（GB1239—1976）

简图				
端部结构	两端圈并紧并磨平	两端圈并紧，不磨平或制扁（热卷弹簧）	两端圈并紧，不磨平	两端圈不并紧
代号	YⅠ	YⅡ	YⅢ	YⅣ

2）弹簧中径。弹簧中径 D_2 尺寸应在表 5-5 中推荐的范围内。

表 5-5　圆形材料弹簧中径 D_2 系列　　　　　　（单位：mm）

	0.4	0.5	0.6	0.7	0.8	0.9	1
	1.2	1.6	2	2.5	3	3.5	4
	12	16	20	25	30	35	40
第一系列	45	50	55	60	70	80	90
	100	110	120	130	140	150	160
	180	200	220	240	260	280	300
	320	360	400				
	1.4	1.8	2.2	2.8	3.2	3.8	4.2
	4.8	5.5	6.5	7.5	8.5	9.5	14
第二系列	18	22	28	32	38	42	48
	52	58	65	75	85	95	105
	115	125	135	380	450		

注：优先采用第一系列。

3）弹簧指数（旋绕比）。弹簧指数 C 越小，弹簧曲率越大，卷制也越困难。弹簧指数与弹簧中径和弹簧丝直径 d(mm)有关，可用下式表示

$$C = \frac{D_2}{d} \tag{5-12}$$

C 值一般在 4～16 范围内。

4）弹簧圈数。弹簧有效圈数 n 应按表 5-6 推荐数位选取。为避免出于载荷偏移引起过大的附加力，有效圈数最少为 2 圈，一般在 3 圈以上。支承圈数 n_2 取决于端圈结构形式（见表 5-7）。

表 5-6　压缩弹簧的有效圈数 n 系列

2	2.25	2.5	2.75	3	3.25	3.5	3.75
4	4.25	4.5	4.75	5	5.5	6	6.5
7	7.5	8	8.5	9	9.5	10	10.5
11	11.5	12.5	13.5	14.5	15	16	18
20	22	25	28	30			

表 5-7　支承圈圈数 n_2

端面结构	两端圈并紧		两端圈不并紧	
	端圈磨平	端圈不磨	端面磨 3/4 圈	不磨平
支承圈数 n_2	1 或 $1\frac{1}{4}$	$\frac{3}{4}$ 或 1	3/4	1/2

$$总圈数\ n_1 = n + n_2 \tag{5-13}$$

总圈数 n_1 尾数应为 1/4，1/2，3/4 整圈，推荐采用 1/2 圈。

5）弹簧节距或螺旋角。弹簧节距 t 一般在 $(0.3 \sim 0.5)$ D_2 范围内，对应的螺旋角 α 在 $5° \sim 9°$ 内。当 α 角大于 $9°$ 时，计算弹簧变形时应考虑螺旋角影响。

6）弹簧高度。

① 自由高度 H_0。指弹簧在自由状态下的高度。两端磨平的压缩弹簧

$$\left. \begin{array}{l} 当 n_2 = 1.5 时 \quad H_0 = tn + d \\ n_2 = 2 \quad H_0 = tn + 1.5d \\ n_2 = 2.5 \quad H_0 = tn + 2d \end{array} \right\} \tag{5-14}$$

两端不磨平压缩弹簧

$$\left. \begin{array}{l} 当 n_2 = 2 时 \quad H_0 = tn + 3d \\ n_2 = 2.5 \quad H_0 = tn + 3.5d \end{array} \right\} \tag{5-15}$$

② 压并高度 H_b 指弹簧各圈接触时高度。

两端并紧且磨平弹簧 $\qquad\qquad H_b \approx (n_1 - 0.5)d$

两端并紧但不磨平弹簧 $\qquad\qquad H_b \approx (n_1 + 1)d \tag{5-16}$

2. 弹簧变形和剪应力计算

当弹簧仅承受轴向载荷时，弹簧变形 f 和剪应力 τ 表示为

$$f = \frac{8PD_2^3 n}{Gd^4} = \frac{8PC^3 n}{Gd} \tag{5-17}$$

$$\tau = k\frac{8PD_2}{\pi d^3} = k\frac{8PC}{\pi d^2} \tag{5-18}$$

曲度系数 k 可用下式计算

$$k = \frac{4C-1}{4C-4} + \frac{0.615}{C} \tag{5-19}$$

弹簧剪应力分布如图 5-8 所示，在弹簧内侧剪应力值最大。由式（5-17）、式（5-18）可以推导出弹簧刚度 K、工作圈数 n 的如下计算公式。

$$K = \frac{P}{f} = \frac{Gd^4}{8D_2^3 n} = \frac{Gd}{8C^3 n} = \frac{GD_2}{8C^4 n} \tag{5-20}$$

$$n = \frac{Gd^4 f}{8PD_2^3} = \frac{GD_2}{8C^4 K} \tag{5-21}$$

式中，G 是剪切弹性模数，一般取 $8 \times 10^4 \text{N/mm}^2$。

值得注意的是，由式（5-21）计算出的弹簧工作圈数应进行圆整，必要时应重新计算。

例 5-2

某一双横臂式独立悬架，前轴满载负荷 5000N，非簧载载荷 500N，悬架结构如图 5-9 所示，圆柱螺旋弹簧钢丝直径 $d = 12\text{mm}$，弹簧中径 $D_2 = 83\text{mm}$，有效圈数 $n = 4.75$ 圈。计算弹簧刚度和应力。

前轴簧载载荷，$G_1 = (5000 - 500)/2 = 2250\text{N}$，弹性元件安装位置与车轮受力点之间的比为 $296/158 = 1.873$，每个弹簧受力 $P = 2250 \times 1.873 = 4214\text{N}$。

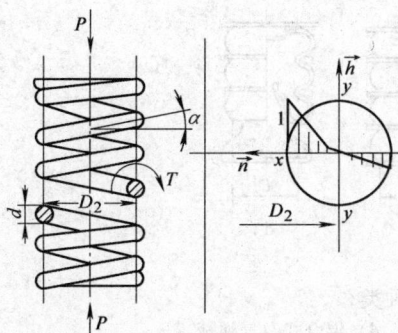

图 5-8　弹簧圆形材料截面上的应力分布

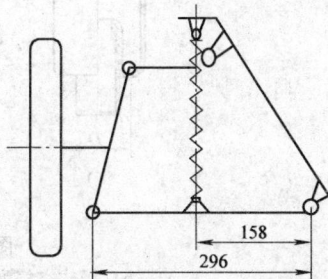

图 5-9　双横臂悬架结构示意图

由式（5-20）计算得弹簧刚度 K

$$K = \frac{8 \times 10^4 \times 12}{8 \times 6.9167^3 \times 4.75} = 76.35 \text{N/mm}$$

弹簧指数 $C = 6.916$。由式（5-18）计算弹簧应力 τ

$$\tau = 1.2157 \times \frac{8 \times 4214 \times 83}{\pi \times 12^3} = 626.6 \text{N/mm}$$

式中，曲度系数 k 由式（5-19）计算得 $k = 1.2157$。

弹簧变形 f 由式（5-20）计算得 $f = 4214/76.35 = 55.2 \text{mm}$。

3. 螺旋弹簧材料与许用应力

常用的螺旋弹簧材料有 60Si2MnA、50CrVA 及 60Si2CrVA 等。

选取螺旋弹簧许用应力应根据悬架结构形式和工作特点来确定，一般推荐满载许用剪应力 $[\tau]$ = 500 ~ 700N/mm^2，弹簧压并时许用切应力 $[\tau_{max}]$ = 980 ~ 1078N/mm^2。为了提高螺旋弹簧使用寿命，如同钢板弹簧一样，须经预压缩处理，预压缩载荷相当于螺旋弹簧产生最大许用切应力时载荷。

三、空气弹簧的设计计算

1. 空气弹簧悬架特点

空气弹簧是由夹有帘线的橡胶囊和充入囊内的压缩空气所组成，空气弹簧具有弹簧刚度小、振动频率低且随着载荷的变化小、不需要加入润滑油脂等优点。装有空气弹簧悬架的汽车，在高度阀的作用下能保持车身高度基本不变，这是空气悬架的优势。同时，空气悬架的高频振动绝缘性好，能减少噪声，若在空气弹簧内适当利用空气节流的衰减作用，还可以获得一定的阻尼，如果设计的好，甚至可以省掉减振器。

空气弹簧悬架的缺点是需要导向机构，另外，由于弹簧刚度低、整车的侧倾较大，一般要加装横向稳定器，导致制造成本升高。

2. 空气弹簧的种类、结构与型号表示

空气弹簧按其结构分为膜式空气弹簧、囊式空气弹簧及这两种形式组合的混合式空气弹簧（见图 5-10）。

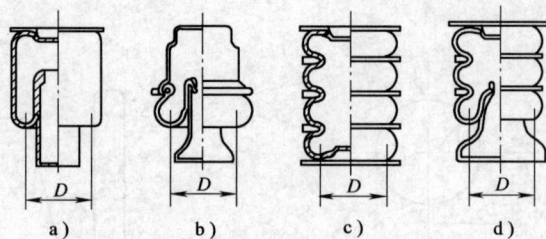

图 5-10　空气弹簧的种类

a)、b) 膜式空气弹簧　c) 囊式空气弹簧　d) 混合式空气弹簧

空气弹簧的产品型号表示如下：

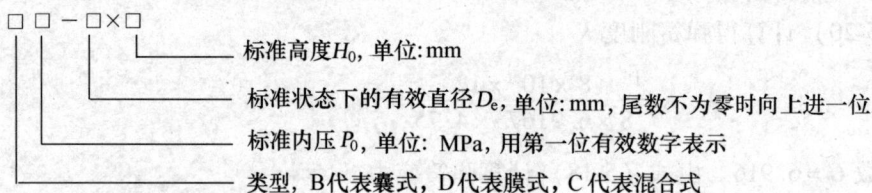

标准高度H_0，单位：mm

标准状态下的有效直径D_e，单位：mm，尾数不为零时向上进一位

标准内压P_0，单位：MPa，用第一位有效数字表示

类型，B代表囊式，D代表膜式，C代表混合式

3. 空气弹簧总成各部件的名称及含义

（1）弹性元件（Flex Members）　空气弹簧的弹性元件是由两层尼龙（或聚脂纤维）外附橡胶制造而成，用来承受膨胀压力和频繁的变形（横向和纵向变形）。外层橡胶用来防腐蚀、老化和保护弹簧不受外界环境侵蚀；内层橡胶用来承受内部压力及防止空气泄漏（见图 5-11）。

大多数汽车用空气弹簧弹性元件是由耐久性好、耐低温的天然橡胶制成。天然橡胶的工作温度范围一般在 −55 ~ +70℃。

（2）护圈（Retainer）　上、下护圈的作用是与弹性元件紧密接合、密封，以防空气泄漏。所有护圈及活塞（与护圈相连，用以确定弹性元件的运动轨迹）均由工程用的热塑或热固复合材料制成，或者由抗腐蚀的铝、锌或钢制成。上、下护圈通过锥柱塞或外伸螺栓与其他机件连接。上护圈有一小孔用以安装 3.2mm、6.4mm、12.8mm 和 19.2mm 直径的空气阀。

（3）缓冲块（Bumper）　安装在空气弹簧内部的橡胶缓冲块用来保护弹性元件及端部的护圈。以下几种情形推荐使用内部缓冲块：

1）总成件在无缓冲块时总是达到"压缩高度"。

2）总成件在无缓冲块时偶尔达到"压缩高度"，但造成的冲击载荷很大。

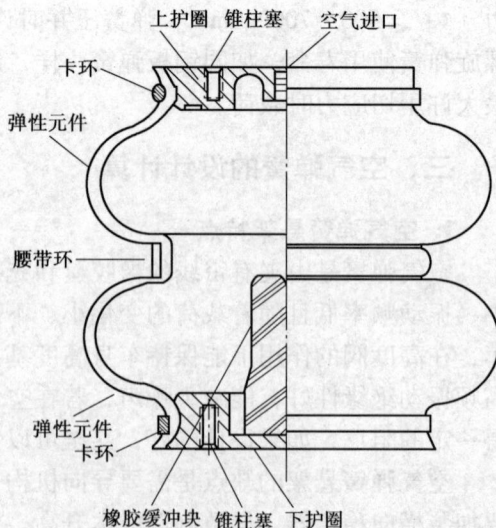

图 5-11　空气弹簧结构

3）汽车必须要在低的充气压力工况下工作。

4. 空气弹簧悬架的选择及匹配计算

（1）各参数变量的含义　空气弹簧的相关参数分为尺寸参数、负荷参数和性能参数三类（参考图 5-12）。

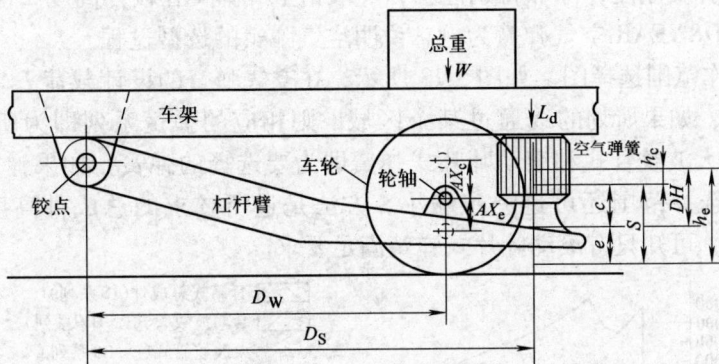

图 5-12　空气弹簧悬架结构图

1）尺寸参数。

D_W——铰点至轮轴的水平距离；

D_S——铰点至空气弹簧中心线的水平距离；

L_r——杠杆臂比率（$L_r = D_S / D_W$）；

AX_e——轮轴最大压缩量；

AX_c——轮轴最大伸长量；

c——空气弹簧压缩量（$c = AX_e \cdot L_r$）；

e——空气弹簧伸长量（$e = AX_e \cdot L_r$）；

S——空气弹簧冲程量（$S = c + e$）；

DH——给定的空气弹簧设计高度；

h_c——空气弹簧最小压缩量（$h_c = DH - c$）；

h_e——空气弹簧最大伸长量（$h_e = DH + e$）；

d——空气弹簧允许空间直径，以空气弹簧最大压缩变形后，不与周围结构接触为限；

OD_{max}——空气弹簧在 689kPa 时的最大允许直径（一般 $OD_{max} = d - 51mm$，即下文中的 Max. OD）；

A_e——有效面积（$A_e = F/P$，F、P 的定义见"2）负荷参数"）；

N——悬架系统空气弹簧的个数。

2）负荷参数。

W——簧载总质量；

F——弹簧支撑力（此力与所受载荷是一对作用力和反作用力）；

L_d——每个空气弹簧的设计载荷 $L_d = \dfrac{W}{NL_r}$；

P——空气弹簧线压力。

3）性能参数。

f_f——激振力频率；

f_n——悬架系统固有频率；

f_s——空气弹簧固有频率，$f_s = \dfrac{f_n}{\sqrt{L_r}}$；

K——空气弹簧刚度，除非特别注明，一般指空气弹簧在设计高度 $\pm 10\text{mm}$ 时的刚度。

下面以 GOOD&YEAR 空气弹簧为例，说明空气弹簧的选型过程。

（2）正常工作范围选择图 如图 5-13 所示，在空气弹簧的设计载荷 L_d 处划一条水平线（如图中水平线），如果所划的线通过某个区域，则相应的弹簧系列即为所要选择的弹簧。如图 5-13 所示，大波纹管式和滚动叶片式弹簧即为要选择的弹簧。如果弹簧冲程或弹簧设计高度已知，则选择范围还可进一步缩小。方法是过所要求的总成件高度处划一垂直线（如图中垂直线），可知只有滚动叶片式弹簧满足要求。

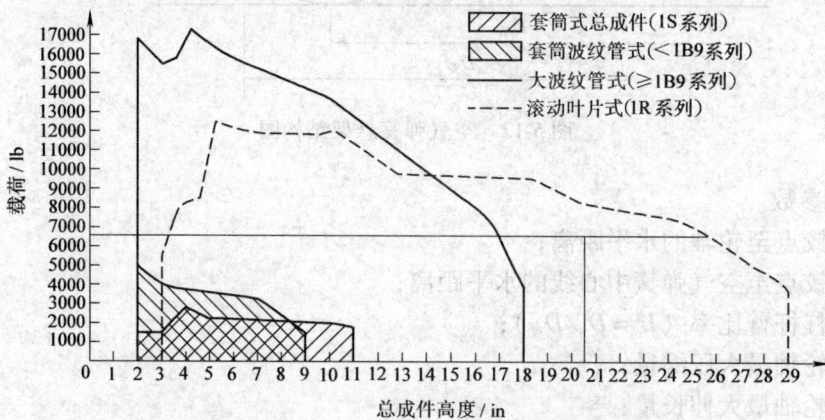

图 5-13 正常工作范围选择图

注：lb，英磅，1lb = 0.45359kg；in，英寸，1in = 0.0254m。

另外，也可根据表 5-8 所示来选择弹簧所属系列。

表 5-8 弹簧选择

产品系列	总成件高度范围/mm	弹簧冲程范围/mm	设计高度范围/mm	达到压缩范围所需力/N	侧向稳定性	频率范围/Hz
套筒式总成	38 ~ 277	53 ~ 173	51 ~ 229	—	低	1.12 ~ 4.30
套筒波纹管式	46 ~ 229	51 ~ 165	64 ~ 203	22.2 ~ 177.8	低于适中	1.90 ~ 3.80
大波纹管式	58 ~ 457	91 ~ 338	81 ~ 381	22.2 ~ 733.5	适中	1.30 ~ 3.00
滚动叶片式	81 ~ 739	218 ~ 498	152 ~ 508	—	低	0.68 ~ 2.23

例如，若已知弹簧冲程为 345mm，可知只有滚动叶片式弹簧满足此要求。

（3）空气弹簧选择表 表 5-9、表 5-10 给出了各种型号空气弹簧的尺寸及性能规格，可根据参数要求逐步选择到最合适的空气弹簧。选择步骤和方法将在第（4）部分详述。

需要说明的是，表中的波纹管式空气弹簧：

1）若最大外部直径 Max. OD 和最大伸长量 $h_{e\text{-max}}$ 数据均相同时，表示这些型号使用相同的弹性元件。

2）同种弹性元件，但缓冲块的使用与否将使弹簧冲程 S 和最小压缩量 $h_{c\text{-min}}$ 有所不同。

表 5-9　套筒式总成件（1S 系列）和套筒波纹管式（<1B9 系列）

系 列 号	Max. *OD*/mm（689kPa 时）	设计载荷范围 L_d/kg	设计高度范围 *DH*/mm	弹簧冲程 *S*/mm	最小压缩量 $h_{c\text{-}min}$/mm	最大伸长量 $h_{e\text{-}max}$/mm	缓冲块
1S3　013	91	41 ~ 272	51 ~ 76	53	38	91	无
1S3　011	83	32 ~ 188	127 ~ 152	112	91	203	无
1S4　007	117	73 ~ 399	97 ~ 112	125	56	180	无
1S4　008	117	63 ~ 408	165 ~ 191	165	102	267	无
1S5　010	142	84 ~ 517	97 ~ 109	103	56	159	无
1S5　005	142	75 ~ 513	158 ~ 183	140	102	241	无
1S5　006	142	77 ~ 533	178 ~ 229	165	102	267	无
1S6　023	173	120 ~ 762	178 ~ 218	173	104	277	无
1B5　500	145	100 ~ 621	64 ~ 76	51	46	97	无
1B5　502	145	100 ~ 621	64 ~ 76	51	46	97	无
1B5　503	145	100 ~ 621	64 ~ 76	51	46	97	无
1B5　510	152	88 ~ 708	64 ~ 102	76	46	122	无
1B5　512	152	88 ~ 708	64 ~ 102	76	46	122	无
1B5　520	165	86 ~ 705	89 ~ 127	102	46	147	无
1B5　521	165	86 ~ 705	89 ~ 127	102	46	147	无
1B6　530	165	132 ~ 889	76 ~ 102	76	46	122	无
1B6　531	165	132 ~ 889	76 ~ 102	76	46	122	无
1B6　532	165	132 ~ 889	76 ~ 102	64	58	122	有
1B6　535	178	1134 ~ 1002	102 ~ 152	135	46	180	无
1B6　536	178	113 ~ 1002	102 ~ 152	135	46	180	无
1B6　538	178	113 ~ 1002	102 ~ 152	122	58	180	有
2B6　530	165	98 ~ 919	114 ~ 165	114	71	196	无
2B6　531	165	98 ~ 919	114 ~ 165	114	71	196	无
2B6　532	165	98 ~ 919	114 ~ 165	109	86	196	有
2B6　535	178	136 ~ 1030	127 ~ 178	150	71	231	无
2B6　536	178	136 ~ 1030	127 ~ 178	145	86	231	有
1B7　540	196	118 ~ 1009	102 ~ 127	97	48	142	无
1B7　541	196	118 ~ 1009	102 ~ 127	97	48	142	无
1B7　542	196	118 ~ 1009	102 ~ 127	84	58	142	有
2B7　540	203	107 ~ 1173	152 ~ 203	165	64	229	无
2B7　541	203	107 ~ 1173	152 ~ 203	165	64	229	无
2B7　542	203	107 ~ 1173	152 ~ 203	145	84	229	有
2B7　545	203	107 ~ 1173	152 ~ 203	165	64	229	无
2B7　546	203	107 ~ 1173	152 ~ 203	165	64	229	无

（续）

系 列 号	Max. OD/mm（689kPa 时）	设计载荷范围 L_d/kg	设计高度范围 DH/mm	弹簧冲程 S/mm	最小压缩量 h_{e-min}/mm	最大伸长量 h_{e-max}/mm	缓冲块
1B8 550	221	150~1345	95~121	97	46	142	无
1B8 551	221	150~1345	95~121	97	46	142	无
1B8 552	221	150~1345	95~121	97	46	142	无
1B8 553	221	150~1345	95~121	97	46	142	无
1B8 554	221	150~1345	95~121	84	58	142	有
1B8 560	239	82~1515	102~165	140	46	185	无
1B8 562	239	82~1515	102~165	140	46	185	无
1B8 563	239	82~1515	102~165	140	46	185	无
1B8 564	239	82~1515	102~165	127	58	185	有
2B8 550	218	204~1225	178~203	180	71	262	无
2B8 552	218	204~1225	178~203	180	71	262	无
2B8 553	218	204~1225	178~203	180	71	262	无
2B8 554	218	204~1225	178~203	173	89	262	有

表 5-10 大波纹管式（≥1B9 系列）和滚动叶片式（1R 系列）

系 列 号	Max. OD/mm（689kPa 时）	设计载荷范围 L_d/kg	设计高度范围 DH/mm	弹簧冲程 S/mm	最小压缩量 h_{e-min}/mm	最大伸长量 h_{e-max}/mm	缓冲块
1B9 202	279	293~1771	114~127	91	58	150	无
2B9 200	262	236~1640	203~229	203	89	292	无
2B9 201	262	236~1640	203~229	196	97	292	有
2B9 216	262	236~1640	203~229	203	89	292	无
2B9 250	262	658~1830	203~229	236	89	325	无
2B9 251	262	658~1830	203~229	229	97	325	有
2B9 253	262	658~1830	203~229	229	97	325	有
1B12 313	335	626~4001	76~127	125	58	183	无
2B12 309	330	415~3268	191~241	175	107	282	有
2B12 425	330	415~3268	191~241	193	89	282	无
2B12 429	330	415~3268	191~241	193	89	282	无
2B12 440	348	596~3708	191~241	277	97	366	有
3B12 304	330	390~3313	279~381	338	119	457	无
3B12 305	330	390~3313	279~381	338	119	457	无
1B14 350	386	878~5436	102~133	125	58	183	无
1B14 362	404	1021~6151	83~133	152	58	211	无
2B14 354	384	723~5105	191~241	198	89	287	无
2B14 355	384	723~5105	191~241	163	125	287	有
2B14 362	406	1023~5931	191~241	297	89	386	无

（续）

系 列 号	Max. OD/mm（689kPa 时）	设计载荷范围 L_d/kg	设计高度范围 DH/mm	弹簧冲程 S/mm	最小压缩量 h_{c-min}/mm	最大伸长量 h_{e-max}/mm	缓冲块
2B14 363	406	1023 ~ 5931	191 ~ 241	297	89	386	无
2B14 452	406	1023 ~ 5931	191 ~ 241	279	107	386	有
3B14 354	394	882 ~ 5488	267 ~ 318	343	119	462	无
1B15 375	445	1041 ~ 6232	112 ~ 137	142	58	201	无
2B15 375	424	925 ~ 5711	191 ~ 241	236	89	325	无
3B15 375	419	1005 ~ 5820	267 ~ 318	312	119	432	无
1R8 005	221	254 ~ 1424	267 ~ 330	330	142	472	无
1R8 009	221	240 ~ 1399	267 ~ 330	300	173	472	有
1R9 009	241	336 ~ 2023	152 ~ 191	218	81	300	无
1R9 003	241	268 ~ 1735	203 ~ 305	312	142	455	无
1R10 086	279	474 ~ 2708	241 ~ 343	358	152	511	无
1R11 028	292	506 ~ 3082	152 ~ 254	236	94	330	无
1R11 039	297	590 ~ 3200	203 ~ 305	279	155	434	有
1R12 095	323	617 ~ 3329	178 ~ 229	231	112	343	有
1R12 132	328	635 ~ 3545	203 ~ 254	274	155	429	有
1R12 092	320	599 ~ 3497	267 ~ 419	340	196	536	有
1R12 274	325	651 ~ 3654	287 ~ 363	373	206	579	有
1R12 103	323	601 ~ 3506	381 ~ 508	445	241	686	有
1R12 256	320	631 ~ 3490	406 ~ 508	498	241	739	有
1R14 037	376	928 ~ 5085	191 ~ 279	312	145	457	有
1R14 018	361	739 ~ 3946	279 ~ 419	376	196	572	有
1R14 019	361	742 ~ 3976	356 ~ 457	429	226	655	有

（4）空气弹簧选择步骤——细选

1）根据已知的或估计的系统参数值，完成"数据记录表"（见表5-11）。在表中，不是所有的参数值都必须填写，譬如设计高度可以等到以后再选择。

表 5-11 数据记录表

参 变 量	值
1）是否需要内装橡胶缓冲块	
2）最大簧载总质量 W	kg
3）空气弹簧数量 N	
4）最大允许空间直径 d	mm
5）要求的空气弹簧设计高度 DH	mm
6）空气弹簧线压力 P	kPa
7）悬架系统的固有频率 f_n	Hz

（续）

参　变　量	值
8）轮轴最大压缩量 AX_c	mm
9）轮轴最大伸长量 AX_e	mm
10）铰点至轮轴的水平距离 D_W	mm
11）铰点至空气弹簧悬架中心线的水平距离 D_S	mm
12）杠杆臂比率（$L_r = D_S/D_W$）	
13）每个空气弹簧的设计载荷（$L_d = W/(NL_r)$）	kg
14）空气弹簧压缩量（$c = AX_cL_r$）	mm
15）空气弹簧伸长量（$e = AX_eL_r$）	mm
16）空气弹簧冲程量（$S = c + e$）	mm
17）要求的空气弹簧压缩量 h_c（$h_c = DH - c$）	mm
18）要求的空气弹簧伸长量 h_e（$h_e = DH + e$）	mm
19）空气弹簧固有频率（$f_s = \dfrac{f_n}{\sqrt{L_r}}$）	Hz
20）环境条件（温度、油、化学物质等）	

2）根据允许空间直径 d 确定最大空气弹簧直径 OD_{max}。一般要求空气弹簧与其他构件的间隙应达到 25.4mm，这样 $OD_{max} = d - 51mm$。当然，有些情况不必留出这么大的间隙，而有时则需要加大间隙。

3）根据正常工作范围选择图（见图 5-13），在所要求的设计载荷 L_d 处划一水平线。只有此线经过的区域所属的空气弹簧类型才可以考虑选择。如果高度限制 h_c 和 h_e 已知，利用这些值及总成件高度轴线（见图 5-13 横坐标）就可以进一步缩小空气弹簧类型的选择范围。如果 h_c 和 h_e 未知，而所要求的冲程 S 已知，则可以参照表 5-8 中的"弹簧冲程范围"栏，去掉不满足冲程要求的那些类型。

4）根据表 5-9 和表 5-10，仅仅考虑第三步中选出的空气弹簧类型，按照如下过程可以系统地排除那些不满足设计要求的弹簧。其步骤或次序可以根据提供的信息进行适当地调整（比如，如果根据载荷范围要比根据最大直径能更快捷地选出弹簧类型，那么①和②可以对调）。

① 根据要求的设计空间，排除表中那些比给定的最大外部直径（OD_{max}）更大的外部直径的空气弹簧类型，即如果表中的 Max. OD 大于所要求的 OD_{max}，则这些弹簧应排除。列出剩下的弹簧型号及它们的最大外部直径。

② 排除所有落在设计载荷 L_d 之外的弹簧，列出剩下的弹簧型号及它们的载荷范围。

③ 如果要求安装缓冲块，则根据"缓冲块"栏选择有/无，列出剩下的弹簧型号。

④ 如果设计高度 DH 已知，则根据表中"设计高度范围"栏，可以进一步排除不满足要求的弹簧。如果设计高度 DH 未知，则进行步骤⑤。列出所有剩下的弹簧型号及它们的设计高度范围。

⑤ 根据"弹簧冲程"栏，排除所有低于要求的冲程 S 的弹簧，列出所有剩下的弹簧型号及它们的冲程值。

如果总成件高度限制 h_c 和 h_e 已知，对剩下的弹簧在表中的最小压缩量 $h_{c\text{-}min}$ 和最大伸长量 $h_{e\text{-}max}$ 进行比较，排除那些 $h_{c\text{-}min}$ 大于 h_c 或者 $h_{e\text{-}max}$ 小于 h_e 的空气弹簧，即 h_c 和 h_e 必须落在 $[h_{c\text{-}min}, h_{e\text{-}max}]$ 之内。列出剩下的弹簧型号及它们的最小压缩量 $h_{c\text{-}min}$ 和最大伸长量 $h_{e\text{-}max}$。

如果 DH 未知，进行步骤 5)；如果 DH 已知，跳过步骤 5)，进行步骤 6)。

5) 查看剩下的每一个空气弹簧的动态特性表，如表 5-12 所示为型号为 1R12 092 空气弹簧的动态特性表。

表 5-12 动态特性表（1R12 092）

设计高度 DH/mm	载荷/kg	压力/kPa	弹性系数/（N/m）	固有频率/Hz
419	907	200	69304	1.40
	1361	296	101681	1.38
	2268	489	157860	1.33
	2722	593	186037	1.32
	3175	689	211938	1.30
338	907	200	74205	1.43
	1361	296	102031	1.38
	2268	475	145259	1.28
	2722	572	168361	1.25
	3175	655	191112	1.23
267	907	186	109732	1.75
	1361	282	138959	1.62
	2268	469	202838	1.50
	2722	551	230139	1.47
	3175	648	259891	1.43

每种空气弹簧的动态特性表中列出了三种设计高度（如表 5-12 列出了 $DH = 267$mm、338mm 和 419mm）。然后，根据表 5-9 或表 5-10，分别对应于三种不同的设计高度，列出 DH、$h_{c\text{-}min}$、$h_{e\text{-}max}$、h_c 和 h_e。

列表形式如表 5-13 所示（以 1R12 092 为例）。

表 5-13 1R12 092 型号的各参数值（若已知 $c = 133$mm，$e = 156$mm）

型 号	DH/mm	$h_{c\text{-}min}$/mm	$h_{e\text{-}max}$/mm	$h_c = (DH - c)$/mm	$h_e = (DH + e)$/mm
1R12 092	267	196	536	134	423
	338	196	536	205	494
	419	196	536	286	575

排除所有 $h_c \leqslant h_{c\text{-}min}$ 或 $h_e \geqslant h_{e\text{-}max}$ 的弹簧，从而得到所要求的弹簧（如表 5-13 中仅 $DH = 338$mm 满足要求）。

需要说明的是，如果实际应用中有最大高度的限制，则应该将此限制高度作为 $h_{e\text{-}max}$。譬如若最大高度限制为 508mm，则表 5-13 中的 $h_{e\text{-}max}$ 原为 536mm 应改为 508mm。

列出所有剩下的弹簧型号及 h_c、$h_{c\text{-min}}$、h_e 和 $h_{e\text{-max}}$ 值。

6）如果给定悬架的固有频率范围 f_n，则空气弹簧的固有频率范围 f_s 可以由下式计算得到

$$f_s = \frac{f_n}{\sqrt{L_r}}$$

由动态特性表 5-12，列出空气弹簧在设计载荷 L_d 时的固有频率 f_s^*。如果表中没有列出设计载荷 L_d 下的结果，但设计载荷落在表中列出的某两个载荷之间，则应该对固有频率进行线性插值，比如，假设 $L_d = 3100\text{kg}$，$DH = 338\text{mm}$，则 f_s^* 可以由下面的线性插值表达式求出

$$\frac{3175 - 3100}{3175 - 2722} = \frac{1.23 - f_s^*}{1.23 - 1.25}$$

计算得到 $f_s^* = 1.233\text{Hz}$。

判断 f_s^* 是否落在空气弹簧的固有频率 f_s 的范围内，若不满足，则将该种空气弹簧排除。选择剩下的空气弹簧。

7）这一步要确定空气弹簧在设计载荷 L_d 下的最大线压力 P。首先查看一下常压下"载荷—变形"曲线，如图 5-14 所示。

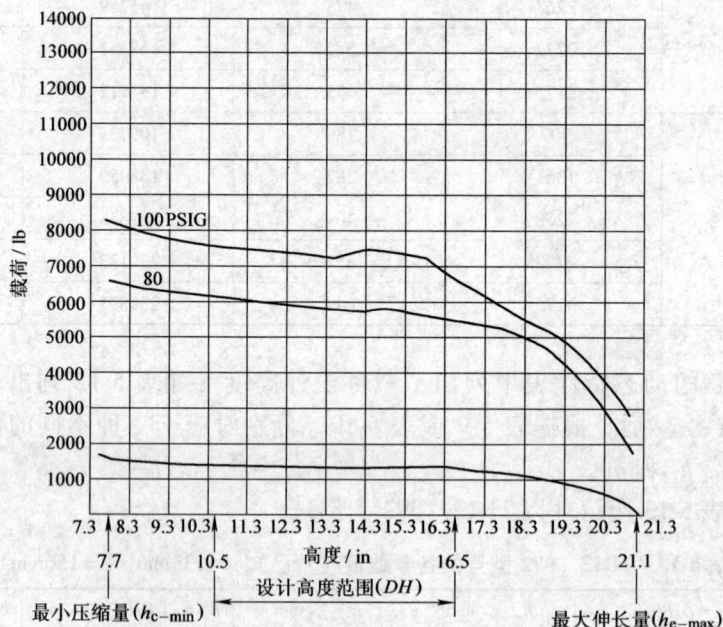

图 5-14 常压下"载荷—变形"曲线

在图 5-14 中，过设计载荷 $L_d = 3100\text{kg}$ 划一条水平线，过设计高度 $DH = 338\text{mm}$ 划一条垂直线，两条线的交点处的压力即为要确定的最大线压力 P。由于此点落在 $551 \sim 689\text{kPa}$ 之间，因此，可以通过线性插值来得到此点处的压力。如在 $DH = 338\text{mm}$ 处，$P_1 = 551\text{kPa}$ 下的载荷 $L_1 \approx 2676\text{kg}$，$P_2 = 689\text{kPa}$ 下的载荷 $L_2 = 3357\text{kg}$，所以，$L_d = 3100\text{kg}$ 下的压力 P 为

$$\frac{3357 - 3100}{3357 - 2676} = \frac{689 - P}{689 - 551}$$

求得 $P \approx 637\text{kPa}$。判断最大线压力 P 是否在给定的允许线压力以内，若不满足，则应该排除。

8）图 5-15 所示为 1R12　092 型弹簧在设计高度 $DH = 338\text{mm}$ 时的"动态数据曲线图"。其横坐标表示弹簧高度；左下纵坐标表示载荷（相应曲线称为"载荷—变形"曲线）；右上纵坐标表示压力（相应曲线表示"压力—变形"曲线）。此曲线图表明该空气弹簧在设计高度 $DH = 338\text{mm}$ 时的载荷分别为：$L_1 = 907\text{kg}$，$L_2 = 1361\text{kg}$，$L_3 = 2268\text{kg}$，$L_4 = 2722\text{kg}$，$L_5 = 3175\text{kg}$；压力分别为：$P_1 = 200\text{kPa}$，$P_2 = 296\text{kPa}$，$P_3 = 475\text{kPa}$，$P_4 = 572\text{kPa}$，$P_5 = 655\text{kPa}$。此数据来源于表 5-12 "动态特性表"。注意到：尽管"动态特性表"中给出了三种设计高度下的载荷、压力、弹簧刚度比率及固有频率等参数数据，但只有中间设计高度下的数据在"动态数据曲线图"画出。

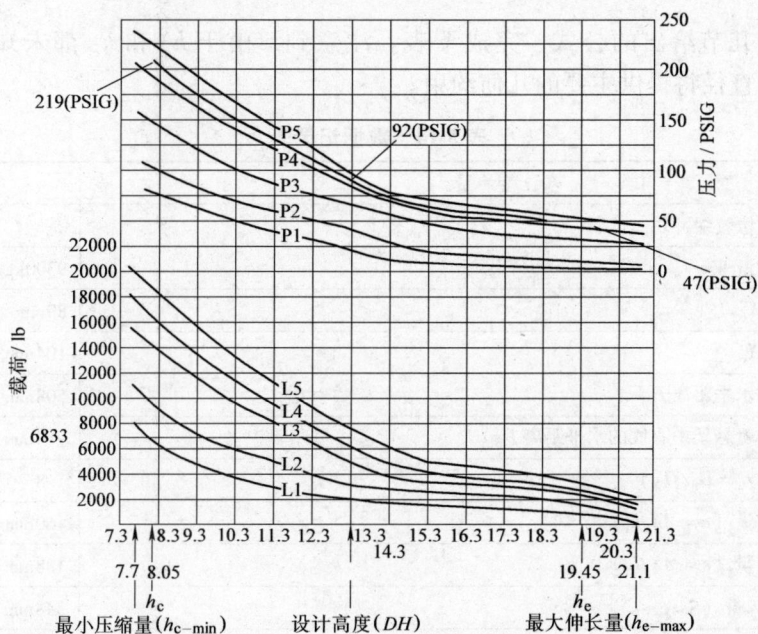

图 5-15　1R12　092 型弹簧在设计高度 $DH = 338\text{mm}$ 时的动态数据曲线图

由于此时的设计高度 $DH = 338\text{mm}$，因此实际弹簧压缩量 $h_c = DH - c = 338 - 133 = 205\text{mm}$；弹簧的伸长量 $h_e = DH + e = 338 + 156 = 494\text{mm}$。

由 7）可知，在设计高度 $DH = 338\text{mm}$，载荷 $L_d = 3100\text{kg}$ 下的压力 $P = 634\text{kPa}$。然后过"动态数据曲线图"中 $DH = 338\text{mm}$，压力 $P = 634\text{kPa}$ 点处，划一条"平行"曲线，此曲线的两个端点高度分别为 $h_c = 204\text{mm}$；$h_e = 494\text{mm}$。曲线划好后，可初步估计对应这两个端点处的压力分别为 1509kPa 和 324kPa。

因此，在设计高度 $DH = 338\text{mm}$，载荷 $L_d = 3100\text{kg}$ 时，其压力范围近似为 324 ~ 1509kPa。

从技术角度看，对于 GOOD&YEAR 公司资料中提供的空气弹簧，只要其压力范围在 69 ~ 1516kPa，都认为是合格的。当然，不同的弹簧，其压力范围的要求也不一样，这些压力范围需要空气弹簧厂家提供。

排除不符合压力范围要求的弹簧。

9）根据第一步数据记录表中的"环境条件"栏，选择符合环境条件要求的空气弹簧。

现在，我们已经选择好了符合我们要求的空气弹簧。然而，这只是初步的空气弹簧选型过程，如果要得到最优的空气弹簧，还需要利用有限元软件对其进行详细的性能计算。最后，关于"空气弹簧设计规范"和"空气弹簧安装指导"，请参考下面的内容。

（5）空气弹簧选择实例　一挂车厂将开发一种新的悬架。要求：簧载总质量 8618kg；最大簧载总质量 $W = 9300$kg；客户要求轮轴下行程 $AX_e = 89$mm；轮轴上行程 $AX_e = 104$mm；铰点至轮轴的水平距离 $D_W = 508$mm；铰点至空气弹簧悬架中心线的水平距离 $D_S = 914$mm；最大允许空间直径 $d = 376$mm；空气压缩机所能提供的最大压力 827kPa；但空气弹簧线压力限定为 $P = 551$kPa；悬架系统的固有频率 $f_n = 1.4 \sim 1.6$Hz；空气弹簧数量为 2；内装橡胶缓冲块。

1）根据前几节给出的公式，完成下表。注意到，由于 h_c 和 h_e 都未知，因此，冲程（c、e 和 S）及直径将提供主要的几何约束。

表 5-14　数据记录表

参 变 量	值
1）是否需要内装橡胶缓冲块	是
2）最大簧载总质量 W	9300kg
3）轮轴上行程 AX_c	89mm
4）轮轴下行程 AX_e	104mm
5）铰点至轮轴的水平距离 D_W	508mm
6）铰点至空气弹簧悬架中心线的水平距离 D_S	914mm
7）杠杆臂比率（$L_r = D_S/D_W$）	1.8
8）空气弹簧压缩量（$c = AX_c L_r$）	160mm
9）空气弹簧伸长量（$e = AX_e L_r$）	188mm
10）空气弹簧冲程量（$S = c + e$）	348mm
11）空气弹簧设计高度 DH（$DH = h_e - e$）	未知　mm
12）空气弹簧最小压缩量（$h_c = DH - c$）	未知　mm
13）空气弹簧最大伸长量 h_e	未知　mm
14）最大允许空间直径 d	376mm
15）空气弹簧数量 N	2
16）每个空气弹簧的设计载荷（$L_d = W/(NL_r)$）	2583kg
17）空气弹簧线压力 P	551kPa
18）悬架系统的固有频率 f_n	1.4 ~ 1.6Hz
19）空气弹簧固有频率（$f_s = \dfrac{f_n}{\sqrt{L_r}}$）	1.04 ~ 1.19Hz
20）环境条件（温度、油、化学物质等）	无

2）计算空气弹簧在 551kPa 时的最大允许直径 OD_{max}，$OD_{max} = d - 51 = 325$mm。

3）由于 $L_d = 2583$kg，过图 5-13 的"正常工作范围图"中的 $L_d = 2583$kg 划一条水平线，

可知，只有大波纹管式（≥1B9 系列）和滚动叶片式（1R 系列）满足载荷要求。又根据表 5-8 中的"弹簧冲程范围"栏可知，只有滚动叶片式弹簧满足冲程要求 $S \geqslant 348$mm。

4）进一步选择型号。

① 根据表 5-10，以下滚动叶片式空气弹簧满足 $OD_{max} \leqslant 325$mm。

型　　号	Max. OD(689kPa)/mm	型　　号	Max. OD(689kPa)/mm
1R8　005	221	1R11　039	297
1R8　009	221	1R12　095	323
1R9　009	241	1R12　092	320
1R9　003	241	1R12　274	325
1R10　086	279	1R12　103	323
1R11　028	292	1R12　256	320

② 根据表 5-10 和上①步，满足设计载荷 $L_d = 2583$kg 的空气弹簧有

型　　号	L_d/kg	型　　号	L_d/kg
1R10　086	474～2708	1R12　092	599～3497
1R11　028	506～3082	1R12　274	651～3654
1R11　039	590～3200	1R12　103	601～3506
1R12　095	617～3329	1R12　256	631～3490

③ 根据表 5-10 和上②步，以下弹簧装有缓冲块

型号	1R11　039	1R12　095	1R12　092
	1R12　274	1R12　103	1R12　256

④ 由于设计高度 DH 未知，直接进行下一步。

⑤ 根据表 5-10 和上③步，以下弹簧满足冲程要求 $S \geqslant 348$mm

型　　号	1R12　274	1R12　103	1R12　256
冲程 S/mm	373	445	498

⑥ 由于 h_c 和 h_e 未知，直接进行 5）。

5）根据"动态特性表"（类似表 5-12，由厂家提供）及表 5-10，上⑤步中选出的三种空气弹簧分别在三种不同设计高度 DH 下的最小压缩量 $h_{c\text{-}min}$ 和最大伸长量 $h_{e\text{-}max}$ 如下表。又由于 $c = 160$mm，$e = 188$mm，可分别得到相应的 h_c 和 h_e。

型　　号	DH	$h_{c\text{-}min}$	$h_{e\text{-}max}$	$h_c = DH - c$	$h_e = DH + e$
1R12　274	287	206	579	127	474
	325	206	579	165	513
	366	206	579	206	551

（续）

型　号	DH	$h_{\text{c-min}}$	$h_{\text{e-max}}$	$h_c = DH - c$	$h_e = DH + e$
1R12　103	381	241	686	221	568
	414	241	686	254	601
	508	241	686	348	695
1R12　256	406	241	739	246	594
	457	241	739	297	645
	508	241	739	348	695

将 $h_c \leqslant h_{\text{c-min}}$ 或者 $h_e \geqslant h_{\text{e-max}}$ 的空气弹簧排除（如上图加底色部分），其余为满足要求的空气弹簧。

6）要求空气弹簧的固有频率 $f_s = 1.04 \sim 1.19 \text{Hz}$。根据以上三种型号的空气弹簧的"动态特性表"（厂家提供的资料），可得设计载荷 $L_d = 2583 \text{kg}$ 时的固有频率分别为

型　号	DH/mm	在载荷为 2583kg 时的 f_s/Hz
1R12　274	366	1.106
1R12　103	414	1.136
	508	0.906
1R12　256	406	1.126
	457	1.040
	508	0.976

注：$L_d = 2583 \text{kg}$ 时的固有频率是由附近的两个频率值线性插值得到。在上节第6）步有详细介绍。

结论，以下弹簧满足设计要求

型　号	DH/mm	在载荷为 2583kg 时的 f_s/Hz
1R12　274	366	1.106
1R12　103	414	1.136
1R12　256	406	1.126
	457	1.040

7）根据常压下"载荷—变形"曲线图 5-14 可知，以上各型号的空气弹簧在设计载荷 $L_d = 2583 \text{kg}$ 和其相应的设计高度 DH 时的压力均满足 $P \leqslant 551 \text{kg}$ 的要求。

8）根据前节第8）步介绍的方法，可得以上三个型号的空气弹簧在设计载荷 $L_d = 2583 \text{kg}$ 时的压力范围为

型　号	DH/mm	最小压力/kPa	最大压力/kPa
1R12　274	366	262	1206
1R12　103	414	255	1192
1R12　256	406	276	1068
	457	276	1068

结论：以上三种弹簧的压力范围均满足设计要求。但查表 5-10 可知 1R12　103 和 1R12　256 的冲程分别为 445mm 和 498mm（要求是 S≥348mm），过高了，因此选择 1R12　274（冲程为 373mm）设计高度 $DH=366$mm 的空气弹簧更好一些。

9）没有环境条件要求，因此 1R12　274（冲程为 373mm）设计高度 $DH=366$mm 的空气弹簧是最优选择。

（6）空气弹簧设计规范　设计中应考虑的几个方面：

1）设计高度。设计高度应该在推荐的设计高度范围内。因为如果弹簧经常在高于或低于其设计高度的范围内工作，则会对其寿命及性能带来不利的影响。

2）工作压力。在悬架设计中，为了得到最低的弹性系数和固有频率，弹簧一般应在 551~689kPa 的正常压力范围下工作；而中等工作压力 276~551kPa 将会延长弹簧的寿命。

3）汽车行驶稳定性。低的弹性系数意味着汽车行驶稳定性变差，因此，必须提供一些辅助的平衡力。平衡阀、减振器以及成形的活塞有时会改善这种状况。一些较成功的方法是：

① 用一根行驶稳定杆将一个悬架臂与另一悬架臂连接起来。

② 将带有刚性轴的刚性悬架臂与带有柔性件的悬架臂连接起来。

③ 将柔性悬架臂刚性地附在轴上。

④ 保持尽可能低的行驶惯量。

⑤ 悬架设计应尽量使滚动中心（Roll Center）和实际一样高。

4）轴行程。当汽车在不规则的道路上行驶时，低的弹性系数将使得轴行程增大，因此，设计时应考虑留出尽可能多的轴行程空间。减振器应平缓减振。终止回弹也是应该的，液压式减振器可用来终止回弹。

5）阻尼。空气弹簧的回程能力要比多片钢板弹簧小很多，因此需要液压式减振器来控制汽车的状态。

6）空气弹簧的布置。为了提高空气弹簧的承载能力，使其能够承受正常载荷之上的额外载荷，有时将空气弹簧安装在轴后面的牵引臂上。但是，这种布置将使弹簧工作强度加大，因为为了满足轴的运动需要，而使得弹簧的行程增加。

为了获得超低悬架弹性系数及固有频率，有时将空气弹簧安装在悬架臂铰点和轴之间。这将有助于延长弹簧的寿命，并能使压力在适当的设计参数范围内。

7）应力。任何对弹性元件产生高应力的工作条件都将对弹簧的寿命产生不利的影响，比如较高的设计工作压力、较大的压缩变形以及弹簧的顶部和底部安装面之间严重的错位等，都会产生较高的应力。需要记住的是，不仅仅高的应力，弹簧承受较高应力的次数也会对弹簧的寿命产生不利的影响。

弹性元件的应力快速而重复地变化将降低其寿命，比如汽车转弯时，弹簧的某些部位会因为悬架元件的过度弯曲而承受频繁的侧向运动；另外，具有较少的气体容积以及遭受较大变形的弹簧也会造成弹性元件寿命的降低。

8）定位。如果上、下安装面的中心线之间的定位良好，使得它们之间的错位维持在最低限度之内，则弹簧的寿命将显著加长。当然，因错位而造成的不利影响也随弹簧的设计及类型的不同而有所变化。

9）温度。应该避免持续地高于70℃的工作温度，因为弹簧的寿命还与弹簧的整个受热历程有关。隔热装置或远离热源（如制动鼓或排气系统）也需要考虑。偶尔，与空气弹簧相邻的零部件的焊接也会产生与热相关的问题，如引起弹性元件侧壁的侵蚀和变质。

10）干涉。避免弹簧与任何部件摩擦或近乎摩擦的情况发生，也包括弹簧本身的摩擦。低的工作压力会增加内部摩擦发生的可能性（见图5-16）。

在所有可能的工作条件下，必须保证弹簧与其他部件间留有足够的径向间隙。一般弹簧在最大压缩位置时，压力最大，此时弹簧的直径也最大，检查在此种状态下，弹簧的工作间隙是否出现问题。在正常设计高度时，间隙还是相当大的；而在完全反弹的状态下，间隙还会更大。

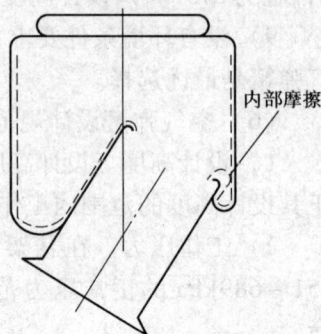

图5-16　空气弹簧的内部摩擦

11）过度伸长。弹簧伸长时，应避免使弹簧侧壁有些微翘曲（即便是局部的）。必须采取伸长和压缩阻止手段，以应对最恶劣的工况。如果不能进行有效的控制，弹簧将会受到伤害，并因此造成寿命降低。

12）内部缓冲块。缓冲块所承受的载荷在达到其额定载荷前，必然会偏移一点距离，这种情况应该在考虑弹簧压缩行程时考虑到。此外，由于内部容积的限制，缓冲块通常都不设计成连续使用的形式，它们应该当做动态压缩缓冲块或应急弹簧用。

13）路面残渣。路面沥青渣和石子，特别是大的粒状石子，对弹簧的寿命是有害的。如果轮胎所抛起的沙子会击中弹簧，则应该在弹簧总成件的前面安装遮护板。应该定期清理活塞，以防止路面残渣堆积。

弹簧设计中应做到如下几点：

1）在空气弹簧最大直径时周围应该留有间隙，以防止其他元件对弹性元件的磨损。在上、下护圈无错位时，25.4mm的间隙就足够了。

2）空气弹簧总成应该安装内部缓冲块或外部阻止块，以避免：

① 对于波纹管式空气弹簧，其压缩量低于"压缩高度"；对于滚动叶片式和套筒式空气弹簧，压缩量应限制在"压缩高度"的2.54mm以上。

② 对"压缩高度"严重的冲击。

③ 当空气弹簧放气后，振动装置仍在工作。

3）安装伸长阻止装置，以防止空气弹簧总成的延伸量达到最大延伸高度。

4）当使用内部缓冲块时，应检查缓冲块变形高度下的"载荷—变形"曲线，以确保空气弹簧缓冲块以及压缩高度限制适用于实际应用情况。

5）所选择的空气弹簧应满足：当充气压力为138~689kPa时，期望的工作高度和载荷应在设计高度和设计载荷范围内。

6）如有可能，尽量使用设计高度范围中心处的设计高度值。

7）用管子涂料或聚四氟乙稀附在空气阀周围，以防止空气泄漏。

8）尽可能地安装隔离端有通气口的空气弹簧。

弹簧设计中不应该出现的情况有以下几种：

1）在压缩或其他工况下，内部压力超过1380kPa。

2）充气压力应不超过厂家给定的最大充气压力（GOOD&YEAR 公司规定的是 689kPa）。

3）不要超过最大延伸高度，否则，会对空气弹簧总成件造成结构上的伤害。

4）不要使空气弹簧件产生扭转。

5）不要在工作中使空气弹簧压缩至"无缓冲块时的压缩高度"之下。

6）当空气弹簧压缩时，如轴抬起，不要将滚动叶片式或套筒式空气弹簧中的空气排空。应该保证内部空气压力最小不得低于 68.9kPa。否则弹性元件将发生屈曲，而不是沿活塞滚动。

（7）空气弹簧安装指导 所有空气弹簧的安装需要上、下端部件充分的支撑。推荐空气弹簧的支撑范围应达到端部金属的直径，实现全支撑。

对于弧线运动情况，理想的结果是上、下端部件在空气弹簧缓冲块接触高度处是平行的。但是，在实际设计中，往往在此高度处使上、下部件之间形成一定的"反向角度"（即并非平行的），以减小在最大弹簧延伸处的角度。

安装空气弹簧时，必须注意的是：要确保在整个空气弹簧行程中无锐边接触弹性元件。要做到这点，必须要对最大充气和零压力这两种工况进行检验，特别是对于滚动叶片式和套筒型滚动叶片式空气弹簧，其弯月与活塞支撑面之间的间隙会随着压力的下降而减小，因此检验是必须的。空气弹簧周围空间的直径必须保证比空气弹簧本身的最大外部直径多 51mm（每边 25.4mm），以允许由于错位而产生的直径正常变大或变形。

三匝波纹管式（3B）空气弹簧在某种载荷和变形工况下可能会发生意想不到的情况。为了保持 3B 空气弹簧在整个冲程中的稳定性，必须使空气弹簧实现全支撑，达到空气弹簧的最大外部直径。同时，端部护圈必须沉入支撑表面约 19mm 或附上特殊的橡胶环，此橡胶环能很好地贴合在护圈外部直径上。

空气弹簧安装的基本原则是尽量减小线圈的峰值应力。同时，应该尽量避免使弹簧寿命降低的折皱和摩擦。

1）滚动叶片式空气弹簧。图 5-17 所示为活塞在全压缩位置时，活塞中心线与上护圈中心线是重合的。这是一种理想的情况，它使得内部间隙更宽裕以及缓冲块能整个地接触。

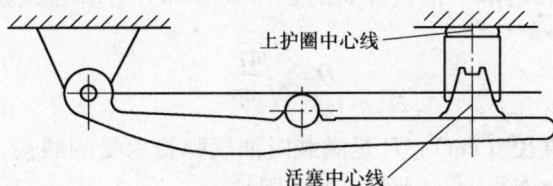

图 5-17 活塞与上护圈中心线重合

图 5-18 所示为空气弹簧更实际的运动情况。由于空气弹簧以弧线的路径运动，因此，无论在设计高度处还是在压缩高度处，活塞中心线都不可能与上护圈的中心线重合。所以两个中心线重合只是一种理想的情况。

2）波纹管式空气弹簧。对于最大压缩行程，护圈 1 和护圈 2 的两个平面在最大压缩位置处应该是平行的，如图 5-19 所示。要确保一条线既过铰点，又与空气弹簧中心线垂直，同时还平分空气弹簧。上、下护圈的中心线在整个压缩位置应该是一致的。

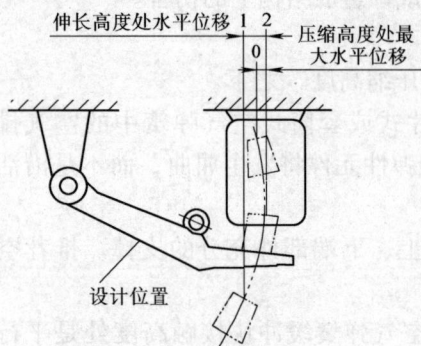

图 5-18　空气弹簧实际运动情况　　　　图 5-19　波纹管式空气弹簧最大压缩行程图

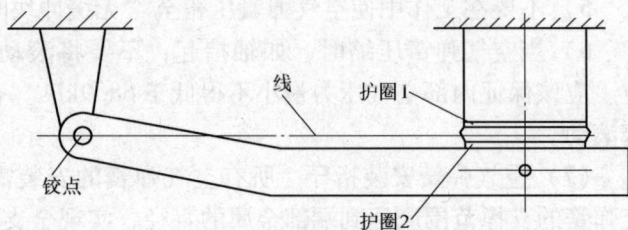

四、油气弹簧的设计计算

1. 油气弹簧的结构

油气弹簧是空气弹簧的一种特例，它以氮气为弹性介质，在气体弹簧与活塞之间引入油液作为传力介质，它主要由气体弹簧和相当于液力减振器的液压缸所组成，主要用于重型自卸车上。

油气弹簧的型式有单气室、双气室及两级压力式，按油与气的关系又有油气分隔式和油气非分隔式，如图 5-20、图 5-21 所示。多数油气弹簧在液体流动的通道上设有压缩阀和伸张阀，使液体流经阀体时产生阻力，故油气弹簧是气体弹簧与减振器的组合体，使用时不再配置减振器。油气弹簧如果设计的好，可以得到较好的非线性特性和恰当的阻尼力，使空载和满载的频率很接近。油气弹簧比同样承载能力的钢板弹簧质量小。便于系列化、便于整车的总体布置；它的缺点是结构复杂、加工精度要求高、使用时需要导向机构。

2. 油气弹簧的缸径选取与特性计算

（1）油气弹簧的缸径选取　油气弹簧的缸径 D（cm）计算公式如下

$$D = \sqrt{\frac{4P}{\pi p}} \tag{5-22}$$

式中，D 是活塞的有效直径（cm）；P 是满载时油气弹簧承受的载荷（N）；p 是满载时允许的压力，一般取 $400 \sim 600 \text{N/cm}^2$。计算结果应圆整。

（2）油气弹簧特性计算　在弹簧伸缩的过程中，若忽略油液里的压力变化，并认为液体完全不可压缩，则油的压力就等于气的压力，活塞推进油液的体积就等于气体的体积变化量。基于此，各种油气弹簧的负荷与变形的关系如下：

1）单气室式油气弹簧

$$P = \left[(P_0 + P_a) \left(\frac{V_0}{V_0 - xA} \right)^m - P_a \right] A \tag{5-23}$$

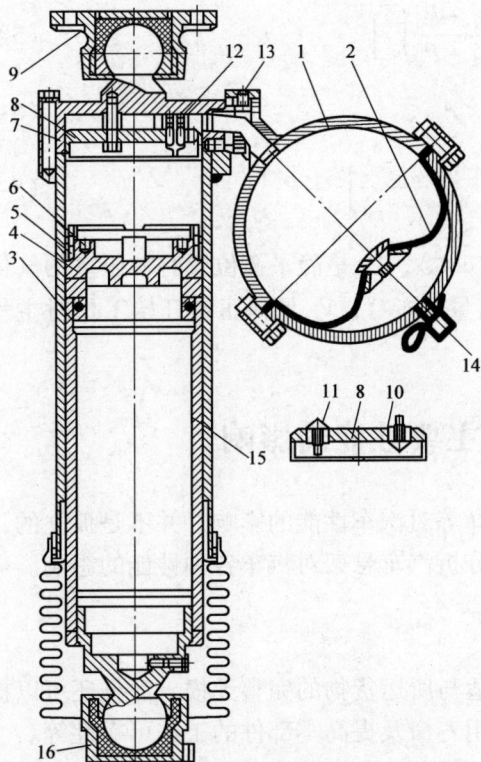

图 5-20 单气室油气分隔式油气弹簧
1—球形气室 2—橡胶油气隔膜 3—工作缸筒 4—活塞
5—密封圈 6—密封圈调整螺母 7—缸盖 8—阻尼
阀座 9—上球座 10—伸张阀 11—压缩阀 12—加油阀
13—加油塞 14—充气阀 15—活塞导向筒 16—下球座

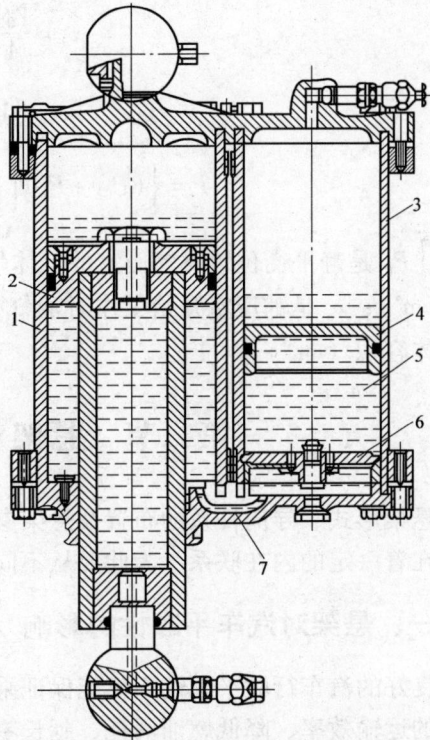

图 5-21 双气室（带反压气室）的油气弹簧
1—主工作缸 2—主活塞 3—副工作缸
4—浮动活塞 5—液腔 6—阻尼阀 7—通道

式中，P 是油气弹簧的负荷（N）；A 是油气弹簧活塞的作用面积（cm^2）；x 是油气弹簧压缩量（也为活塞的压缩量，相对于平衡位置，取负值时表示拉伸）（cm）；$V_0 - xA$ 是油气弹簧压缩量为 x 时的气体容积（cm^3）；P_0 是静平衡位置时气体气压（N/cm^2）；V_0 是静平衡位置时气体容积（cm^3）；P_a 是外部的空气大气压（N/cm^2）；m 是多变指数。

多变指数 m 由试验知，用橡胶油气隔膜把气体与液体分开的，可用平均值计算，取 $m = 1.25$，而对于油气不分隔式的油气弹簧 $m = 1$。

2）双气室式油气弹簧

$$P = \left[(P_{01} + P_a)\left(\frac{V_{01}}{V_{01} - xA_1}\right)^m - P_a \right]A_1 - \left[(P_{02} + P_a)\left(\frac{V_{02}}{V_{02} + xA_2}\right)^m - P_a \right]A_2 \qquad (5\text{-}24)$$

式中，P 是油气弹簧的负荷（N）；A_1 是油气弹簧活塞对主压室的作用面积（cm^2）；A_2 是油气弹簧活塞对反压室的作用面积（cm^2）；$V_{01} - xA_1$ 是油气弹簧压缩量为 x 时的主压室气体容积（cm^3）；$V_{02} + xA_2$ 是油气弹簧压缩量为 x 时的反压室气体容积（cm^3）；P_{01} 是静平衡位置时主压室的气体气压（N/cm^2）；V_{01} 是静平衡位置时主压室的气体容积（cm^3）；P_{02} 是静平衡位置时反压室的气体气压（N/cm^2）；V_{02} 是静平衡位置时反压定的气体容积（cm^3）。

3）两级压力式油气弹簧

$$x_a = \frac{V_{01}}{A}\left[1 - \left(\frac{P_{01} + P_a}{P_{02} + P_a}\right)^{\frac{1}{m}}\right] \tag{5-25}$$

$$V_a = V_{01} - x_a A \tag{5-26}$$

$$P = \left\{(P_{02} + P_a)\left[\frac{V_a + V_{02}}{V_a + V_{02} - A(x - x_a)}\right]^m - P_a\right\}A \tag{5-27}$$

式中，P_{02}是静平衡位置时辅压室的气体气压（N/cm^2）；V_{02}是静平衡位置时辅压室的气体容积（cm^3）；x_a是辅压室开始工作时油气弹簧压缩量（cm）；V_a是辅压室开始工作时主气室的气体容积（cm^3）。

第三节　悬架对汽车主要性能的影响

悬架形式、导向杆系的布置及悬架参数的选择等对汽车性能的影响，并不是孤立的，而是存在着一定的内在联系。为此要从不同角度去分析汽车悬架对汽车各种性能的影响。

一、悬架对汽车平顺性的影响

良好的汽车行驶平顺性不仅能保证乘员的舒适与所运货物的完整无损，而且还可以提高汽车的运输效率、降低燃油消耗、延长零件的使用寿命及提高零部件的工作可靠性等。

目前主要参照国际标准 ISO2631 来评价汽车平顺性，它把乘员承受振动的疲劳—降低工效界限表示为振动加速度均方根值随频率变化的函数。对垂直振动而言，人体对 4～8Hz 的振动最敏感，所以这一频带的界限值最低。为使人体承受的振动不超过规定的界限值，主要靠悬架来降低车身振动加速度的均方根值。在一定随机路面不平度的输入下，车身加速度的均方根值的大小，取决于车身加速度 $\ddot{Z}$ 对路面不平度 q 的幅频特性"$|\ddot{Z}/q|$"，幅频特性与车身在悬架上振动的固有频率 n、非周期性系数 φ 及非簧载质量 m 的大小有关。从图5-22可以看出，当车身固有频率越低曲线越低，即车身加速度均方根值越小。

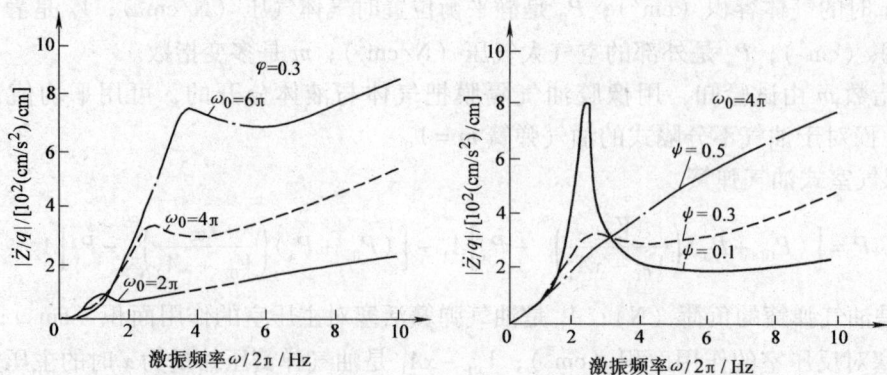

图 5-22　$|\ddot{Z}/q|$ 幅频特性曲线

1. 车身固有振动频率（单自由度系统）

若不考虑轮胎和减振器的影响，则车身固有频率 n_0，可按下式计算

$$n_0 = \frac{\omega_0}{2\pi} = \frac{1}{2\pi}\sqrt{\frac{C}{M}} \qquad (5\text{-}28)$$

式中，ω_0 是固有角振动频率（rad/s）；C 是悬架刚度（N/m）；M 是簧载质量（kg）。

由于在静载作用下悬架的静挠度 $f_c = \dfrac{Mg}{C}$，则

$$n_0 = \frac{1}{2\pi}\sqrt{\frac{g}{f_c}}$$

当以每分钟振动次数来表示时

$$n_0 = \frac{300}{\sqrt{f_c}} \qquad (5\text{-}29)$$

式中，f_c 是静挠度（cm）。

从上述公式中可见，车身振动的固有频率 n_0 由簧载质量 M、悬架刚度 C 或由悬架静挠度 f_c 决定。

由试验得知，为了保证汽车具有良好的平顺性，车身振动的固有频率应为人体所习惯的步行时身体上、下运动的频率 1 ~ 1.4Hz（60 ~ 85 次/min），振动的加速度的极限允许值为 0.3g ~ 0.4g。

从保持所运货物完整性的角度出发，车身振动加速度也不能过大。如果车身加速度达到 1g，则未经固定的货物可能离开车厢底板。因此为保证所运货物完整无损，振动加速度的极限值不应超过 0.6g ~ 0.7g。

从图 5-22 可知，车身固有频率 n_0 低于 3Hz 就可以保证人体最敏感的 4 ~ 8Hz 处于减振区。n_0 值越低，车身加速度的均方根值越小。但在悬架设计时，n_0 值不能选的太低，这主要是因为 n_0 值降低，悬架的动挠度 f_d 就增大，在布置上若不能保证足够大小的限位行程，就会使限位块撞击的概率增加。另外，n_0 值选得过低，悬架设计不采取一定措施，就会增大制动"点头"角和转弯侧倾角，使空、满载时车身高度的变化过大。n_0 值低于 1Hz 时，还会使引起晕车的低频振动能量增大。各种车型车身固有频率 n_0 的实用范围为：货车 1.5 ~ 2Hz；旅行客车 1.2 ~ 1.8Hz，高级轿车 1 ~ 1.3Hz。

2. 弹性特性

在悬架设计中，通常把力和变形的关系曲线，即车轮受到的垂直外力与由此所引起的车轮中心相对于车身位移的关系曲线，称为悬架的弹性特性曲线，曲线的斜率为悬架的刚度。

（1）线性弹性特性 图 5-23a 所示为线性弹性特性曲线，即悬架的变形与所受载荷成正比，其悬架刚度是常数。

由公式（5-28）可知，车身

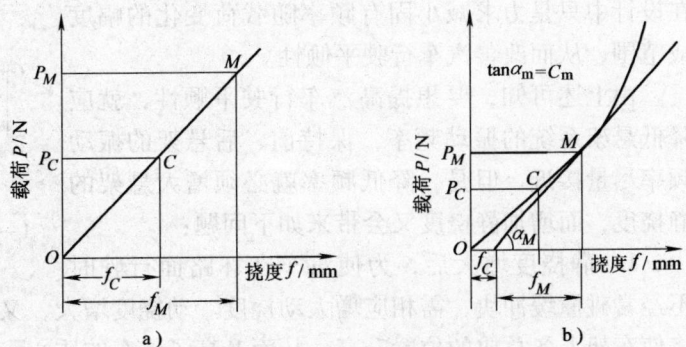

图 5-23 弹性特性曲线
a) 线性弹性特性 b) 非线性弹性特性

固有振动频率 n_0 随载荷变化而变化，载荷越大，频率越低。

（2）**非线性弹性特性**　对具有线性弹性特性悬架的汽车，特别是大型客车和货车，在使用中其后悬架载荷变化很大，这种变化将使汽车前、后悬架的频率相差过大，结果导致汽车的纵向振动加剧，从而破坏汽车的行驶平顺性，为此，可采用具有非线性弹性特性的悬架，即悬架的刚度可随载荷的变化而变化，也称变刚度悬架。

图 5-23b 所示为变刚度悬架的非线性弹性特性，由于刚度随载荷而改变，可以使得整车在载荷变化时，保持车身振动的固有频率不变，以而获得良好的汽车行驶平顺性。为得到"等频"的弹性特性，在任意载荷 P 时，特性曲线上 M 点的悬架刚度 C_m 应满足下式

$$P/C_m = f = f_c = 常数$$

式中，C_m 是任意点 M 的悬架刚度（N/m）；f 是在任意载荷 P 下悬架从原点的变形（mm）；f_c 是在静载荷 P_c 时的悬架静挠度（mm）；

因为

$$C_m = \frac{dP}{df}$$

可将上式改写成

$$\frac{dP}{P} = \frac{df}{f_c}$$

积分，得

$$\ln P = \frac{f}{f_c} + A$$

因为当 $f = f_c$ 时，$P = P_c$，所以

$$A = \ln P_c - 1$$

由此得到等频的弹性特性表达式

$$P = P_c e^{\frac{f}{f_c} - 1} \tag{5-30}$$

非线性的悬架弹性特性可以采用适当的悬架结构（导向机构）或弹性元件（如加辅助弹簧、调节弹簧、空气弹簧等）来实现。

（3）**理想弹性特性**　为保持车身固有频率不变，当载荷 $P \geq P_c$ 时悬架的特性应该是按指数函数的规律变化，其弹性特性如图 5-24 所示。然而这种较为理想的弹性特性的悬架是难以实现的。因此，在设计中只是力求减小固有频率随载荷变化的幅度或范围，从而改善汽车行驶平顺性。

由上述可知，要想提高汽车行驶平顺性，就应降低悬架系统的振动频率，保持前、后悬架的振动频率尽量接近。但是，降低频率就必须增大悬架的静挠度，而增加静挠度又会带来如下问题：

图 5-24　理想的弹性特性曲线
1—静载荷 P_m　2—半载荷 P_k　3—空载荷 P_c

1）静挠度增大后，为使汽车在坏路面行驶时不经常碰撞缓冲块，需相应增大动挠度。动挠度增大，又导致弹簧质量大。过大的动挠度还将使车架上各总成的位置升高，从而升高了汽车的质心。汽车振动时，汽车的高度会明显改变，此时应考虑到传动轴的最大允许倾角。

2）静挠度增大后，弹簧变得很软，在紧急制动时，会产生严重的汽车"点头"现象。

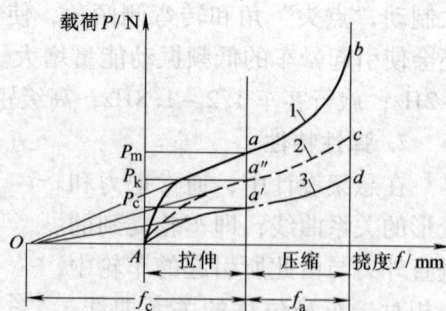

在汽车转弯时，也会因悬架刚度不足造成车身的侧倾严重，对稳定性和乘坐舒适性不利。

3）静挠度和动挠度增大后，车轮的垂直位移增大，对行驶稳定性不利。静挠度和动挠度增大后，车轮的跳动范围增大。对纵置钢板弹簧而言，还须增加弹簧长度，会使总布置发生困难。

因此，要使悬架既有较大的静挠度，又不影响其他性能，最好使悬架有非线性弹性特性。

一般的"等频"弹性特性悬架（见图5-23b），当载荷变化时，悬架发生变形，即车身高度也将发生变化，当悬架采用车身高度可调整装置时，载荷变化的静挠度可保持不变，既保持"等频"，车身高度也不变。这就意味着对应一个载荷就有一个刚度值，这种悬架弹性特性曲线如图5-24所示。

在图5-24中，曲线1、2和3分别表示静载荷为P_m、半载载荷P_k和空载载荷P_c时的情况。由于有一束曲线，虽然载荷发生了变化，但静挠度f_c可以保持不变。此时，曲线上a、a''、a'点的斜率是不同的，这表示在各点的刚度因载荷不同而不同，载荷增大时，代表刚度的斜率也增大。

这束曲线的另一特点是，这些曲线在悬架行程中各点的斜率也是不同的，即悬架的刚度随行程而变化。一般是在静载时（行程中间位置）刚度小，故而静挠度大，而在离静载较远的两端刚度较大。这样设计虽然还不能达到不同行程处完全等频的要求，但是，却做到了在有限的行程范围内有足够的动容量，所以该种悬架特性还是比较现实的一种理想特性。

在悬架设计中，要注意选好静挠度f_c附近的悬架刚度。因为汽车经常是在静挠度附近作小幅度的振动，故应将静挠度附近一带的悬架刚度选得较低。在选择悬架动行程的刚度变化特性时，应使刚度渐近变化，但接近两端的位置处应使刚度急剧增大。一般设计最大的行程时的载荷可达静载荷的3~4倍。

另外，经验表明，轿车的弹性特性曲线在静挠度附近，即$\pm 0.6 f_c$范围内的悬架刚度变化不应超过20%或为常数值，以保证汽车有良好的行驶平顺性。

在各种悬架中，装有车身高度调节装置的空气悬架和油气悬架，比较容易获得上述可变的弹性特性。采用变刚度特性曲线的悬架，对载荷变化较大的货车，会明显地改善行驶平顺性。

3. 系统阻尼

悬架中的阻尼对汽车行驶平顺性有重要影响。当汽车在不平路面行驶或当车轮受到冲击负荷时，为了衰减车身的自由振动和抑制车身、车轮的共振以减小车身的垂直加速度和车轮的振幅（减小车轮对地面压力的变化，防止车轮跳离地面），悬架系统应有适当的阻尼。

在悬架中，使振动衰减的阻尼来源很多。悬架中的阻尼按性质分，有摩擦阻尼和粘滞阻尼两大类。钢板弹簧叶片之间相对运动产生的摩擦阻尼不稳定，阻力大小不便于控制。尤其在好路上行驶，路面不平产生的动载荷很小，不足以克服叶片之间的摩擦时，会产生"锁止"现象，即将冲击传给车身，损害了行驶平顺性。因此，近年来在悬架设计中都力求减小钢板弹簧叶片间的摩擦，尽量采用液力减振器粘滞阻力。

悬架中阻尼对振动的影响，取决于相对阻尼系数ψ：

$$\psi = \frac{K}{2\sqrt{MC}} \tag{5-31}$$

式中，K 是悬架阻尼元件的阻力系数 [N/(m/s)]。

从上式可见，ψ 值的大小不仅取决于阻尼元件的阻尼系数 K，而且与悬架刚度 C、簧载质量 M 有关。为了得到同样的阻尼效果（即具有相同的 ψ 值），M 和 C 值大的悬架，K 值也应该大。

从图 5-25 中 ψ 值对幅频特性 $|\ddot{Z}/q|$ 的影响可以看出，ψ 值大，可以使共振峰压低，但对高频区衰减不利。考虑到随机路面同时有各种频率成分的输入，ψ 值取 0.2 ~ 0.4 可以使车身加速度的均方根值比较小。在一般路面上 ψ 取较小值，通常为 0.25 左右。增大 ψ 值可以有效地降低动挠度 f_{d} 和抑制车轮的振动，减小车轮与地面的相对动载荷。因此，对行驶在路面较差的汽车，为了降低碰撞限值的概率，ψ 值应取较大值；对接地性要求较高的汽车，尤其后悬架，ψ 亦应取较大值。

对于轿车，悬架的相对阻尼系数 ψ 一般在 0.25 ~ 0.3 范围内，在计及阻尼时，车轮与车身振动频率分别为

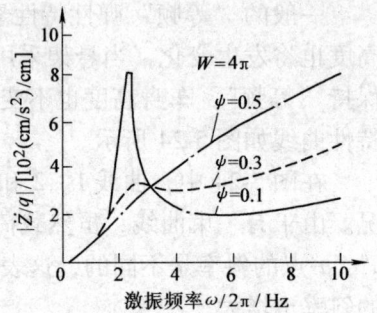

图 5-25　$|\ddot{Z}/q|$ 幅频特性曲线

$$n_{0\psi_1} = n_0 \sqrt{1 - \psi_1^2}$$
$$n_{0\psi_2} = n_0 \sqrt{1 - \psi_2^2}$$

式中，$n_{0\psi_1}$、$n_{0\psi_2}$ 是车轮、车身振动频率；n_0 是车身固有频率。

当 $\psi_1 = 0.25$ 时，则 $n_{0\psi_1} = 0.968 n_0$；而当 $\psi_2 = 0.3$ 时 $n_{0\psi_2} = 0.954 n_0$，此时，频率降低约 4% 左右。

二、悬架对汽车操纵稳定性的影响

所谓汽车操纵稳定性，是汽车能正确地按驾驶员通过操纵转向系所确定的方向行驶，且在外力干扰下能保持稳定或经过干扰后在一定时间内恢复稳态工况的性能。影响操纵稳定性的主要参数是车轮偏离角、前轮定位角、导向杆系与转向拉杆的运动协调性。

1. 不足转向特性

当汽车曲线行驶时，在离心力的作用下，由于轮胎的横向弹性和前、后悬架导向机构特性，一般使转弯半径发生变化。在离心力的作用下，使转弯半径变大的特性称为不足转向，反之，称为过度转向，如图 5-26 所示。

操纵稳定性良好的汽车常具有一定的不足转向特性。车轮的侧向偏离除了因橡胶轮胎的侧偏特性外，还因为悬架的结构因素——悬架刚度与几何特性，以及导向杆和支承的柔度特性而产生。

2. 轴转向

在侧向力作用下，由于悬架导向杆系运动的关系，会使车轴相

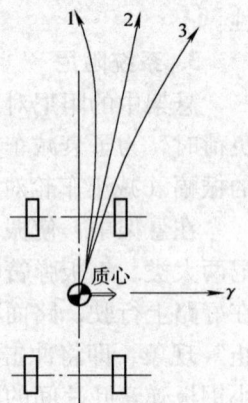

图 5-26　转向特性的类型
1—过度转向
2—中性转向
3—不足转向

对于其原位置偏转其一角度，这一现象称为轴转向。

钢板弹簧非独立悬架如图 5-27a 所示，当弹簧变形时，后桥中心沿 AB 弧线运动，在离心力作用下，外侧弹簧被压缩，外轮中心移至 B 点；内侧弹簧被拉长，内轮中心移至 A 点。这使整个后桥转过一角度 δ_2，其结果使转弯半径变小，即具有过度转向的特性。如果将钢板弹簧的前铰点降低或减小弹簧弧高，甚至成反弓形，则可以减小过度转向，甚至转化为不足转向，如图 5-27b 所示，此时 M 点低于 O 点和 N 点。现代高速轻型客车的后悬架多半都采用这种措施，以保证整车具有轻微不足转向。满载时，后桥转角通常小于车身侧倾角的 4%；而空载时，由于弹簧弧高增大，往往形成促使过度转向的作用，一般后桥转角小于车身侧倾角的 9%。

一般的载货汽车前、后悬架都采用钢板弹簧悬架，且使前轮的侧倾转向效应与后轮恰恰相反，这样在离心力的作用下，前轮的转弯半径变大，产生不足转向。因此，对于前、后悬架都采用钢板弹簧的汽车，前悬架具有不足转向特性，后悬架具有过度转向特性，两者综合的结果往往是满载时具有轻微的不足转向特性，而在空载时具有轻微的过度转向特性。

对于独立悬架，有的车前轮前束变化规律设计成当车轮上跳时，前束变化为后束（负前束），而当车轮反弹时，前束变化为增加趋势。这样当汽车转弯时，外侧车轮成为前束，内侧车轮成为后束，从而导致产生轴转向效应。

3. 前轮定位参数

前轮定位参数及相应的几何参数影响到很多性能，如直线行驶稳定性、稳态转向特性、抗"点头"、后仰能力、前轮自动回正和轮胎的磨耗等。这些参数的数值随车轮上、下跳动及所受的侧向力、纵向力而变化。其变化规律由悬架的结构形式、杆件参数与刚度所决定。设计中要考虑到这些参数的变化，并加以控制。

大多数独立悬架车轮外倾角及轮胎接地载荷都随车身的倾斜而变化，这时，外倾推力也发生变化。如图 5-28a，前轮被推向转弯的外侧，前轮转向不足，后轮有转向过度倾向。

在图 5-28b 情况下，其效应和图 5-28a 相反。车轴式悬架在转弯时，由于左、右负荷移动，轮胎的挠度不同，外倾角也产生若干的变化，其作用相同。

在直线行驶时，由于路面凹凸不平，使车轮上、下振动，也同样会产生这种效应。如图 5-29 所示，随着车轮外倾角的变化，也有产生轴转向的可能性。

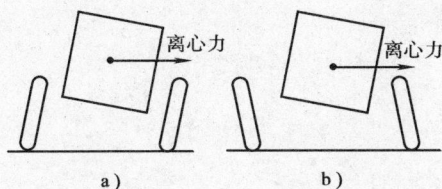

图 5-27 钢板弹簧悬架对操纵
稳定性的影响

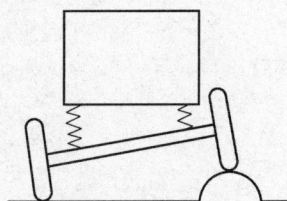

图 5-28 转弯时对地外倾角的变化
a）前轴 b）后轴

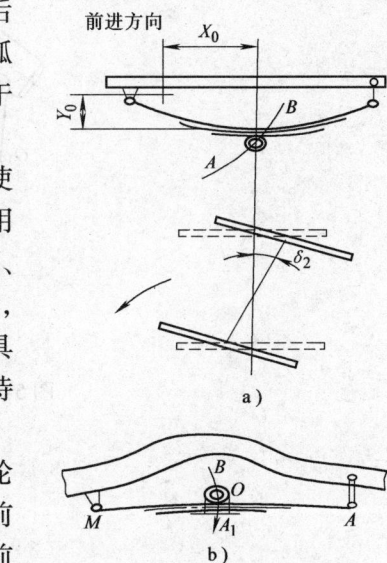

图 5-29 单个车轮引起
路面上的情况

4. 导向杆系与转向杆系的运动协调

合理地布置导向杆系，避免导向杆系与转向拉杆的运动干涉、可减小转向盘的抖动及车轮绕主销的晃动，从而提高汽车的行驶稳定性。在非独立悬架中，转向节与前桥一起跳动，转向节臂上的球头又同转向拉杆连接，因此，必须使导向杆（纵置钢板弹簧）与转向拉杆在运动学上尽量不要发生干涉，即两个摆动圆弧最好同心或没有交点，如图 5-30 所示。

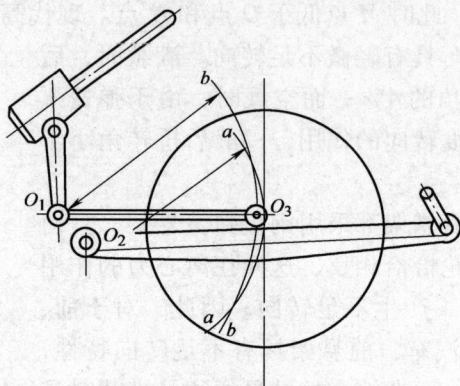

图 5-30　导向杆系与转向拉杆的运动关系

第六章 转向系设计

第一节 转向系方案的选择及主要参数的确定

一、转向系方案的选择

1. 转向盘

转向盘由盘毂、轮缘和轮辐组成。一般轮辐有两根和三根的，也有四根的。

转向盘的尺寸和形状直接影响转向操纵的轻便性。选用大直径转向盘会使驾驶员进、出驾驶室感到困难；选用小直径转向盘转向时要求驾驶员施加较大的力，从而使汽车操纵困难。

对新车型的设计可以选用现有的转向盘，也可根据要求设计新转向盘。新设计的转向盘要符合 JB4505—1986 转向盘尺寸标准。该标准规定：转向盘直径尺寸 380mm、400mm、425mm、450mm、500mm、550mm。转向盘与转向轴采用圆柱直齿渐开线花键连接形式，可参照表 6-1 选择。

表 6-1 各类车型的转向盘直径

汽 车 类 型	转向盘直径/mm
轿车、小型客车、轻型货车汽车	380、400、425
中型客车、中型载货汽车	450、475、500
大客车、重型载货车	550

近年来由于道路条件的改善及汽车车速的提高，紧急制动或撞车时，由于车身、车架产生变形，导致转向轴、转向盘后移，同时人体受惯性作用向前冲，从而驾驶员的胸部和头部可能撞到转向盘或风窗玻璃，造成人身事故。设计人员为了减轻这种伤害，采用了一种能够吸收冲击能量的转向系统。吸收的方法是使转向系统零件在撞击时产生塑性变形、弹性变形或者摩擦等来实现。用来吸收能量的元件有转向盘、转向轴或转向柱管等。所采用的方案多种多样，可参看有关资料。

2. 转向轴

早期汽车的转向轴通常用一根无缝钢管制造，其结构简单，制造容易，成本低，但从汽车上拆、装转向器较为困难。这种结构在某些轻型载货汽车上还有应用。目前大多数汽车转向轴上装置了万向节，使转向盘和转向器在汽车上布置更为合理，拆装方便，从而提高了操纵方便性、行驶安全性和转向机构的寿命。特别对可翻驾驶室的平头车，可将万向节布置在驾驶室翻转轴线上，有利于驾驶室的翻转。

万向节有柔性和刚性两种。柔性万向节，若刚性很大则不能满足使用要求，刚性太小又不能适应汽车转向要求，故一般应用较少。刚性万向节多是十字轴式，可使用单万向节，也可使用双万向节。双万向节要求布置适当，达到等角速运动。

3. 转向器

转向器的种类很多，常见的有循环球式、球面蜗杆滚轮式、曲柄指销式和齿轮齿条式。随着汽车技术的发展和工艺水平的提高，有些形式的转向器已经很少采用，目前循环球式和齿轮齿条式两种转向器应用广泛。

转向器形式的选择应根据汽车的用途来决定。经常行驶在公路上的汽车可选用正效率高、可逆程度人的转向器。转向系统中采用液力式动力转向器时，由于液体的阻尼作用，吸收了路面上的冲击载荷，可采用可逆程度大、正效率高的转向器。循环球式和齿轮齿条式两种转向器正效率高（70%～85%），可逆程度大（60%～70%），适合大量生产，是目前得到广泛应用的原因。

4. 转向梯形

汽车转向时，左、右转向轮的转角要符合一定的规律，以保证所有车轮在转向过程中都绕一个圆心以相同的瞬时角速度运动。转向梯形机构可以使汽车在转向过程中所有车轮都是纯滚动或有极小的滑移，从而提高轮胎的使用寿命，保证汽车操纵的轻便性和稳定性。转向梯形机构由梯形臂、横拉杆和前轴组成。

根据梯形机构相对前轴的位置分为前置式和后置式两种。

后置转向梯形机构（见图6-1a、c）是将转向梯形放在前轴之后，简单可靠，因此应用广泛。

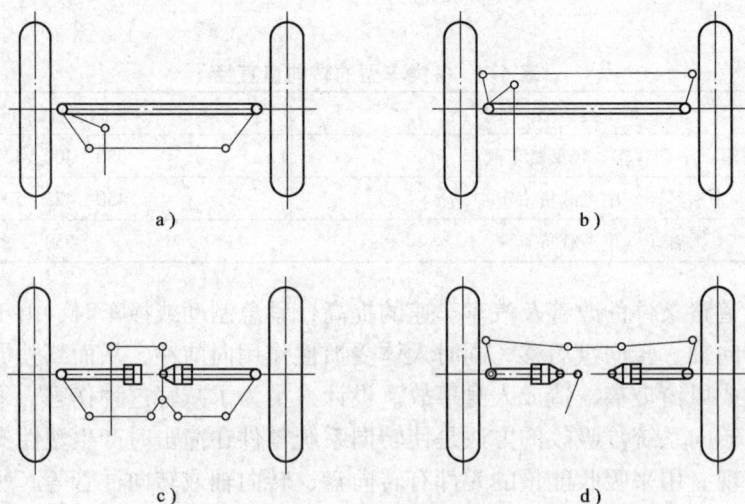

图6-1 转向梯形机构

前置转向梯形机构（见图6-1b、d）是在发动机位置很低或前轴为驱动轴时，转向梯形实在不能布置在转向轴之间，才不得不把转向梯形放在前轴之前。

根据前悬架形式的不同，转向梯形机构又可分为整体式和分段式两种。

整体式转向梯形机构（见图6-1a、b）用于非独立悬架的汽车。分段式转向梯形机构（见图6-1c、d）用于独立悬架的汽车，以保证任一前轮的跳动不致牵动拉杆而涉及另一车轮的偏转。分段式转向梯形比较复杂，铰接点多。

二、转向系主要参数的确定

设计汽车转向系时，必须首先确定主要参数——传动比和计算载荷，以便为各部件的设计提供依据。

1. 转向系设计的前提条件

设计转向系前，必须明确整车形式及总布置方案，如车头形式、发动机位置、悬架形式、转向轴形式及结构、转向器的位置、转向器和转向盘的倾角、前轮定位角、梯形机构的位置和形式以及轮胎规格等等。

同时应由总布置给出尺寸参数（汽车的轴距、轮距、质心位置、转向器臂轴中心位置等）、质量参数（汽车总质量）、前轴（转向）负荷等，及对机动性的要求（最小转弯直径以及内轮或外轮最大转角）。

2. 转向系传动比的确定

转向系的传动比直接影响车辆的机动性和操纵轻便性。转向系的传动比包括力传动比 i_p 和角传动比 i_{wo}。

（1）转向系力传动比 i_p　转向系力传动比是指从轮胎接触地面中心作用在两个转向轮上的合力 $2F_w$ 与作用在转向盘上的手力 F_h 之比，即

$$i_p = \frac{2F_w}{F_h} \tag{6-1}$$

转向阻力 $2F_w$ 等于转向轮的转向阻力矩 M_w 与转向力臂 α 之比

$$2F_w = \frac{M_w}{\alpha} \tag{6-2}$$

作用在转向盘上的手力 F_h 等于转向盘的力矩 M_h 与转向盘的半径 R 之比

$$F_h = \frac{M_h}{R} \tag{6-3}$$

整理得

$$i_p = \frac{2F_w}{F_h} = \left(\frac{M_w}{M_h}\right)\left(\frac{R}{\alpha}\right) \tag{6-4}$$

若将转向系中的损失忽略不计，$\dfrac{M_w}{M_h}$ 可认为等于转向系的角传动比 i_{w0}，因此力传动比是

$$i_p = i_{w0}\frac{R}{\alpha} \tag{6-5}$$

由式（6-5）可见，转向力臂 α 愈小，力传动比 i_p 愈大；角传动比 i_{w0} 愈大，i_p 也愈大，转向轻便。但 α 值过小会由于车轮与路面之间的摩擦增加反而增加了转向阻力。

（2）转向系的角传动比 i_{w0}　转向系角传动比指转向盘转角和驾驶员同侧的转向轮转角之比，它由转向器角传动比 i_w 和转向传动装置角传动比 i'_w 所组成，即

$$i_{w0} = i_w i'_w \tag{6-6}$$

转向器角传动比等于转向盘的转角 ϕ 和转向器转向臂轴的转角 β_p 之比

$$i_w = \frac{\phi}{\beta_p} \tag{6-7}$$

转向传动装置的角传动比等于转向臂轴的转角 β_p 与转向臂转角 β_k 之比

$$i'_w = \frac{\beta_p}{\beta_k} \tag{6-8}$$

将式（6-7）、式（6-8）代入式（6-6）得

$$i_{w0} = \frac{\phi}{\beta_k} \tag{6-9}$$

从式（6-9）可看出，当转向臂转角（车轮转角）β_k 一定后，i_{w0} 的大小直接影响轻便性与机动性，i_{w0} 大转向轻便，但转向盘的转动圈数增加，机动性降低。对机械转向的汽车，i_{w0} 可选大值，以达到转向轻便的目的；对动力转向的汽车，轻便性不成问题，所以 i_{w0} 取小值。对一定车型 i_{w0} 都有一个大致范围，一般情况下，机械转向的汽车，轻型车 i_{w0} 在 15~23 之间，中型车 i_{w0} 在 25~30 之间。

3. 转向系计算载荷的确定

（1）转向轮的转向阻力矩 M_w　转向阻力矩 M_w 与前轮（转向轴）负荷、轮胎尺寸和结构、前轮定位参数、车速和道路条件等多种因素有关，要准确计算转向阻力矩是很困难的，通常是以汽车在静止时做原地转向的阻力矩作为转向阻力矩。根据原地转向的试验结果总结出来的经验计算公式，常用的有下列三个。

半经验公式

$$M_w = \frac{100\mu}{3} \sqrt{\frac{G_1^3}{p}} \tag{6-10}$$

雷索夫推荐公式

$$M_w = G_1(fa + \mu x)\frac{10}{\eta} \tag{6-11}$$

塔布莱克推荐公式

$$M_w = 10\zeta G_1 \sqrt{a^2 + k^2} \tag{6-12}$$

式中，M_w 是转向阻力矩（N·mm）；G_1 是前轴（转向轴）负荷；p 是轮胎气压（10^5Pa）；μ 是轮胎与地面滑动摩擦系数，一般令 $\mu = 0.7$；f 是轮胎滚动摩擦系数，一般令 $f = 0.015$；a 是轮胎和地面的接触中心到转向主销与地面交点间距离（mm）；ζ 是有效摩擦系数；k 是轮胎与地面接触面积的转动惯性力矩，$k^2 = b^2/8$，b 是轮胎宽度（mm）；$x = 0.5\sqrt{r_z^2 - r_j^2}$，$r_z$、$r_j$ 分别为轮胎的自由半径和静力半径（mm），一般轮胎 $r_j = 0.95r_z$；η 是转向节、转向梯形球节传动效率。

上面推荐的三个经验公式，都是汽车在静止时原地转向的阻力矩。对于一般常用车辆，并不要求原地转向，只要求汽车在行驶中转向，而原地转向所需的力矩要比行驶中转向所需的力矩大 2~3 倍，因此，设计时按原地转向阻力矩作为计算载荷可以满足使用要求。对一般载货汽车，可用半经验公式（6-10）进行计算。

（2）转向盘上的作用力 F_h　转向盘上的作用力 F_h 是衡量汽车操纵轻便性的重要指标，

可用转向阻力矩 M_w 进行计算，即

$$F_h = M_w \frac{L_2}{L_1} \left(\frac{1}{R i_w \eta} \right) \qquad (6-13)$$

式中，L_1 是转向垂臂长度；L_2 是转向节臂长度；R 是转向盘半径；i_w 是转向器传动比；η 是转向系传动效率（可用转向器传动效率计算）。

（3）转向盘总回转圈数　在转向系设计之初，根据总布置设计给出的转向轮的最大转角 β_{max} 和 α_{max}，再根据同类车型给出大致的转向系角传动比 i_{w0}，按下式初算转向盘总回转圈数 n

$$n = \frac{i_{w0}(\beta_{max} + \alpha_{max})}{360} \qquad (6-14)$$

式中，β_{max} 是内转向轮最大转角（°）；α_{max} 是外转向轮最大转角（°）。

一般情况下，中、重型车装机械转向器 $n = 5 \sim 6$ 圈，轻型车及轿车 $n = 3.5 \sim 4.5$ 圈；装动力转向的汽车 $n = 3.5 \sim 4.5$ 圈，中、重型车取大值，轻型车和轿车取小值。

转向系设计完成后，可根据已有参数较准确地计算出转向盘的总回转圈数。

（4）转向系设计载荷的确定　在进行汽车转向系各零件强度计算时，必须首先确定转向系的计算载荷。

汽车在行驶中作用在转向系各种零件上的载荷是经常变化的，很难用计算方法加以确定，主要是根据给出的假定载荷进行零件强度计算。

假定载荷给出的方法主要有如下三种情况：

1）以驾驶员可能作用于转向盘上的最大手力 $F_{Ph} + 400N$ 为计算载荷。

2）以汽车在静止状态做原地转向所需的转向力矩 M_w 为计算载荷。

3）以转向臂末端球头承受的前轴负荷的 1/2 为计算载荷。

第一种情况没有考虑车型负荷情况，而轻、中、重型汽车转向系所承受载荷的情况显然是不同的，都以转向盘上作用 400N 的手力作为计算载荷肯定是不合理的。

第二种情况考虑了车型负荷状况，表明了转向系零件所承受的载荷因所需转向力矩 M_w 不同而异，符合转向系正传动情况。

实际使用情况是汽车在不平道路上行驶，道路通过车轮对转向系的冲击力往往大于正传动的力，因此应用逆传动可能产生的最大力矩进行转向系的零件设计。试验资料表明，汽车行驶时作用在转向系上的载荷与前轴的负荷成正比，纵拉杆上的作用力在极限情况下，可达到前轴负荷的 1/2，因此用第三种计算载荷的方法比较符合实际。

为了比较三种载荷，可将第二和第三两种计算方法换算为作用在转向盘上的最大力。

第二种确定计算载荷的方法按下式计算

$$F_{Ph} = \frac{M_w}{i_{w0} R} \eta \qquad (6-15)$$

式中，M_w 是汽车原地转向阻力矩；i_{w0} 是转向系角传动比；R 是转向盘半径；η 是转向系逆传动效率（可用转向器逆传动效率计算）。

第三种确定计算载荷的方法按下式计算

$$F_{\mathrm{Ph}} = \frac{0.5 G_1 l_1}{i_{\mathrm{w}} R} \eta \qquad (6\text{-}16)$$

式中，G_1 是前轴满载负荷；l_1 是转向臂长度。

以一汽集团公司生产的三种中型载货汽车为例，按三种方法计算确定的转向系载荷如表 6-2 所列。

表 6-2　三种中型载货汽车以三种方法计算确定的转向系载荷

车型	总质量 m/kg	G_1/N	第一种 F_{Ph}/N	第二种 * F_{Ph}/N	第三种 * F_{Ph}/N
CA10B	7900	20500	400	197	343
CA1091	9310	24500	400	227	376
CA150P	10800	30000	400	268	451

注：带 * 号表示不计效率 η。

从表中可以看出，总质量小于 10t 的汽车，转向系的最大载荷反映到转向盘上作用力小于 400N，因此用第二种计算方法为设计基础是合理的。用第一种方法不符合实际情况，必然使转向系的零件设计过于保守，造成不必要的浪费。因此建议总质量小于 10t 的汽车用第二种方法计算。而对于重型载货汽车、自卸车、越野车等以驾驶员可能作用于转向盘上的最大手力为 400N 作为转向系的设计载荷为好。

第二节　齿轮齿条式转向器设计

齿轮齿条式转向器因其结构简单、价格低廉、质量轻、刚性好、使用可靠，近年来在全世界，特别是在欧洲得到广泛的应用，现在除了在轿车上使用外，在轻型汽车、微型汽车、赛车上也得到了推广。

现在国内也有越来越多的车型在使用该种转向器，如奥迪、捷达、桑塔纳、沈阳海狮、天津夏利、南京依维柯等。

一、齿轮齿条式转向器的优缺点

优点：

1）结构简单、成本低、质量轻。

2）效率高、转向轻便。

3）可自动补偿齿轮和齿条间产生的间隙，并有均匀的固有阻尼。

4）刚度大，使转向系统的自由行程变小。

5）占用空间小。

6）使用寿命长。

缺点：

1）由于摩擦较小，所以冲击敏感性较高。

2）当采用两端输出结构时，转向拉杆长度受到限制，容易与悬架系统导向机构产生跳动干涉。

3）转向传动比随车轮转角的增加而下降。

4）采用可变速比时，普通工艺较难实现。

二、齿轮齿条式转向器的输出形式

根据使用车型及总布置需要的不同，齿轮齿条转向器的主要输出形式有以下四种：

1）侧面输入、两端输出（见图6-2）。

2）中间输入、两端输出（见图6-3）。

3）侧面输入、中间输出（见图6-4）。

4）侧面输入、单端输出（见图6-5）。

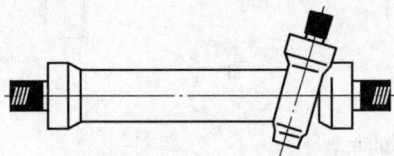

图6-2　侧面输入、两端输出

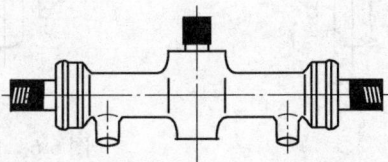

图6-3　中间输入、两端输出

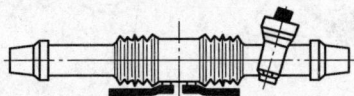

图6-4　侧面输入、中间输出

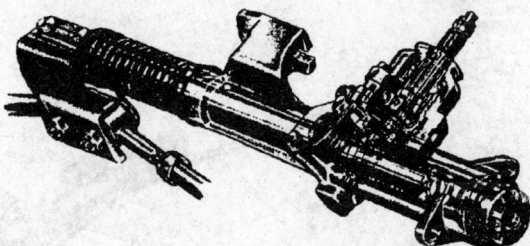

图6-5　侧面输入、单端输出

三、齿轮齿条式转向器的整车布置

根据设计条件的不同，齿轮齿条式转向器总成在整车上的布置形式也是多种多样的，常见的布置形式如下：

1）转向器总成置于前轴后方，后置梯形，此种形式的布置示意如图6-6a所示。

2）转向器总成置于前轴后方，前置梯形，此种形式的布置示意如图6-6b所示。

3）转向器总成置于前轴前方，后置梯形，此种形式的布置示意如图6-6c所示。

4）转向器总成置于前轴前方，前置梯形，此种形式的布置示意如图6-6d所示。

图6-7所示为奥迪100型轿车转向器的布置情况。从图中可以看出，该车采用了侧面输入、中间输出形式的齿轮齿条转向器。该车的布置特点是将齿轮齿条转向器布置在"弹簧腿"的上部，当车轮跳动时，转向节臂与转向拉杆的铰点沿着"弹簧腿"的轴线移动，同时轴线还绕上支点转动。由于该铰点距上支点较近，所以转动的影响很小，基本上是作直线运动。这种布置可以最大限度地增大拉杆长度，使悬架导向机构与转向传动机构的干涉很小。

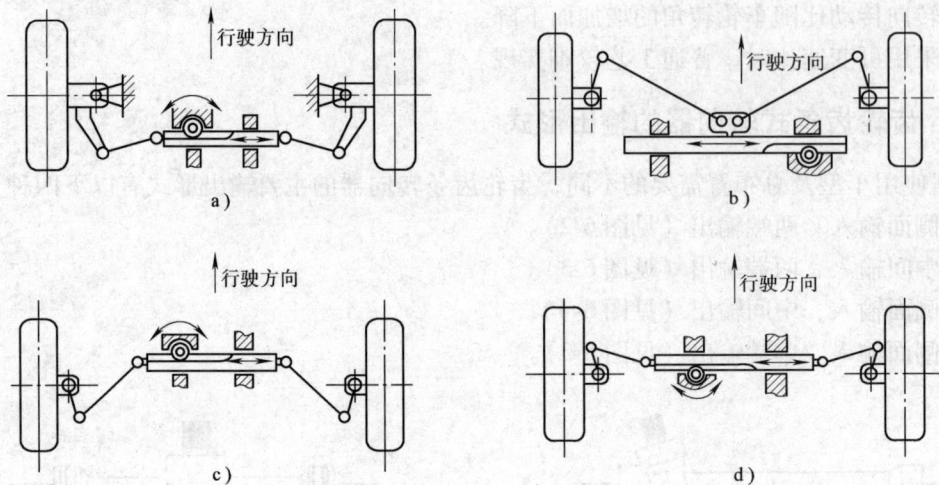

图 6-6 齿轮齿条式转向器的布置

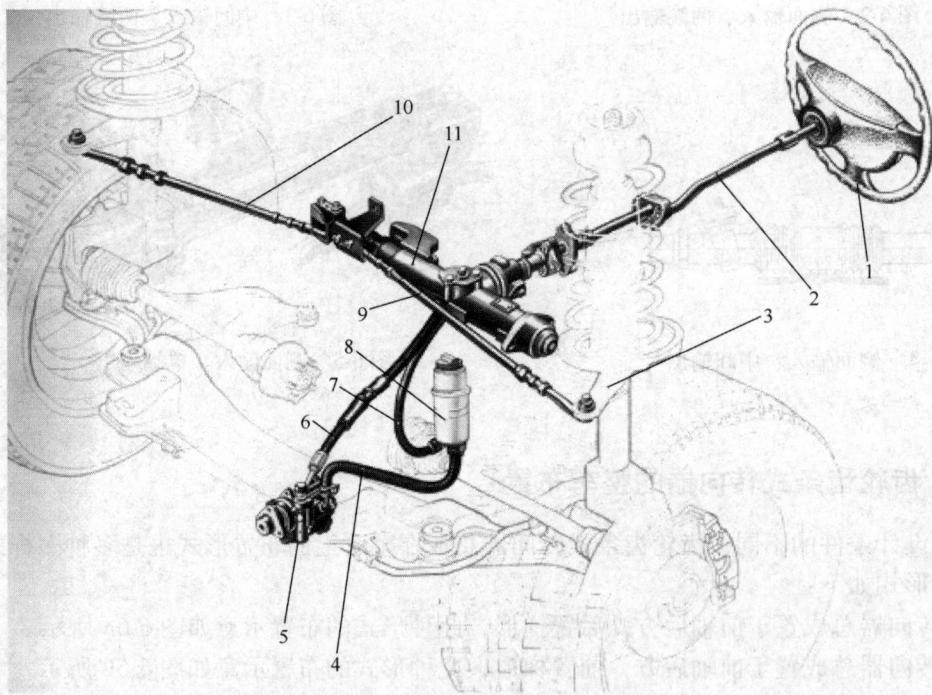

图 6-7 奥迪 100 型轿车转向器

1—转向盘 2—转向轴 3—转向臂（焊接在前悬架支柱上） 4—吸油管 5—叶片泵 6—高压油管
7—低压油管 8—储油罐 9—左横拉杆 10—右横拉杆 11—动力转向器

四、齿轮齿条式转向器的结构及工作原理

图 6-8 ~ 图 6-10 是奥迪 100 型轿车机械式齿轮齿条转向器结构图，从图中可看出，齿轮齿条转向器主要由壳体、小齿轮、齿条、齿条托座及转向拉杆等组成。有些车还装有转向减振器。

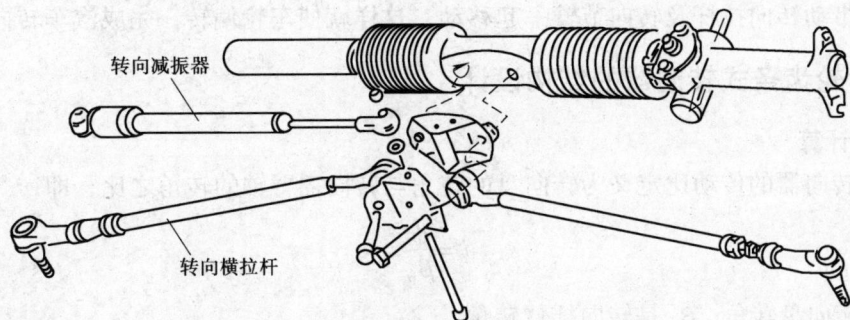

图 6-8 奥迪 100 型轿车机械式齿轮齿条转向器结构图

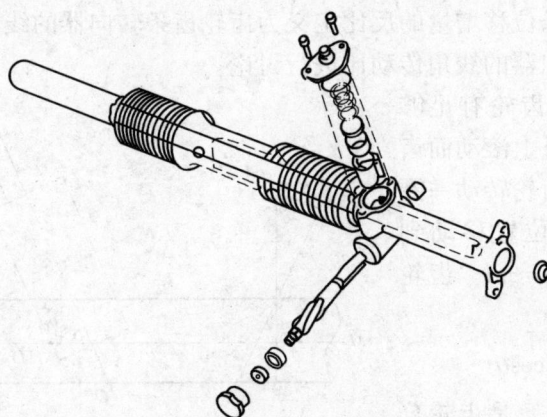

图 6-9 转向器结构展开图

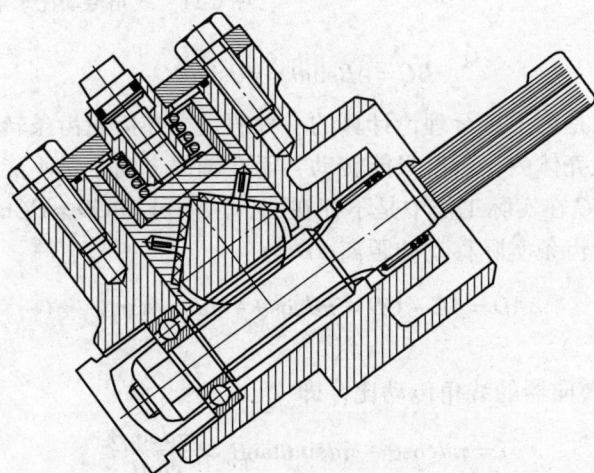

图 6-10 转向器截面图

小齿轮靠径向止推轴承或滚针轴承支承在壳体上。齿条由带有弹簧的齿条托座推向齿轮，在弹簧力作用下使齿条与齿轮总是处于无间隙啮合状态。当小齿轮转动时，齿条在转向器壳体内产生轴向移动。转向拉杆的一端与转向齿条固连，另一端与转向节臂连接。在齿条移动时，将带动转向拉杆及转向节臂一起移动，这样就使车轮偏转，完成汽车转向工作。

五、齿轮齿条式转向器的结构设计

1. 速比计算

一般将转向器的传动比定义为转向盘的转角与转向摇臂轴的转角之比，即

$$i = \frac{\phi}{\beta_p} \tag{6-17}$$

式中，ϕ 是转向盘转角；β_p 是转向摇臂转角。

齿轮齿条转向器的情况与一般转向器不同，转向盘输入的是转角，而齿条输出的是直线位移，若按上式计算，齿轮齿条转向器的传动比为 ∞。这样计算显然是不合理的，我们将转向盘单位转角增量与齿条位移增量的反比定义为齿轮齿条转向器的线角传动比。

下面对齿轮齿条转向器的线角传动比进行讨论。

图 6-11 所示是假设齿轮有足够的啮合长度且齿轮在齿条上滚动而齿条不动的啮合情况。当齿轮转动一圈时，齿轮中心线从 OO 位置移动到 $O'O'$ 位置。这样可知 $AB = \pi d$。齿轮在齿条上移动了 AC 距离

$$AC = AB\cos\theta = \pi d\cos\theta$$

式中，θ 是安装角（°）；d 是齿轮分度圆直径（mm）。

齿轮在垂直于齿条中线 MM 的方向上移动了 BC 距离：

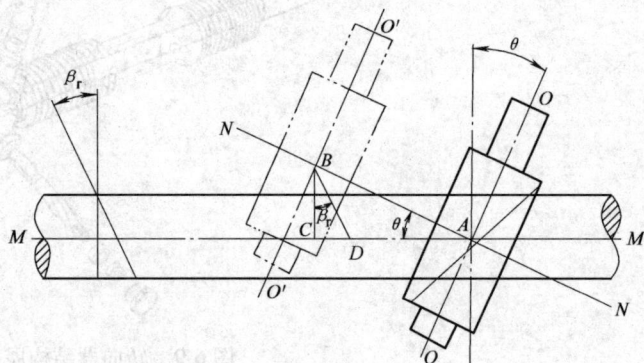

图 6-11 线角传动比求解示意图

$$BC = AB\sin\theta = \pi d\sin\theta$$

应当指出，上述只是为了进行理论计算的一种假设，在齿轮齿条转向器实际工作时，齿轮是被轴承支承固定在壳体内，所以只能转动，而在轴线方向上是不能移动的，只能是齿条沿其轴线移动。可见 BC 在实际工作中是不存在的，从中可知 $CD = BC\tan\beta_r$。

在齿轮旋转一周时齿条实际移动的距离 AD 为

$$AD = AC - CD = \pi d\cos\theta - \pi d\sin\theta\tan\beta_r$$

式中，β_r 是齿条倾角（°）。

AD 就是齿轮齿条转向器的线角传动比，即

$$i = \pi d\cos\theta - \pi d\sin\theta\tan\beta_r = \frac{\pi d\cos\beta}{\cos\beta_r} \tag{6-18}$$

式中，β 是齿轮螺旋角（°）。

AC 是无滑磨时在 MM 方向上的移动量，CD 是在 MM 方向上的滑动距离。因此可得到齿轮齿条转向器的滑磨率为

$$S = CD/AC = \frac{\pi d\sin\theta\tan\beta_r}{\pi d\cos\theta} = \tan\theta\tan\beta_r \tag{6-19}$$

从式（6-19）可看出，滑磨率与安装角 θ、齿条倾角 β_r 有关。如 θ 和 β_r 增大，滑磨率增大。但因总布置等限制，一般 θ 角不可能经常变化，因此为了获得所需滑磨率，可用改变齿条倾角来实现。改变滑磨率的实质是改变转向器的逆效率。逆效率低可防止转向盘"打手"，但滑磨率大会使正效率降低。具体选取要根据车型及设计者的追求来决定。一般机械式齿轮齿条转向器的齿条倾角从 6°～10°间选取。个别转向器将该值选得很大，如美国克莱斯勒的 K—car 车齿条倾角为 34.5°。线角传动比的选择要根据车型、前轴负荷、轮胎类型及是否使用动力转向器来决定。表 6-3 所示是奥迪和捷达转向器的有关参数。

表 6-3 奥迪和捷达转向器的有关参数

转向器类型	奥迪 100 机械转向	奥迪 100 动力转向	捷达机械转向	捷达动力转向
线角传动比 i	37.359	53.143	36.843	44.465
安装角 θ	3.86°	3.86°	25°	25°
齿轮齿数 z	5	8	6	7
法向模数 m_n/mm	2.6	2.10	1.94	1.90
压力角 α	20°	20°	20°	20°
齿轮螺旋角 β	10°51′	10°51′	32°	5°
齿条倾角 β_r	7°5′	7°5′	7°	20°
齿条直径/mm	27	26.9	22	23

2. 螺旋角对齿轮齿条转向器的影响

目前齿轮齿条转向器普遍采用斜齿圆柱齿轮与斜齿条啮合，这样可使齿轮重合度增大、齿面接触好、传动平稳、齿轮强度高、冲击噪声小。另外，如前所述，可以通过对螺旋角的调整来调整传动比和效率。从线角传动比的公式可以看出，齿轮螺旋角增大，齿条倾角减小时，线角传动比减小。从滑磨率公式可以看出，当安装角 θ 和齿条倾角增大时，滑磨增大，转向器传动效率下降。这样就可以根据设计要求来选择合适的传动效率。但采用螺旋齿轮也带来一些缺点。首先由于螺旋角的存在，使齿轮产生轴向推力，这样必须在齿轮齿条转向器中使用止推轴承，使轴承寿命降低。另外，采用斜齿轮使滑磨增大。

3. 齿轮齿条转向器齿条截面形状分析

根据齿轮齿条转向器结构形式的不同，对齿条截面形状的要求也不同。对于两端输出的转向器，其转向拉杆头铰接在转向器齿条的两端，球头中心在齿条的中心线上，所以，无论在车轮转向还是跳动时，拉杆上的力不会产生使齿条旋转的力矩。对于中间输出的转向器则不同，此种结构转向拉杆上的力作用点不在齿条中心线上，而是作用在齿条中心线外距离为 e_1 的点上，如图 6-12 所示。转向拉杆与齿条还存在一夹角 α。当车轮跳动时，α 也在变化，所以拉杆上的作用力必然产生一个使齿条旋转的力矩 M_1，即

$$M_1 = F_p e_1 \tan\alpha \qquad (6-20)$$

式中，F_p 是齿条输出力；α 是转向拉杆与齿条夹角；e_1 是转向拉杆力作用点与齿条中心线距离。

由式（6-20）可以看出，在转向器结构确定以后（e_1 基本不变），齿条上的旋转力矩 M_1 将随着齿条输出力和夹角的增加而增加。

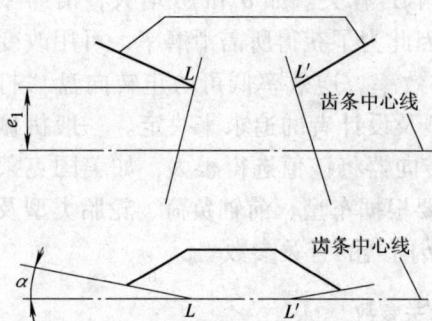

图 6-12　转向拉杆力的作用点及其
与齿条的夹角

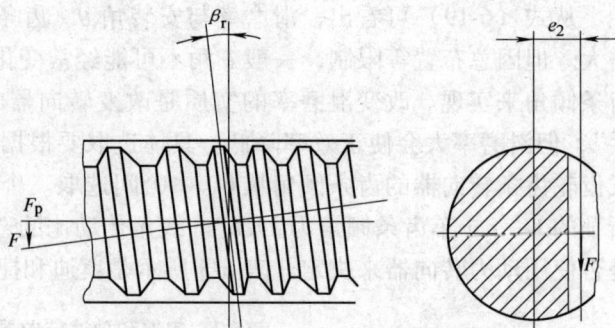

图 6-13　作用在齿条上的旋转力矩 M_2

另外，由于齿条有倾角 β_r 存在，当齿条上作用一个力 F_p 时，必然产生一个分力 F，如图 6-13 所示；又因为齿条节线与齿条中心线间有 e_2 存在，这将产生一个使齿条旋转的力矩 M_2，即

$$M_2 = F_p e_2 \tan\beta \tag{6-21}$$

式中，e_2 是齿条节线与齿条中心线距离。

作用在齿条上总的旋转力矩为 M_1 与 M_2 之和。齿条上的旋转力矩主要由 M_1 组成，M_2 所占比例很小。

由于有旋转力矩作用在齿条上，齿条和齿轮是靠托座弹簧来消除间隙的，而托座弹簧力又不能设计得很大，这样当 M 达到某一数值时，齿条将旋转一个角度，造成齿轮与齿条不能正确啮合。为了解决这一问题，在设计时必须采取一些措施来防止齿条旋转。有些厂家将齿条截面设计成 V 形（见图 6-10），当齿条上产生旋转力矩时，可以通过 V 形截面进行平衡，防止齿条旋转。另一种方法是将齿条截面形状设计成 Y 形，如图 6-14 所示。

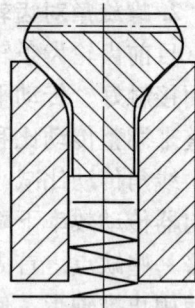

图 6-14　截面形状
Y 形齿条

这种截面形状除可防止齿条产生旋转外，还可以提高齿条的弯曲强度及刚度。为了防止齿条旋转，也可以在转向器壳体上加工出导向槽，并在导向槽内嵌装导向块，将拉杆、导向块与齿条固定在一起，当齿条移动时导向块在导向槽内移动。当齿条要产生旋转时，导向块能起到限位作用，防止齿条旋转。这种结构要求导向块与导向槽之间配合要合适。如果配合过紧，则产生转向及回正困难；如果配合过松齿条仍能产生旋转，这将使汽车在行驶中产生敲击噪声。

4. 齿轮齿条式转向器轴承选择及齿轮支承

（1）齿轮齿条式转向器使用的轴承形式

1）角接触球轴承。这种轴承由内圈、外圈、保持架及钢球组成，其计算接触角为 12°、26°、36°几种。应根据转向器齿轮不同转向力来选择这种轴承。

2）单列深槽滚珠轴承。这种轴承的特点是将轴承的内圈加工在轴径上（见图 6-15），这将使结构紧凑。

3）滚针轴承。滚针轴承结构紧凑，在内径及所承受的径向负荷相同时其外径最小。滚针轴承可以不带内圈或不带外圈，也可以两者都不带。目前在齿轮齿条式转向器中应用较多的只有冲压外圈的滚针轴承。当滚针轴承用于转向器下端时，滚针轴承的冲压外圈一端是封闭的（见图6-15），这样既可以使壳体加工容易，又可以防止水及尘土进入转向器内。

（2）齿轮齿条式转向器支承小齿轮的方法

1）上、下两端都用角接触球轴承。

2）上端采用滚针轴承、下端采用角接触球轴承（见图6-10）。

3）上端采用深槽轴承，下端采用滚针轴承（见图6-15）。

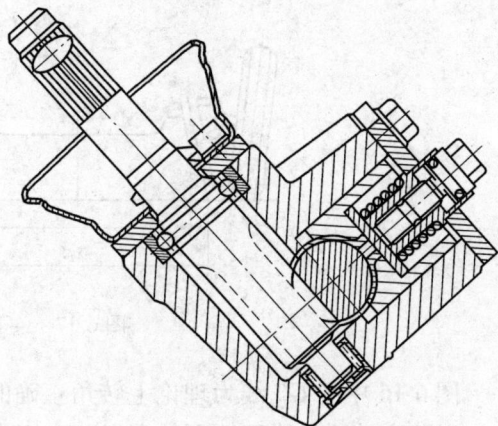

图 6-15 单列深槽滚珠轴承

第三节 转向梯形机构的设计

对汽车转向系的要求，除了机动性、轻便性和操纵稳定性之外，还必须保证转向轴的内外转向轮有一定的比例关系，使汽车转向过程中所有的车轮都是纯滚动或有极小的滑移，这一要求一般由转向梯形机构近似地实现。

一、转向梯形理论特性

为了使汽车转向时转向轮只有纯滚动而无滑移，应如图6-16所示，两转向轮应绕后轴延长线上的 O 点转动，且内、外转向轮的转角应保证下列关系：

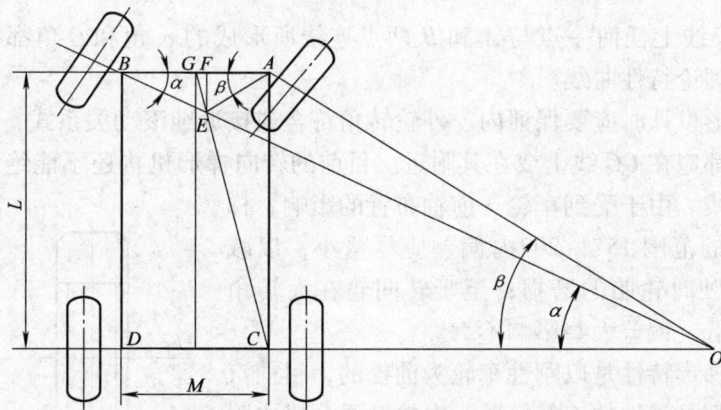

图 6-16 理论上的转向特性曲线

$$\cot\alpha - \cot\beta = M/L \qquad (6-22)$$

式中，α 是外转向轮转角；β 是内转向轮转角；M 是两主销延长线至地面交点间的距离（见

图 6-17）；L 是主销延长线与地面交点至后轴间的距离（见图 6-17）。

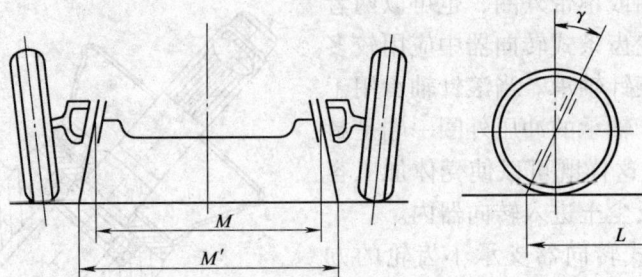

图 6-17　主销延长线与地面交点

图 6-16 中的 GC 线为理论上转角正确的转向梯形特性曲线，其作法如下：

以两主销延长线至地面的交点 A 和 B 作直线垂直于后轴轴线，交于 C 和 D 点，从前轴轴线的中点 G 作一直线至后轴上的 C 点，GC 即为理论特性曲线。证明如下：

从 GC 线上任意一点 E 与 A 和 B 点连线，并以 E 点作垂直于前轴的垂线 EF，在 $\triangle AEF$ 和 $\triangle BEF$ 中

$$\cot\alpha = \frac{BF}{EF} = \frac{BG + GF}{EF} \qquad \cot\beta = \frac{AF}{EF} = \frac{AG - GF}{EF}$$

则

$$\cot\alpha - \cot\beta = \frac{2GF}{EF}$$

由于

$$\triangle EFG \backsim \triangle GAC$$

所以

$$\frac{GF}{EF} = \frac{GA}{AC} \qquad \frac{2GF}{EF} = \frac{2GA}{AC} = \frac{M}{L}$$

因此

$$\cot\alpha - \cot\beta = \frac{M}{L}$$

由此可见 GC 线上任何一点与 A 和 B 两点连线所形成的 α 角和 β 角都符合纯滚动关系式，所以称之为理论特性曲线。

进行转向梯形设计时应要保证内、外轮转角符合或接近纯滚动关系式，也就是说内、外转向轴线的交点都应在 GC 线上或在其附近。目前的转向梯形机构还不能绝对保证符合转向梯形理论特性曲线。由于受到车轮、前轴布置的影响，梯形设计时在常用的范围 15°～20°内偏差应尽量小，以减小汽车在高速行驶时轮胎的磨损；至于转向轮在大转角时，汽车速度较低，偏差大些影响不大。

上面论证的梯形特性是以刚性车轮为前提的，目前汽车上所用的车轮都是弹性的充气轮胎，在轮胎受到横向阻力时，车轮不在与轴相垂直平面内滚动，而是在与该平面成 δ 角的平面内滚动，即绕 OO_1 线滚动（见图 6-18）。

由于弹性轮胎存在着横向偏离问题，当汽车转向时，所有车轮不是绕 O 点滚动，而是绕 O_1 点滚动，O_1 点又不

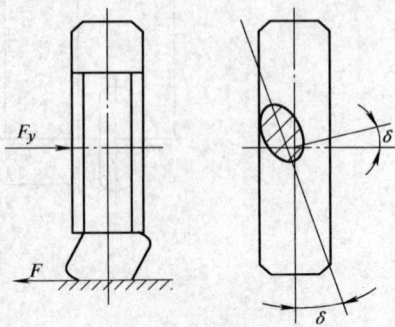

图 6-18　轮胎侧偏特性的影响

在后轴延长线上，而在前轴与后轴中间与汽车纵轴线相垂直的某一直线上（见图6-19），即 O_1 点的位置取决于前轮的横向偏角 δ_q 与后轮的横向偏离角 δ_h。由于影响轮胎的横向偏离因素太多，目前无法用简单方法加以确定，所以目前仍以刚性轮胎的假设来进行转向梯形设计，而一般车辆在实际使用中完全可以满足要求，因此暂时不考虑轮胎横向偏离问题。

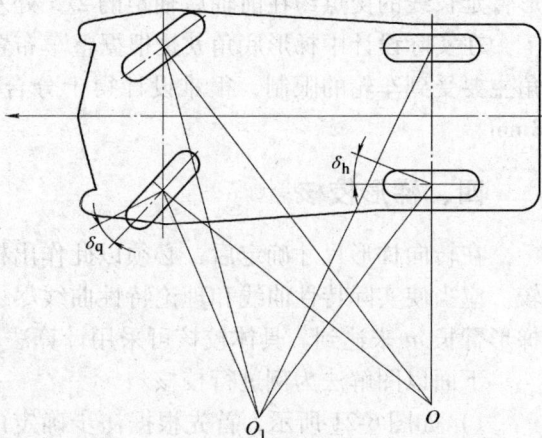

图 6-19 轮胎侧偏特性对转向中心的影响

二、转向梯形的布置

为保证汽车行驶的安全性，在一般情况下应尽量将梯形布置在前轴之后，横拉杆的高度应在前轴下表面以上 15mm 处，以避免障碍物的撞击。只有在发动机的位置很低或车前轴是驱动轴时，由于梯形臂的横拉杆难于布置时才不得不把转向梯形放在前轴之前，此时横拉杆位置应尽量高些。

三、转向梯形机构尺寸的初步确定

转向梯形的基本尺寸主要是梯形底角 θ 和梯形臂长 m。

梯形臂长 m 主要根据布置空间而定，它直接影响到横拉杆轴向力的大小（见图6-20）。横拉杆轴向力

$$F_S = F_Q \frac{l}{l'} = F_Q \frac{l}{m\sin\theta} \qquad (6-23)$$

式中，F_Q 是纵拉杆对转向节上臂的作用力，一般可用前轴负荷 G_1 的一半计算，即 $F_Q = 0.5G_1$；l 是纵拉杆作用力力臂；l' 是横拉杆轴向力 F_S 的作用力臂。

从式（6-23）可以看出，梯形臂不宜过短，因为横拉杆轴向力与梯形臂长 m 成反比，m 减小导致 F_S 增大。但梯形臂长度也不宜过大，否则会使其布置困难，尤其对于前置梯形更是如此。

通常汽车上梯形臂长度 m 与两主销中心距 M' 的比值约为

$$m/M' = 0.11 \sim 0.15$$

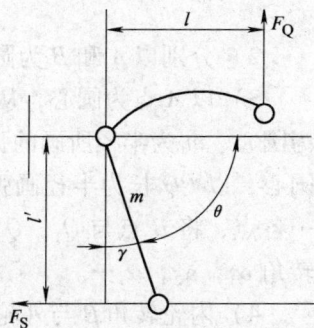

图 6-20 转向梯形机构尺寸参数

表 6-4 给出了一汽集团公司中、重型载货汽车转向梯形机构的主要参数。

表 6-4 一汽集团公司中、重型载货汽车转向梯形机构的主要参数

车 型	CA15	CA1092	CA1120PK2L2	CA1170P2K1L2
m/mm	201.2	202.5	203.9	196.8
M'/mm	1480	1626	1627	1798
m/M'	0.136	0.125	0.1253	0.11
$\theta/(°)$	70.62	73.24	74.83	74.94

梯形底角 θ 是一个非常重要的参数，一般情况下，对整体式转向轴后置梯形来说，两梯形臂延长线的交点约在前轴后轴距的 2/3 处左右。

在实际设计中梯形底角 θ 是根据整车布置最后确定的，一般在 70°～80° 范围内。梯形底角主要受到车轮的限制，很难设计得十分合理，一般设计时横拉杆接头与车轮间隙不小于 8mm。

四、梯形校核

在转向梯形尺寸确定后，必须以此作出梯形的实际特性曲线，并与理论特性曲线进行比较。应当使实际特性曲线和理论特性曲线尽可能一致。这可以通过选取不同的梯形底角 θ 和梯形臂长 m 来达到。具体校核可采用计算法和图解法两种方法进行。

下面以图解法为例进行校核。

1）如图 6-21 所示，首先根据初步确定的梯形尺寸（梯形下底长度 $M = AB$、梯形臂长 $m = AP = BQ$、梯形底角 θ）作出中间位置的转向梯形图 $APQB$。

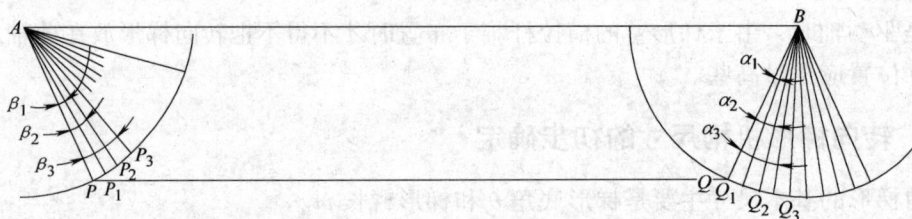

图 6-21　中间位置转向梯形图

2）分别以 A 和 B 为圆心，以梯形臂长 m 为半径画两上弧。

3）以 A 点为圆心，从 AP 线开始每隔 5° 作出 A 点的圆心角 β_1、β_2、β_3、$\cdots$，与以 A 点为圆心、m 为半径所画的弧相交于 P_1、P_2、P_3、$\cdots$各点，再分别以 P_1，P_2，P_3，$\cdots$各点为圆心，以 PQ 长为半径画弧分别与以 B 点为圆心、m 为半径画出的弧相交于 Q_1，Q_2，Q_3，$\cdots$各点，将 B 点与 Q_1，Q_2，Q_3，$\cdots$各点连线，测量 $\angle QBQ_1$，$\angle QBQ_2$，$\cdots$各角，即为外轮转角 α_1，α_2，$\alpha_3\cdots$。

4）内轮转角 β 与外轮转角 α 的相应关系如表 6-5 所示。

表 6-5　内轮转角 β 与外轮转角 α 的相应关系

β	5°	10°	15°	20°	25°	30°
α	α_1	α_2	α_3	α_4	α_5	α_6

根据作出的内、外轮转角画出实际的特性曲线。与理论特性曲线进行比较，可以选出几组不同的梯形底角 θ 和梯形臂长 m，按上述方法求出和画出一系列的特性曲线，最接近理论特性曲线的该条曲线的 θ 和 m，即为选定的梯形底角和梯形臂长。

考虑轮胎侧向弹性的影响，应使实际内、外轮转角的差值比理论值小。实际梯形特性曲线与理特性曲线通常相交于 15°～25° 之间，并使 25° 以内的实际特性曲线尽量靠近理论特性曲线，如图 6-22 所示，选择 θ_1 较 θ_2 为好。

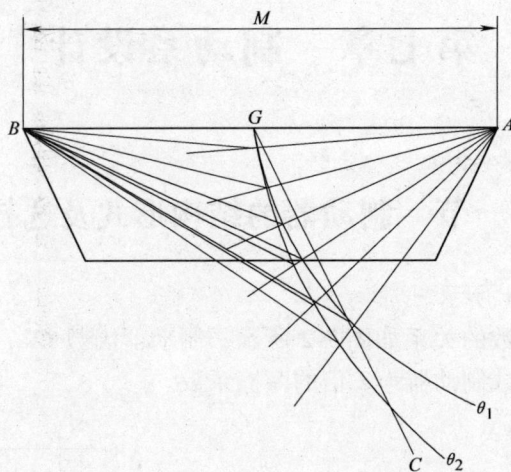

图 6-22　转向梯形的实际特性曲线

第七章 制 动 系 设 计

第一节 制动器的结构形式及选择

制动器的分类如图 7-1 所示。

制动器因数与摩擦系数的关系如图 7-2 所示，制动器因数 C^*，对于鼓式制动器为两蹄的效能因数之和，对于盘式制动器为 2 倍的摩擦系数。

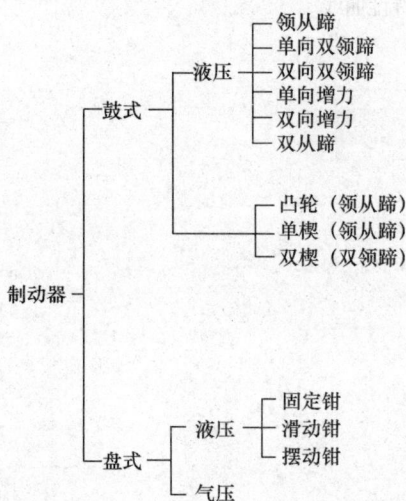

图 7-1 制动器分类

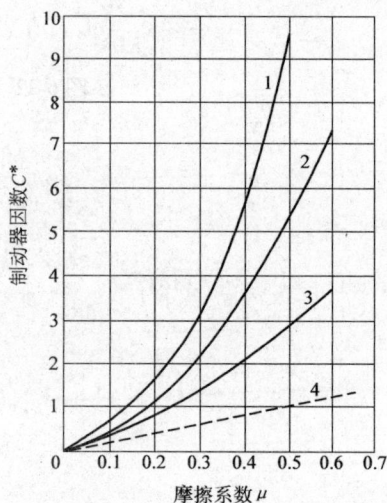

图 7-2 制动器因数 C^* 与摩擦
系数 μ 的关系曲线
1—增力鼓式制动器 2—双领蹄鼓式制动器
3—领从蹄鼓式制动器 4—盘式制动器

一、液压鼓式制动器

常用的液压鼓式制动器主要有以下三种形式：

1）领从蹄鼓式制动器，如图 7-3 所示，图 7-4 所示为带驻车制动及自动调隙装置的领从蹄鼓式制动器。

2）双领蹄鼓式制动器，有单向的（见图 7-5）和双向的（见图 7-6）两种。

3）自增力式鼓式制动器，有单向的（见图 7-7）和双向的（见图 7-8）两种。

领从蹄鼓式制动器的制动效能和稳定性居中，但由于其顺、倒车的制动性能不变，结构简单，成本较低，且容易实现行车制动和驻车制动的一体化，故多用作轿车及轻型车的后制动器（见图 7-9）。

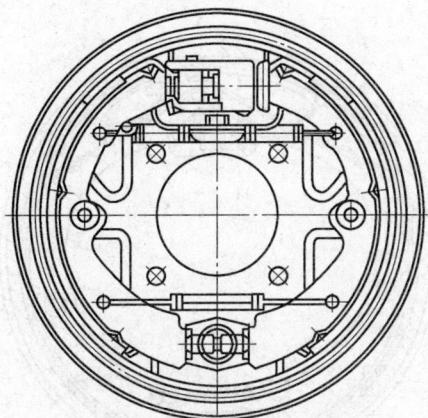

图 7-3　领从蹄鼓式制动器

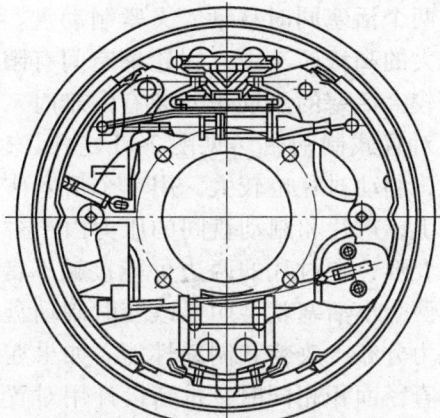

图 7-4　带驻车制动的领从蹄式鼓式制动器

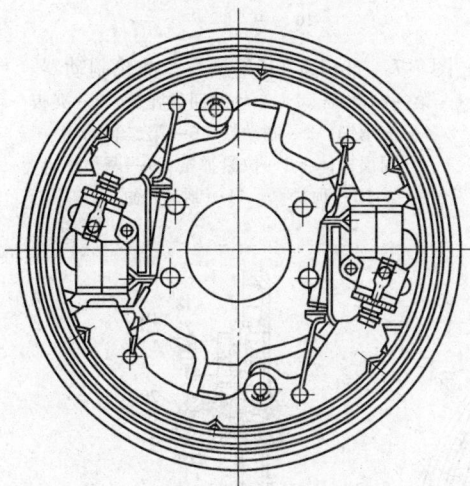

图 7-5　单向双领蹄鼓式制动器

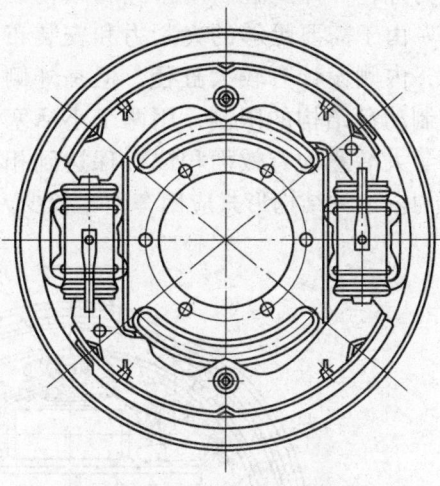

图 7-6　双向双领蹄鼓式制动器

　　单向双领蹄鼓式制动器正向制动效能很高，倒车制动效能很低，一般只用于轻型车的前轮上。而双向双领蹄鼓式制动器在顺、倒车制动性能不变，故多用于载重两吨以上轻型车的前、后轮。但用作后轮制动器时需另设中央制动器。

　　自增力式制动器的制动效能最高，但制动力矩的稳定性最差，故较少应用于行车制动。由于双向自增力式制动器有利于驻车制动的布置，且驻车手柄力较小，因此也可用于轿车和轻型车的后轮上，但设计时应注意妥善选择制动器几何参数，避免制动器发生自锁，同时应选用摩擦性能较稳定的摩擦衬片。

　　双从蹄式制动器由于其制动效能最低，极少应用。

二、液压盘式制动器

1. 固定钳盘式制动器

　　固定钳盘式制动器可分为双缸对置、四缸对置和外侧双缸内侧单缸等三种。

　　图 7-10 所示为双缸对置制动钳总成，用于丰田—皇冠轿车前轮。在制动盘两侧各有一个轮缸，两个钳体通过四个螺栓联结在一起，这种制动钳刚性好。钳体中间有油道相通，制

动时两个活塞同时移动，夹紧制动盘。在质量较大的高级轿车上，因轮辋空间有限，用一个较大活塞的制动钳安装有困难时，常用四缸对置式制动钳（见图7-11）。因汽车负荷大，制动衬片也较大，用单个活塞作用在衬片上，衬片和制动盘间的压力由于衬片的弯曲变形，在衬片的两边可能接触不良，如果用两个小活塞就会明显改变时制动盘的接触压力分布，改善其制动性能。如果在制动钳缸直径面积相同时，重新设计用对置四缸式，还可以使制动作用半径增加。

另外，一种三缸制动钳纯属结构设计的需要。由于需要足够的夹紧力和安装布置的考虑，内侧设计有较大缸径，但是外侧受轴毂和制动盘结构的限制，用两个小活塞的面积等于大活塞的有效面积以确保达到相同的正压力。这种结构形式应用车型比较少。

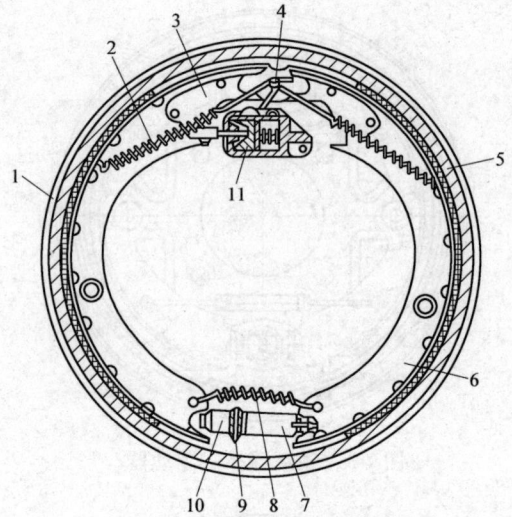

图 7-7　布切奇 113N 型汽车前轮制动器
1—第一制动蹄　2—制动蹄回位弹簧　3—夹板
4—支承销　5—制动鼓　6—第二制动蹄
7—可调顶杆体　8—拉紧弹簧　9—调整螺钉
10—顶杆套　11—制动轮缸

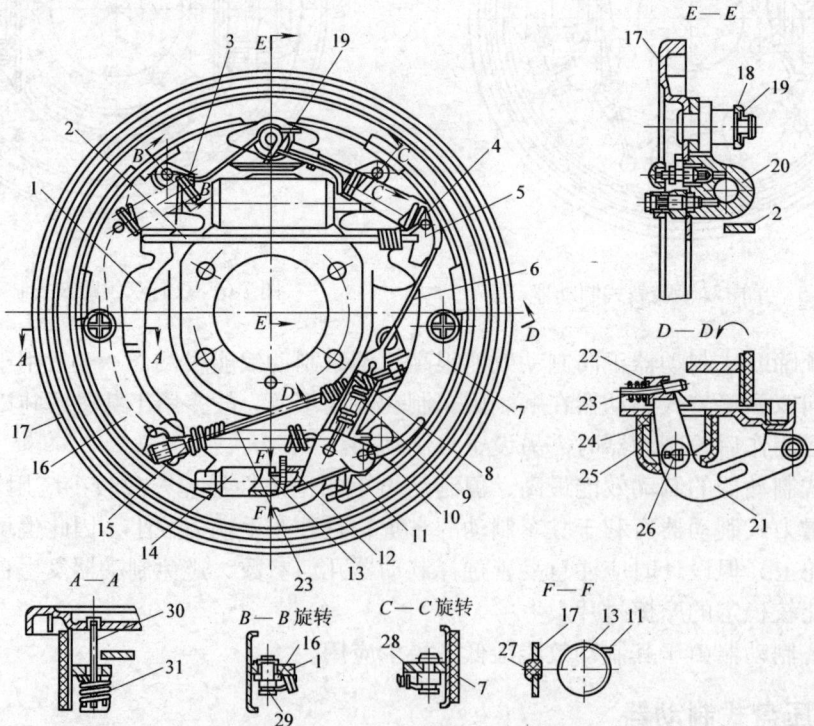

图 7-8　丰田—皇冠汽车后轮制动器
1—驻车制动杠杆　2—驻车制动推杆　3—制动蹄回位弹簧　4—弹簧　5—自调拉绳导向板　6—自调拉绳
7—后制动蹄　8—弹簧支架　9—自调拉绳弹簧　10—回位弹簧　11—自调拨板　12—可调顶杆套　13—调整螺钉
14—可调顶杆体　15—拉紧弹簧　16—前制动蹄　17—制动底板　18—垫圈　19—自调拉绳吊环　20—制动轮缸
21—驻车制动摇臂　22—驻车制动限位板　23—驻车制动拉绳　24—摇臂支架　25—防护罩　26—摆臂销轴
27—调整孔堵塞　28—后蹄四位弹簧固定销　29—前蹄回位弹簧固定销　30—制动蹄限位杆　31—制动蹄限位弹簧

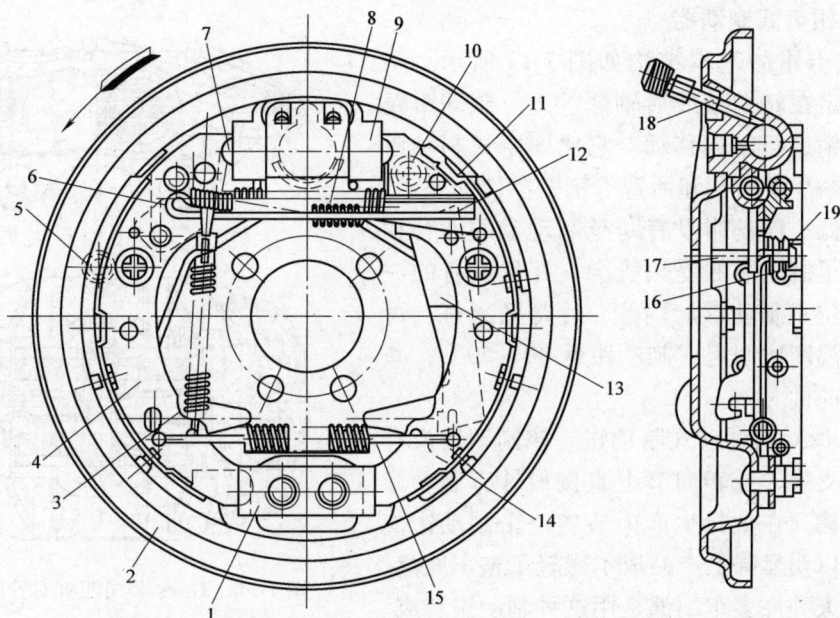

图 7-9　上海桑塔纳轿车后轮制动器

1—支撑板　2—制动地板　3—制动间隙调节弹簧　4—前制动器　5—观察孔
6—楔形调节块　7—带耳槽的支撑块　8—驻车制动推杆外弹簧　9—制动轮
10—平头销　11—驻车制动推杆内弹簧　12—驻车制动推杆
13—驻车制动杠杆　14—后制动臂　15—制动蹄回位弹簧　16—限位弹簧
17—限位销钉　18—放气螺钉　19—限位弹簧座

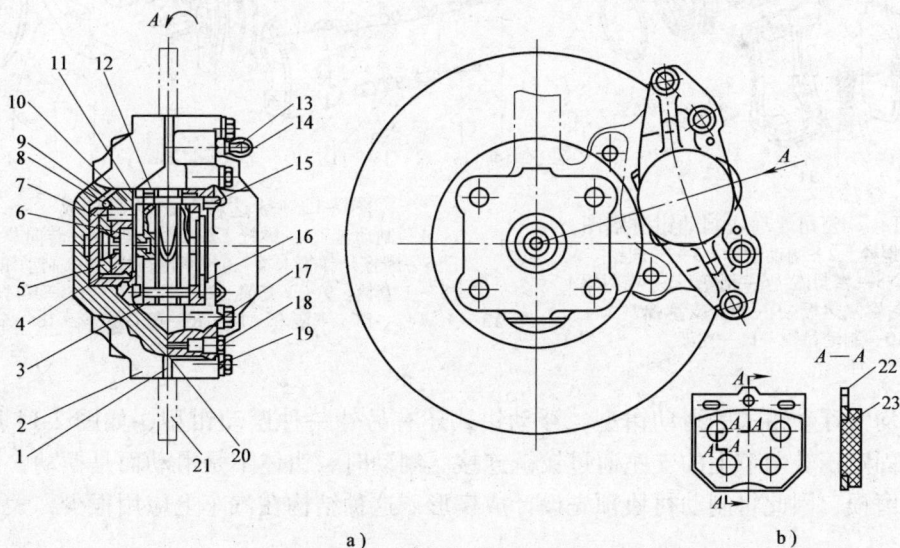

a)　　　　　　　　　　　　　　　　b)

图 7-10　双缸对置制动钳总成
a)制动钳　b)制动块

1—内侧钳体　2—外侧钳体　3—制动块　4—活塞　5—活塞垫圈　6—压圈
7—压圈密封圈　8—活塞密封圈　9—橡胶防护罩　10—防护罩锁圈　11—消声片
12—弹簧　13—放气阀　14—放气阀防护罩　15—制动块导向销　16—R形销
17—进油口垫塞　18—防污螺塞（装接油管时取下）　19—螺钉　20—橡胶垫圈
21—制动盘　22—制动块背板　23—制动块摩擦块

2. 浮动钳盘式制动器

浮动式卡钳的基本结构如图 7-12 所示。制动钳支架固定在转向节或后轴法兰上。制动钳壳体可沿导向销进行轴向移动。它比固定式制动钳结构简单，减少了缸孔和活塞等精密零件的加工，因而成本较低。浮动钳没有跨越制动盘的油管和油道，减少了制动液的受热机会，并且仅有的一个制动油缸位于制动盘的内侧，冷却效果好，可使制动液的温度比固定式制动钳低 $30 \sim 50℃$，减少汽化的可能性。

图 7-13 所示为浮动式制动钳。该制动钳没有制动钳安装支架，在转向节上直接设计有制动钳壳体的导向槽。在大量生产中节省一个制动钳支架零件，可以明显降低产品成本减轻了整车质量。捷达、高尔夫等许多车型都是用这种制动钳总成。

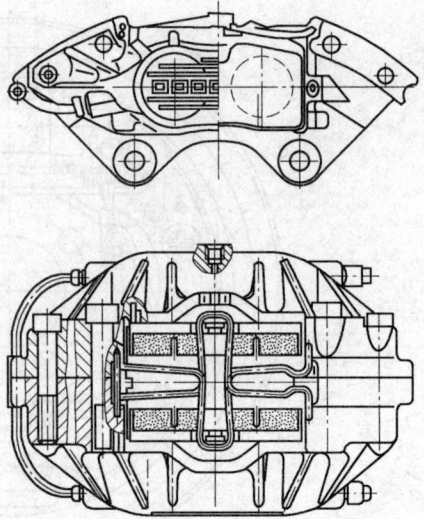

图 7-11　Teves 公司四缸对置制动钳

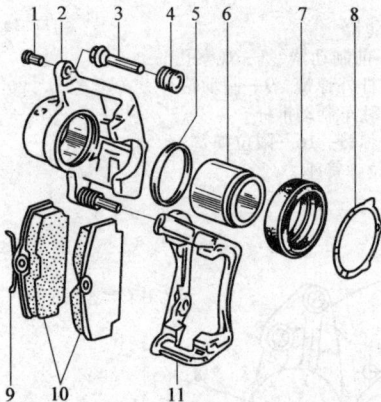

图 7-12　Teves 公司浮动式制动钳分解图
1—六角螺栓　2—制动钳体　3—导向销
4—保护套　5—密封圈　6—活塞　7—密封罩
8—密封罩隔热板　9—衬板支承弹簧
10—制动衬块　11—支架

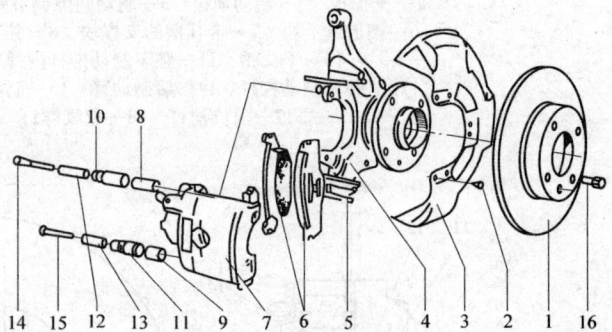

图 7-13　捷达轿车制动钳总成
1—制动盘　2—螺栓　3—防护板　4—转向节
5—摩擦片弹簧卡箍　6—摩擦衬块　7—制动钳
8—上套筒　9—下套筒　10—上衬套　11—下衬套
12—上隔套　13—下隔套　14、15—紧固螺栓　16—车轮螺栓

以上均为浮动钳式的滑动钳型，浮动钳式还有另外一种摆动钳型，如图 7-14 所示。制动钳体与固定于转向节上的支座通过铰链连接。制动时，钳体不是滑动而是摆动，制动衬块不能均匀磨损，因此将制动衬块预先设计成楔形。这种结构在汽车上应用很少，大多在摩托车上使用。

3. 带有驻车制动的后轮盘式制动器

后轮盘式制动器有以下结构形式：

1）在制动钳旁另外设计一套辅助制动钳供驻车制动使用。该辅助制动钳结构简单，但摩擦衬块面积小，在应急制动时（衬片单位压力高、磨损快）应用，其结构如图 7-15 所示。

2）在制动盘中设计小鼓式制动器做为驻车制动。这种结构比辅助制动钳能产生更可靠

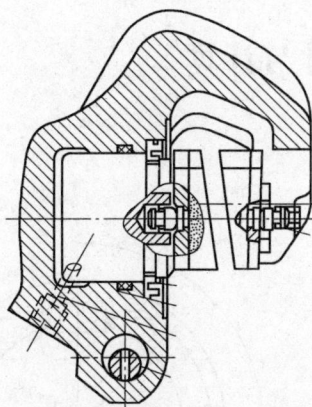

图 7-14 摆动钳型制动钳

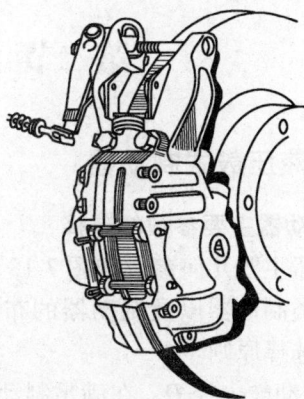

图 7-15 带辅助制动钳的
后轮盘式制动器

的驻车制动力矩。但盘中带鼓的直径较小,只能是双向增力式,制动器的调整不方便,制造成本较高。奔驰—300、沃尔沃等轿车都是采用这种形式,如图 7-16 所示。

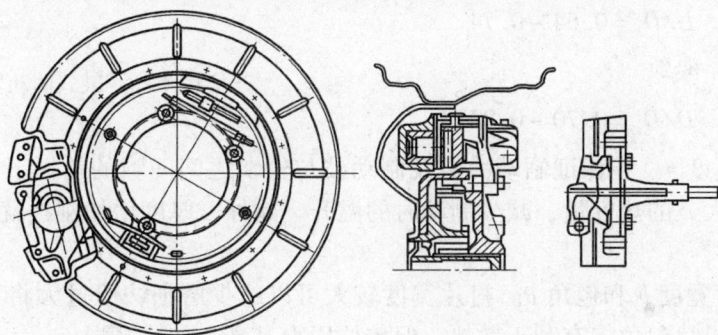

图 7-16 盘鼓结合式后轮制动器

3)在浮动式制动钳中将驻车制动和行车制动使用同一执行机构,如图 7-17 所示。

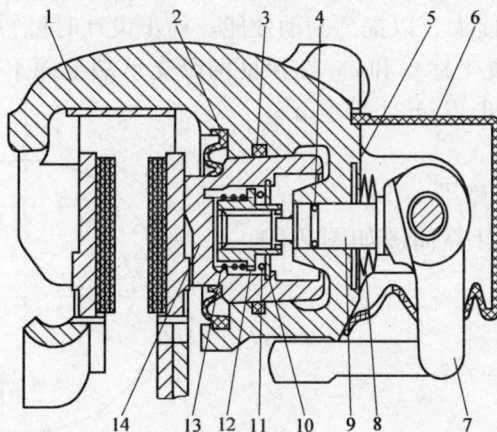

图 7-17 DBA 型后轮盘式制动器总成
1—制动钳体 2—活塞护罩 3—活塞密封圈 4—自调螺杆密封圈
5—膜片弹簧支承垫圈 6—驻车制动杠杆护罩 7—驻车制动杠杆 8—膜片弹簧
9—自调螺杆 10—挡片 11—推力球轴承 12—自调螺母 13—螺母扭簧 14—活塞

第二节　制动器结构设计与计算

一、液压鼓式制动器

1. 制动器主要参数的选择

制动器主要几何参数如图 7-18 所示，一般应参照同类车的同类制动器以及制动器的布置来选择，下面简单介绍一下选择原则。

1）制动鼓内径 D。在满足制动力矩的前提下，选择较小的制动鼓内径，从而增加制动鼓与轮辋之间的间隙，有利于散热。

制动鼓直径 D 与轮辋直径 D_r 之比的范围对于轿车而言，一般取

$$D/D_r = 0.64 \sim 0.74$$

对于货车而言，一般取

$$D/D_r = 0.70 \sim 0.83$$

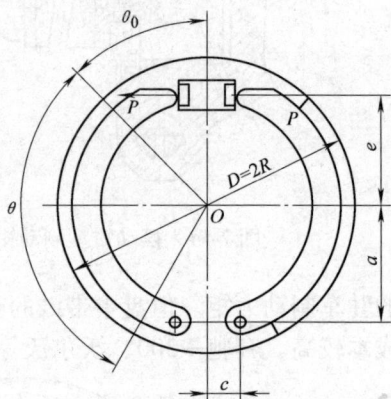

图 7-18　鼓式制动器主要几何参数

2）制动鼓厚度 n。在保证制动力矩及制动鼓与轮辋之间间隙的前提下，可以适当加厚制动鼓，从而增大鼓的热容量，减少制动时的温升。此外，厚度增加刚性就较好，有利于制动力矩的稳定。

3）摩擦衬片宽度 b 和包角 θ。衬片宽度较大可以减少磨损，但过大将不易保证制动鼓全面接触。减小衬片包角将有利于散热，但单位压力过高会加速磨损。

4）摩擦片起始角 θ_0。一般将摩擦片布置在制动蹄中央，$\theta_0 = 90° - \theta/2$。有时为了适应单位压力的分布情况，将摩擦片相对于最大压力点对称布置，以改善磨损均匀性。

5）制动器中心到蹄片张开力 P 作用线的距离 e。在保证制动轮缸能够布置在制动鼓内的条件下，应使 e 值尽可能大，以提高制动效能。初步设计时可暂定 $e = 0.8R$ 左右。

6）制动蹄支承点位置坐标 a 和 c。在保证两蹄支承端毛面不致互相干涉的条件下，尽可能加大 a，减小 c。初步设计时暂定 $a = 0.8R$ 左右。

2. 制动器效能因数计算

1）浮动蹄效能因数计算简图如图 7-19 所示。领蹄效率系数 K_{ec1}

$$K_{ec1} = \frac{\xi}{\dfrac{\varepsilon}{V\rho} - 1} \quad (7-1)$$

从蹄效能因数 K_{ec2}

$$K_{ec2} = \frac{\xi}{\dfrac{\varepsilon}{V'\rho} + 1} \quad (7-2)$$

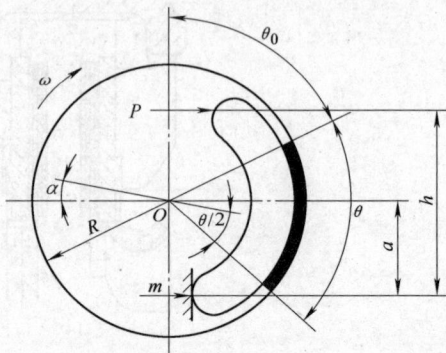

图 7-19　浮动制动蹄效能因数计算简图
R—制动鼓半径　θ_0—衬片起始角　θ—衬片包角
h—轮缸作用点至支点距离　a—支点距中心距离

式中，$\xi = h/R$；$\varepsilon = a/R$；$\rho = \dfrac{4\sin\dfrac{\theta}{2}}{\theta + \sin\theta}$（此式中 $\sin\dfrac{\theta}{2}$ 和 $\sin\theta$ 中的 $\dfrac{\theta}{2}$ 和 θ 用°为单位，θ 用弧度单位）；$V = \cos\delta \cdot \sin\beta$；$\delta = \beta - \alpha(°)$；$\beta = \arctan\mu$

$(°)$；$\alpha = \theta_0 + \dfrac{\theta}{2} - 90°(°)$；$V' = \cos\delta_1 \cdot \sin\beta$；$\delta_1 =$

$\beta + \alpha(°)$。

对于双领蹄式制动器，$C^* = 2K_{ec1}$；对于领从蹄式制动器，$C^* = K_{ec1} + K_{ec2}$。

2）自增力式制动蹄效能因数计算，如图7-20所示。

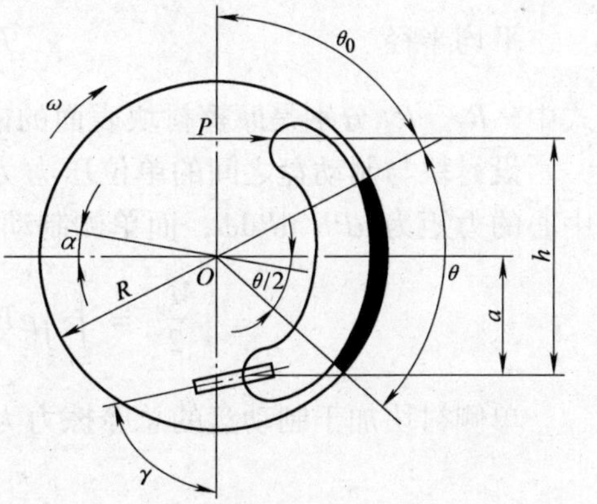

领蹄效能因数 K_{ec1}

$$K_{ec1} = \frac{\xi}{\dfrac{\varepsilon}{V\rho} - 1} \qquad (7-3)$$

从蹄效能因数 K_{ec2}

图 7-20　自增力式制动蹄效能因数计算简图

$$K_{ec2} = \frac{\xi}{\dfrac{\varepsilon}{V'\rho} + 1} \qquad (7-4)$$

式中，$\xi = h/R$；$\varepsilon = a/R$；$\rho = \dfrac{4\sin\dfrac{\theta}{2}}{\theta + \sin\theta}$（此式中 $\sin\dfrac{\theta}{2}$ 和 $\sin\theta$ 中的 $\dfrac{\theta}{2}$ 和 θ 用°为单位，θ 用弧度

单位）；$V = \cos\delta \cdot \sin\beta/\cos\lambda$；$\delta = \alpha + \lambda - \beta(°)$；$\alpha = \theta_0 + \dfrac{\theta}{2} - 90°(°)$；$\lambda = \arctan$

$\dfrac{\xi - \varepsilon + \rho\sin\beta\cos(\beta - \alpha)}{\xi\tan r - \rho\sin\beta\sin(\beta - \alpha)}(°)$；$\beta = \arctan\mu(°)$；$V' = \dfrac{\cos\delta' - \sin\beta}{\cos\lambda'}$；$\delta' = \alpha + \beta + \lambda'$；$\lambda' = \arctan$

$\dfrac{\xi - \varepsilon - \rho\sin\beta\cos(\beta + \alpha)}{\xi\tan r - \rho\sin\beta\sin(\beta + \alpha)}(°)$。

对于领从蹄自增力式制动器，$C^* = K_{ec1} + K_{ec2}$；对于双领蹄自增力式制动器，$C^* = 2K_{ec1}$

3. 制动器制动力矩的计算

一个制动器产生的制动力矩为

$$M_\mu = C^* R \frac{\pi d^2}{4} P_0 \qquad (7-5)$$

式中，d 是轮缸直径（mm）；P_0 是管路液压（MPa）；R 是制动鼓半径（m）。

二、液压盘式制动器

1. 盘式制动器制动力矩计算

盘式制动器制动力矩（见图7-21）

$$M_\mu = 2\mu F_0 R \qquad (7-6)$$

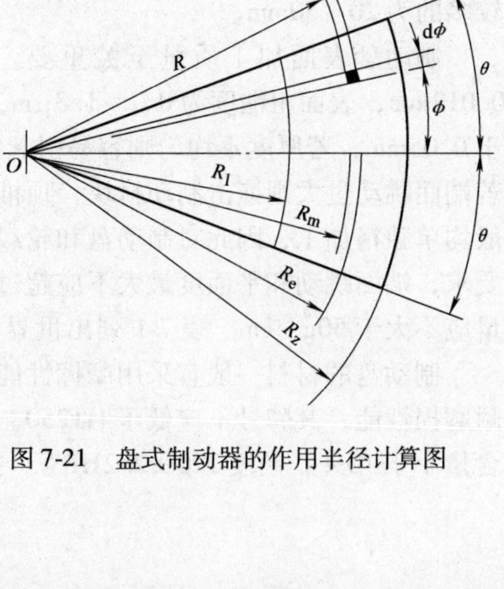

式中，μ 是摩擦系数，一般令 $\mu = 0.35$；F_0 是单侧

图 7-21　盘式制动器的作用半径计算图

制动块对制动盘的压紧力（N）；R 是作用半径（m）。

对于常见的具有扇形摩擦表面的衬块，若其径向宽度不很大，取 R 等于平均半径 R_m 进行估算或有效半径 R_e 进行精确计算。

平均半径
$$R_m = \frac{1}{2}(R_1 + R_2) \tag{7-7}$$

式中，R_1、R_2 分别是摩擦衬块表面的内半径和外半径（m）。

设衬块与制动盘之间的单位压力为 P，则在任意微元面积 $RdRd\phi$ 上的摩擦力对制动盘中心的力矩为 $\mu PR^2 dRd\phi$，而单侧制动块加于制动盘的制动力矩应为

$$\frac{M_\mu}{2} = \int_{-\theta}^{\theta}\int_{R_1}^{R_2} \mu PR^2 dRd\varphi = \frac{2}{3}\mu P(R_2^3 - R_1^3)\theta \tag{7-8}$$

单侧衬块加于制动盘的总摩擦力为

$$\mu F_0 = \int_{-\theta}^{\theta}\int_{R_1}^{R_2} \mu PRdRd\varphi = \mu P(R_2^2 - R_1^2)\theta \tag{7-9}$$

故有效半径

$$R_e = \frac{M_\mu}{2\mu F_0} = \frac{2}{3}\frac{R_2^3 - R_1^3}{R_2^2 - R_1^2} \tag{7-10}$$

2. 制动盘设计

盘式制动器设计时，首先应确定制动盘的直径。为了控制制动过程中制动盘承受的热负荷，随着汽车总重的增加，应该加大制动盘的直径和厚度。制动盘的直径选择应尽量大些，增加制动盘的有效半径，可降低制动钳的夹紧力，减少衬块的单位压力和工作温度。制动盘的直径一般选择轮辋直径的 70%～79%，总重大于 2000kg 以上的车型应选择其上限值。实心制动盘一般厚度在 10～20mm，适用于总重 1200～3400kg 的车型上。

为了增加制动盘的散热面积，有许多车型都采用通风式制动盘，即在制动盘中间铸有若干条肋形成通风孔道，由空气流动带走制动盘的部分热量，相当于增加散热面积，更有利于制动盘和制动衬块的工作。通风孔越大则散热面积越大，通风孔型制动盘可使制动摩擦衬块的温度降低 30%以上，提高制动衬块的使用寿命。通风式制动盘厚为 20～50mm，一般采用较多的为 20～30mm。

制动盘表面加工质量至关重要。工作面的加工精度要求比较高，如平面度允差为 0.012mm，表面粗糙度为 0.7～1.3μm，并要求形成网状花纹；两摩擦表面的平行度不应大于 0.05mm，若厚度不均匀则容易引起制动踏板振动；制动盘的端面跳动不应大于 0.03mm，若端面跳动过大则撞击制动衬块，顶推活塞，导致制动踏板振动，踏板行程加大。制动盘一般均单独精加工，因此对制动盘和轮毂的安装平面应控制其精度；同时要对轮毂的端面提出要求，端面跳动和平面度最大不应超过 0.04mm。加工后对制动盘尚应进行平衡，其不平衡量应不大于 50g·cm。表 7-1 列出世界各地对制动盘的精度要求。

制动盘的材料一般宜采用摩擦性能良好的珠光体灰铸铁，为保证制动盘有足够的强度和耐磨损性能，其牌号不应低于 HT250。德国大众公司制动盘金相组织为叠层珠光体，铁素体含量小于 10%，硬度 220±252HBW，拉伸强度 $R_m \geqslant 250N/mm^2$。

表 7-1 世界各地对制动盘的精度要求

精 度	北美	亚洲	欧洲	Kelsey Hayes 现在	Kelsey Hayes (1990 年)	奥迪 100
端面跳动/mm	0.050	0.035	0.035	0.035	0.030	0.030
两盘面平行度/mm	0.010	0.010	0.010	0.010	0.008	0.010
轮毂安装面的平面度/mm	0.100	0.075	0.050	0.075	0.050	0.100
精车表面粗糙度/μm	3.0max	2.5max	2.5max	2.5max	2.0max	—
磨削表面粗糙度/μm	2.0 ~ 0.4	2.0 ~ 0.4	2.0 ~ 0.4	1.6max	1.6max	0.8 ~ 1.2
不平衡量/ (g·cm)	54	75	50	54	50	50

3. 制动钳设计

制动钳设计要保证具有足够的强度，更要注意制动钳的刚度，另外还要注意降低制造成本和减轻质量。在结构设计时应考虑以下问题。

制动钳设计尽量利用轮辋内的最大空间，以保证制动盘有较大的直径。制动盘有效半径增加，夹紧力减少，从而使制动钳的变形减少，同时可降低制动衬块的单位压力和工作温度。

固定钳为加工方便，一般做成对分式，然后用螺栓紧固成整体。制动钳桥留有槽口，在不拆下制动钳时能检查和更换制动块。钳桥应有足够面积，若槽口尺寸过大则降低刚度，制动钳的变形增大将导致制动踏板行程增加。国外资料介绍制动卡钳在 10000N 的推力下变形只有 0.06mm。当制动钳的总变形超过制动块与制动盘之间的间隙时，在解除制动压力之后，将产生衬块与制动盘的拖滞现象。

浮动钳壳体钳脚直接支承制动块，钳脚受力变形后衬块磨损不均，因此设计时钳脚与制动盘有一微小的角度，保证受力变形后对制动块恰好压力均衡，使制动块处于良好受力状态。制动钳壳体密封圈环槽设计和加工要求严格，环槽的锥面一般为 4° ~ 7°，槽深加工必须严格保证，若环槽偏深，密封圈过盈不足，使用中容易出现渗油现象；若环槽偏浅，使用中容易出现制动块的拖滞把劲现象。

因制动钳橡皮圈的密封活动部位在制动活塞上，制动钳缸孔表面粗糙度比制动轮缸要求低。制动钳壳体或制动钳支架固定在转向节（或后轴突缘）的两螺栓应有足够的跨距，间距太小承受制动力矩的支承压力则太大。

制动钳壳体和支架的材料有采用铸铁、铝合金压铸、钢骨架压铸铝合金等。但大多数车型用强度较高的球墨铸件，相当于 QT550—5，且耐磨损性能好，制造成本低。

制动钳壳体和支架的铸件必须保证无缩孔、无疏松、无型砂、无硬点以及其他对零件功能造成不良影响的缺陷；铸件必须 100% 进行超声波试验以检查球墨形状及其它缺陷，制动钳壳体和支架应进行镀锌防护处理，允许其壳体缸孔底部无表面防护，但无均匀镀锌层的最大长度不应超过 20mm；对壳体缸孔要进行脱气处理，保证在制动液中加温至 110℃ 时产生的气体量不能大于 0.1mL。

制动活塞设计要考虑减少和制动衬块的接触面，减少热量向制动液的传递。活塞装入缸孔端要设计光滑的倒角和圆角，以保证装配的方便性和可靠性。活塞和轮缸的配合间隙一般选择 0.08 ~ 0.11mm 为宜。材料选择有以下几种：选用 20 钢冷挤压成形；选用铸铁进行机械加工成形；还有选用酚醛树脂注塑成形后对活塞外表面机械加工到配合尺寸；还有采用经阳极氧化处理的铝活塞，表面还镀有一层绝热材料。

密封圈是制动钳总成最关键的零件之一，它的质量水平将直接影响制动系统的使用寿命和可靠性。其断面一般均设计成矩形，置于缸体密封槽内应有足够的活动空间，一般密封圈断面与密封槽断面之比为 0.75 ~ 0.82。材料选择多为三元乙丙橡胶，具有良好的弹性和足够的硬度，承受 120℃高温往复抽动 20 万次没有任何影响功能的损伤。

制动块由背板和摩擦衬块组成，摩擦衬块有扇形、矩形和长方形等。其连接方式有两种：一种在背板上钻有 4 ~ 6 个孔，使衬块和背板直接压嵌在一起，欧洲制动器常采用；另一种是将衬块单独压制成形，用铆钉和背板铆接，美国制动器常采用。背板的材料一般为优质碳素结构钢，外形尺寸直接冲压而成。为保证足够的支承刚度，钢板厚对于轻型车、轿车一般选为 4 ~ 6mm，对于重型汽车背板的厚度还要大。

制动块的不同结构形式受力效果不一样。图 7-22 所示为两种不同的制动衬块结构。a 型制动块受力后直接支承在制动钳支架上（见图 7-22a）；b 型背板与受力方向反向的支角支承在制动钳支架上（见图 7-22b）。图 7-23 所示为制动块的受力分析。

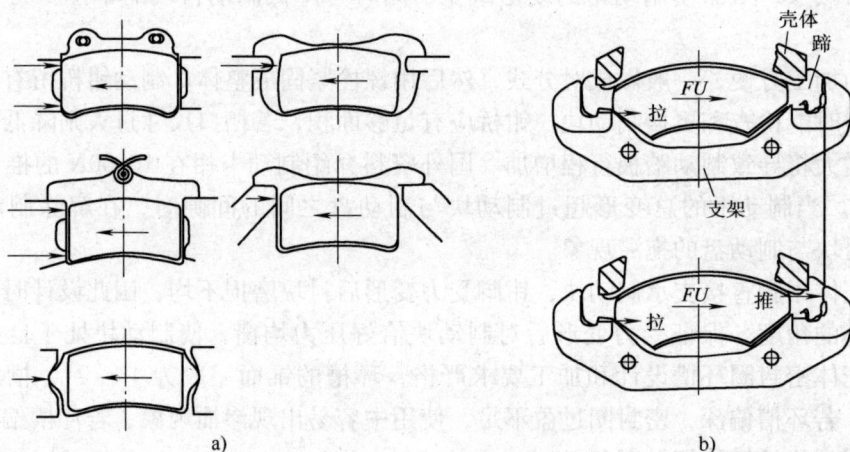

图 7-22　两种制动块的结构

从 a 型可见，制动块受力对 I 点的力矩平衡 $\sum M_1 = 0$

则
$$N\mu_B S + N\mu_B\mu_S l - Nx_1 = 0$$

$$N\mu_B S + N\mu_B\mu_S l = Nx_1$$

由 b 型，同理

$$N\mu_B S - N\mu_B\mu_S l' - Nx_2 = 0$$

$$N\mu_B S - N\mu_B\mu_S l' = Nx_2$$

显然 $x_2 < x_1$。

可以看出，b 型结构其支反力 N 偏离中心较小，使制动块颤抖可能性小，不容易产生噪声。上海桑塔纳轿车制动块是 b 型结构，制动衬块背板喷有一层防振漆；奥迪 100 轿车制动块是 a 型结构，在制动块国产化开始时，生产厂将奥迪制动块背板也喷一层防振漆代替防振纸垫，装车试验时，制动噪声非常明显，不能用。而采用奥迪 100 制动块总成要求的防振纸垫后，噪声则明显降低。

由于受制动钳结构的限制，制动块的尺寸不能太大，当制动块的单位压力加大，必然磨损速度快。因此制动块的厚度比鼓式衬片要大得多，一般可使用厚度选为 8 ~ 10mm 以上。制动块外半径 R_2 与内半径 R_1 的比值选择一般不应大于 1.5，则由于衬块磨损引起的制动器输出力矩的改变很小，制动块面积的确定推荐以下数值：单位面积制动块承担的车重应在 1.6 ~ 3.5kg/cm² 。

盘式制动块单位面积上的能量负荷是鼓式制动器衬片的若干倍。因此，制动盘的表面温度比制动鼓的温度要高，在连续使用制动时，温度可达 600 ~ 700℃乃致更高，所以对盘式制动的衬块材料要求更严格。

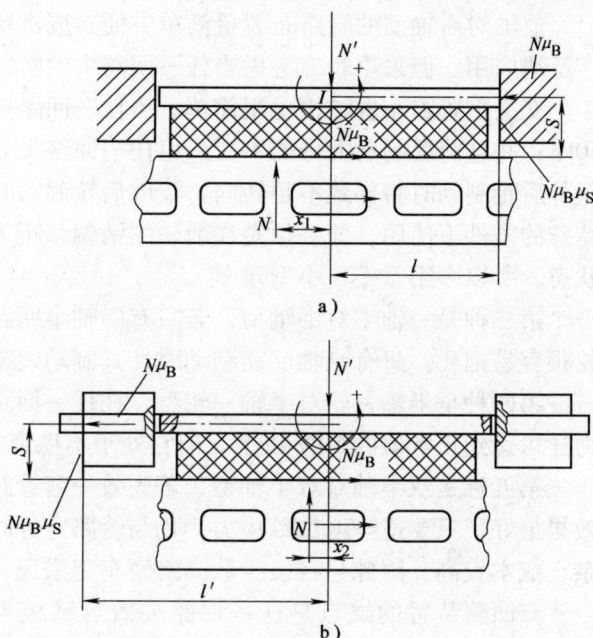

图 7-23　制动块的受力分析

第三节　制动操纵系统的结构与设计

一、液压制动操纵系统的结构

液压制动是指车轮制动器的轮缸由液压驱动，其操纵系统较为常见的有真空助力和真空增压。真空助力应用最为常见，广泛应用于轿车和轻型货车；真空增压应用于部分中、重型车上，在日本较为广泛。此外还有液压助力、气压助力、气压增压、气顶液、全液压动力制动系等，但应用较少。

液压制动的管路系统，目前各国都采用分立的管路系统，即全车所有的行车制动器的管路分成两个或更多个互相独立的回路，双回路应用最为广泛，其布置形式对于双轴汽车比较常见的有五种分配形式（见图 7-24）。

前轴对后轴型——前轴制动器与后轴制动器各用一个回路；交叉型——前轴的一侧制动器与后轴的对侧制动器同属一个回路；一轴半对半轮型——每侧前制动器的半数轮缸和全部后制动器属于一个回路，其余的前制动器半数轮缸则属于另一个回路；半轴一轮对半轴一轮型——两个回路分别对两侧前制动器的半数轮缸和一个后轮制动器；双半轴对双半轴型——每个回

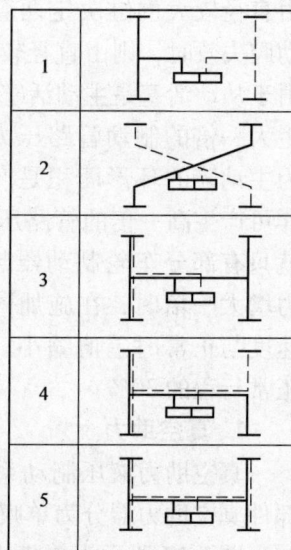

图 7-24　管路系统布置形式

路均对每个前、后制动器的半数轮缸。

前轴对后轴型的管路布置最简单方便，成本比较低，目前在各类汽车特别是货车上得到广泛地应用。但采用时应考虑当任一回路失效时，另一回路应能满足应急制动效能。

交叉型管路布置结构也很简单。当任一回路失效时，剩余的总制动力都能保持正常值的50%；并且前后制动力分配不变。但任一回路失效所形成的后轴单轮制动不利于转弯制动，仅外后轮制动时将导致不足转向，仅内后轮制动时，将导致过度转向。这种布置形式只能在特殊的条件下使用，即必须是在前轮主销偏移距为负值的汽车上，才能保证制动时处于稳定状态，所以多用于中、小型轿车。

第三种是一轴半对半轴型，若只有一轴半回路时剩余制动力较大，此时在紧急制动时后轮很容易抱死。只有半轴回路制动时，其制动效果较差。

第四种是半轴一轮对半轴一轮型，在任一回路失效时，前后制动力比不变，剩余总制动力还可达到正常值的50%以上。但它处于不稳定的工况下，因此采用很少。

第五种是双半轴对双半轴型，若失效一套管路时，四个车轮仍能全部实施制动，其制动效果最好。只要适当增加踏板力，仍与管路完好时制动距离没有明显差别。但是其结构较复杂，成本较高，因此只在极少数高级轿车上采用，如红旗 CA770 轿车和吉尔 114 轿车等。

双回路装置的缺点是任一回路失效后踏板力踏板行程的变化，更重要是踏板行程的变化。踏板行程变化太大，容易使驾驶员产生惊慌。为使任一回路失效踏板力和踏板行程的影响减少到最低程度，现在设计有差级内腔双管路主缸，如图7-25 所示。

采用这种制动主缸在失效一套管路时，另一套管路可达正常管路压力的 2 倍，从而补偿了制动回路失效制动力部分的丧失。制动系统完好时，由直径较大的缸决定两套管路的制动压力。在主动腔失效时，则由直径较小的腔向管路提供压力，由于从动活塞是主动活塞面积的 1/2，因此可以产生大一倍的制动管路压力。在从动腔失效时，作为主动腔的环形面积是产生制动压力的面积，同样可产生高一倍的管路压力。由于局部管路失效，就只有部分车轮制动器起作用，因此，当制动压力增大一倍时，在施加同样大小的踏板力时，减速度与正常时差值缩小。踏板行程的增加不超过正常行程的 30%。

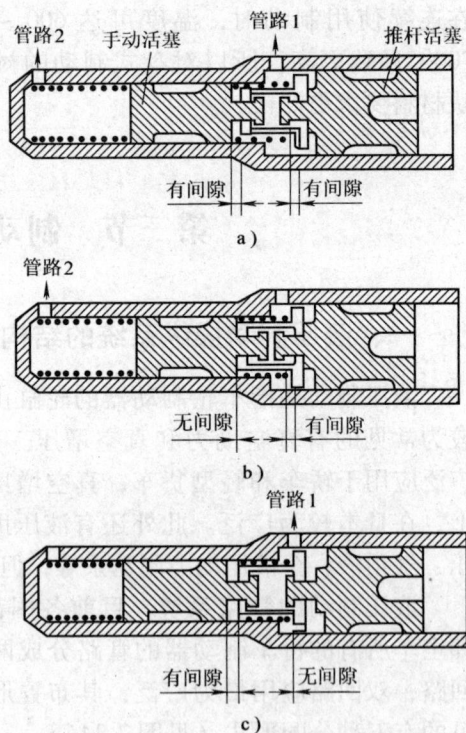

图 7-25　内径不等的制动主缸
a）制动系正常时的工况
b）管路1漏制动液工况　c）管路2失效工况

1. 真空助力

真空助力液压制动系如图 7-26 所示，其主要部件真空助力器分为单膜片和双膜片两种形式。

图 7-27 所示为单膜片真空助力器。真空助力器的优点是结构简单、可靠，真空装置工作时是干燥的，不会结冰。缺点是助力比较小，外型尺寸较大。对于柴油发动机则需另外增

加真空泵和真空筒作为真空源。

2. 真空增压

真空增压液压制动系如图 7-28 所示，其主要部件真空增压器的原理示意图如图 7-29 所示。P_1 为来自制动主缸的液压，P_2 为通向制动轮缸的液压。放松制动踏板时，大气阀门关闭，此时 $P_1 = P_2$，踩下制动踏板时，大气阀门开启，由于膜片左右压差的作用，使 $P_2 > P_1$。

真空增压器的优点是制动踏板可直接与制动主缸相连，有利于驾驶室内的空间布置。缺点是前后液压回路中需各装一个真空增压器，液压管路连接复杂，且成本较高。

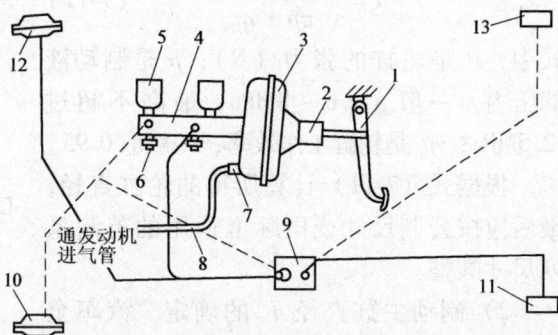

图 7-26 奥迪 100 轿车真空助力液压制动系示意图
1—制动踏板机构 2—控制阀 3—真空助力器 4—制动主缸
5—储液罐 6—制动信号灯液压开关 7—真空单向阀
8—真空供能管路 9—感载比例阀 10—左前轮缸
11—左后轮缸 12—右前轮缸 13—右后轮缸

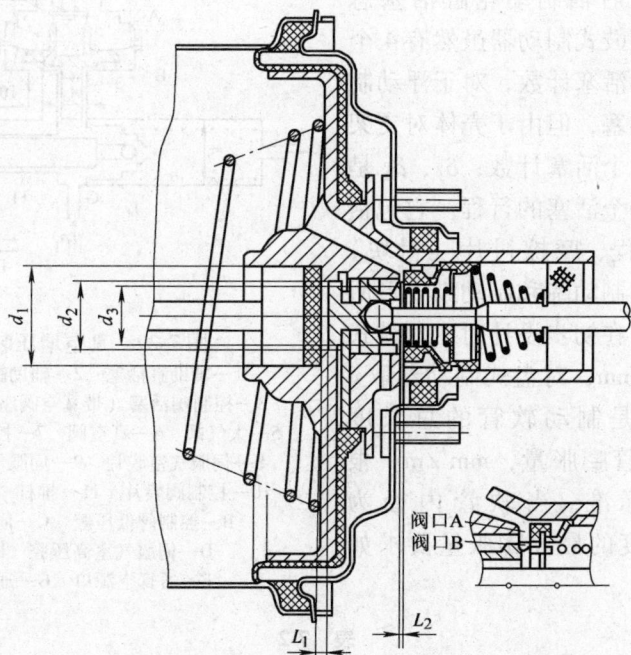

图 7-27 单膜片真空助力器

二、液压制动操纵系统的设计

1. 液压操纵系统的参数设计

1）轮缸直径的确定。确定了所需的制动力矩和对制动器制动蹄或制动衬块施加的张力 P，进而可以求出轮缸的直径（mm）。

$$d = \sqrt{\frac{4P}{\pi p \cdot \eta_R}} \qquad (7\text{-}11)$$

式中，P 是轮缸的张力（N）；p 是制动液的压力，一般 $p = 6 \sim 8\text{MPa}$，最高不超过 12.5MPa；η_R 是轮缸工作效率，一般取 0.95。

根据式（7-11）计算所得的轮缸直径，最后应按公制尺寸或国际上通用的英制系列尺寸圆整。

2）制动主缸直径 d_0 的确定。汽车全制动时，制动系统所需的最少制动液量（mm^3）为

$$V' = \frac{\pi}{4}d_1^2\delta_1 n_1 + \frac{\pi}{4}d_2^2\delta_2 n_2 + la_k \qquad (7\text{-}12)$$

式中，d_1、d_2 是前、后轴制动轮缸直径（mm）；n_1、n_2 是前后轴制动轮缸活塞总数，对于双向双轮缸鼓式制动器虽然有 4 个活塞，计算时按 2 个活塞计数，对于浮动制动钳虽然只有一个活塞，但由于壳体对支架有相对位移，仍按 2 个活塞计数；δ_1、δ_2 是前后轴制动轮缸中一个活塞的行程。它包括克服蹄片间隙的行程、摩擦衬片（衬块）压缩变形时的行程、制动蹄和制动鼓变形所引起的活塞总行程。在初步设计时，对鼓式制动器取 $\delta = 2 \sim 2.5\text{mm}$，对盘式制动器取 $\delta = 0.4 \sim 0.5\text{mm}$；$l$ 是制动软管的总长度（m）；a_k 是制动软管膨胀量，mm^3/m。根据 GB4784—1984 标准，当软管内径为 3.2mm 时，自由长度的最大膨胀量要求如表 7-2 所示。

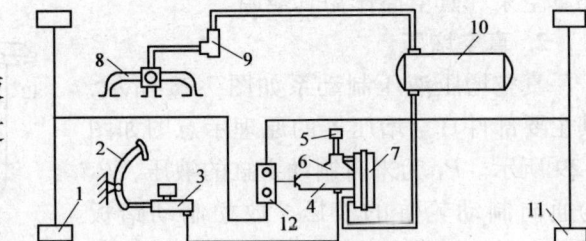

图 7-28 跃进 NJ1061A 型汽车真空
增压液压制动系示意图
1—前制动轮缸 2—前踏板机构 3—制动主缸
4—辅助缸 5—进气滤清器 6—控制阀
7—真空伺服气室 8—发动机进气管 9—真空单向阀
10—真空罐 11—后制动轮缸 12—安全缸

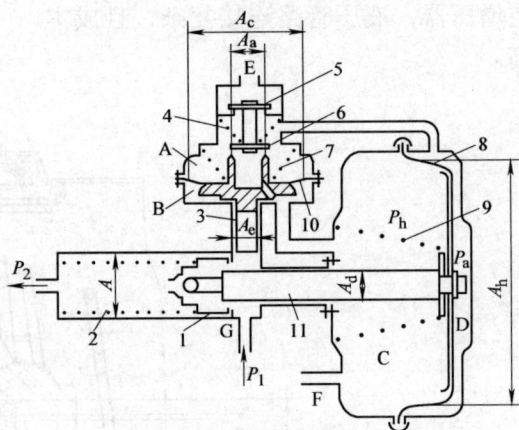

图 7-29 真空增压装置示意图
1—辅助缸活塞 2—辅助缸活塞回位弹簧
3—控制阀活塞（带真空阀座） 4—阀门弹簧
5—大气阀 6—真空阀 7—控制阀膜片回位弹簧
8—伺服气室膜片 9—伺服气室膜片回位弹簧
10—控制阀膜片 11—推杆 A—控制阀高压腔
B—控制阀低压腔 C—伺服气室低压腔
D—伺服气室高压腔 E—通大气口
F—通真空源口 G—通制动主缸口

表 7-2

软　　管	3.9MPa	10.3MPa
标准软管 cm³/m	2170	2590
低膨胀软管 cm³/m	1030	1380

根据保证正常的制动所需要的制动液排量则可确定制动主缸的工作容积。一般还应该考虑制动主缸要有足够的储备系数，即使在管路系统中侵入极微量的空气时，主缸还可以有足够的排量予以补偿，以确保制动系统的安全可靠性。

通常在初步设计时，可选取主缸的工作容积

$$V_0 = (1.2 \sim 1.6)V' \tag{7-13}$$

主缸活塞直径 d_0 和活塞有效行程 S_0 应满足下式

$$V_0 = \frac{\pi}{4}d_0^2 S_0 \tag{7-14}$$

主缸直径 d_0 的选择越小，在相同的踏板力下可以得到较高的液压，但受到踏板行程的限制。主缸活塞直径 d_0 和行程 S_0 可按表 7-3 所示选择。通常，部件的尺寸选择可能要反复试算数次，才能得到较好的设计。若制动主缸为串联双管路时，则应分别计算每一腔所需要的工作容积，根据前后腔的容积比例分别确定其行程。

表 7-3 主缸直径和有效行程

主缸直径		有效行程/mm					
规格/in	直径/mm	串联主缸	单 主 缸				
5/8	15.87		20	25	30	35	—	—
11/16	17.46			25	30	35	—	—
3/4	19.05			25	30	35	40	—
13/16	20.64	28, 30, 32						
7/8	22.22							
15/16	23.81		—	—	30	35	40	—
1	25.40							
$1\frac{1}{8}$	28.57							
$1\frac{1}{4}$	31.75							
$1\frac{3}{8}$	34.93	36, 38, 40	—	—		35	40	
$1\frac{1}{2}$	38.10							
$1\frac{5}{8}$	41.30							
$1\frac{3}{4}$	44.45		—	—	—	—	40	50

关于主缸尺寸系列，主缸和轮缸的直径尺寸在欧洲和日本采用公制标准国家也同样采用英制规格尺寸，对统一密封件——橡胶皮碗的规格大有好处，便于主缸的维修和橡胶件的使用。在设计主缸时，仍可采用英制规格的直径尺寸。

3）踏板力和踏板行程的计算。制动踏板力一般可用下式计算

$$F_p = \frac{\pi}{4}d_0^2 p \frac{1}{i_p \eta_0 \eta_c} \tag{7-15}$$

式中，i_p 是踏板机构传动比；p 是制动液的压力；η_0 是制动主缸效率，典型数值可取 0.95，制动主缸的输出损失是由主缸内壁和橡胶件间的摩擦以及主缸活塞回位弹簧的阻力造成的；η_c 是踏板杆系的机械效率，取决于杠系需要的铰链点数，如果在踩踏板和主缸输入间是一根杠杆两个铰链点，效率值可取为 0.85 ~ 0.90。

制动踏板最大行程（mm）为

$$S_p = i_p(S_0 + \delta_{o1} + \delta_{o2}) \tag{7-16}$$

式中，S_0 是油塞的有效行程；δ_{01} 是主缸推杆和活塞间的轴向间隙，取值为 1mm；δ_{02} 是制动主缸空行程，即主缸活塞从不工作的极限位置到使其皮碗刃口完全封堵主缸的旁通孔所经过的行程。一般取值为 1.5mm。若制动主缸为双管路时，则第一活塞和第一活塞的空行程之和为总空行程。

2. 制动主缸设计

1）主缸壳体。主缸壳体应有足够的耐压强度，铸件表面不能有裂纹和疏松，一般在 20MPa 以内壳体不应有任何泄漏。壳体通常选择材料有灰铸件 HT200、HT250 和铸造铝合金；此外，也有采用锻造铝合金、低碳钢冷挤压成形等。

考虑布置和安装的方便性，尤其是中小型客车，将制动主缸设计在室内仪表板里面更需尺寸短小和结构紧凑。另外对制动主缸减轻质量也是整车提高性能的一部分。图 7-30 所示是德国 Teves 公司的标准型和紧凑型制动主缸的对比。紧凑型实际是将主缸的一部分伸进助力器内部，使主缸长度缩短。

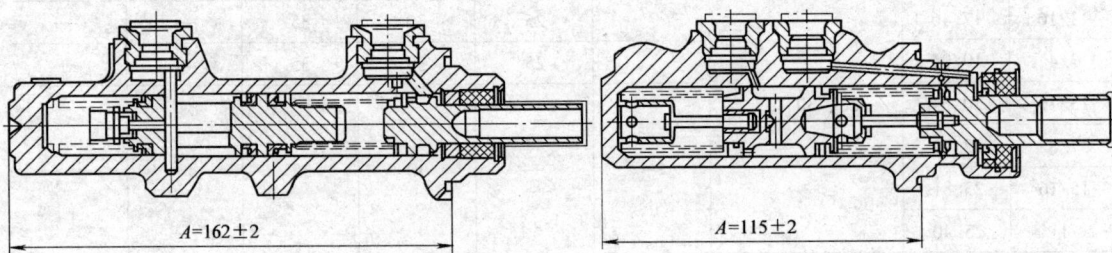

$A=162\pm2$　　　　　$A=115\pm2$

图 7-30　标准型和紧凑型主缸的比较

为保证良好的密封性能，壳体内孔必须有足够的光洁度，其表面粗糙度不得高于 0.25μ，尺寸公差推荐不大于 H9 级。

主缸缸孔长度的设计，在保证最大行程的同时，两个活塞的回位弹簧各圈之间不得并圈。

在设计确定活塞基本尺寸和补偿孔、进液孔、出液孔的位置后，应进行尺寸链计算，校核主缸空行程以及两活塞的主、副皮碗在运动到最终位置时，主皮碗唇口到出液孔边缘的距离至少应有 2mm，副皮碗唇口不得到达进液口的边缘。

主缸总成布置设计时，缸体中心线与水平线要有夹角，使放气螺钉处在主缸最高处，保证主缸里残存的气体容易排出，如图 7-31 所示。

2）活塞及其他部件。主缸壳体用铝合金时，活塞以锌合金压铸件或钢材者居多；缸体材料为铸铁时，活塞采用铝合金棒材铸铝，表面氧化铝膜处理。活塞的配合直径名义尺寸与缸孔相同。其配合间隙一般在 0.04~0.10mm 范围。

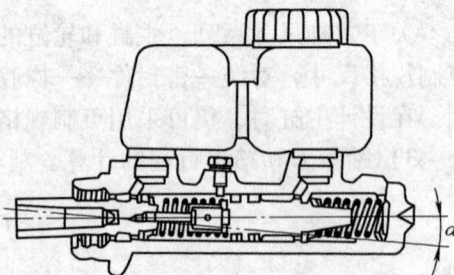

图 7-31　主缸与水平线的夹角

制动主缸的防尘罩设计注意留通气孔。制动时防尘罩包容的气体通过气孔与大气相通，否则防尘罩里的气体受压有可能进入主缸补偿腔。

弹簧支承座设计也要引起足够的重视，同时起到皮碗限位作用。但是支承座边缘与皮碗必须留有一定的间隙，如图7-32所示，在活塞回位时使主皮碗能够前移，副腔的制动液才能迅速地予以补充，保证制动的灵敏可靠。

橡胶密封件皮碗和皮圈是制动主缸最关键的零件，它们的质量优劣直接影响制动主缸总成的性能和使用寿命。目前皮碗和皮圈的材料广泛采用SBR橡胶和EPDM橡胶。

为确保主缸能连续有效地工作，主缸回位弹簧应能保证活塞及时返回工作初始位置，要求确定合适的活塞回位弹簧力。若回位弹簧力过大时，活塞回位冲击较大，容易产生气穴现象，同时制动阻力增加，输出液压降低，起始液压的输入力则较大；若回位弹簧力较小时，活塞回位太慢解除制动迟缓，或者回位不彻底，容易产生制动把劲和拖滞现象。弹簧预紧力一般选择$40 \sim 120N$。

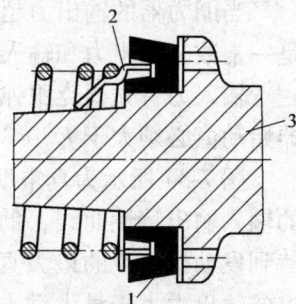

图7-32　弹簧支承座
1—皮碗　2—支承座　3—活塞

3. 真空助力器设计

1）真空助力器特性曲线。真空助力器的空气阀和真空阀一起构成助力器的随动机构，即当助力器工作时，输出力和输入力始终成比例。利用图7-33所示助力器说明其特性。该助力器的随动作用是通过橡胶反作用盘的弹性实现的，在助力器处于平衡状态时，橡胶反作用盘的作用与液压系统的压力相似，即助力器产生的有效助力对反作用盘的压力与控制活塞的推力对反作用盘的压力相等。因此可以列出如下平衡方程式

$$F_p + F_1 - (F_0 - F_2) - P_0(A_1 - A_2)\eta - P(A_1 - A_5)\eta = 0 \tag{7-17}$$

$$\frac{F_0 - F_2}{A} = \frac{P_0(A_1 - A_2)\eta + P(A_2 - A_5)\eta}{A_3 - A_4} \tag{7-18}$$

式中，F_p是真空助力器的输出力（N）；F_0是作用控制推杆上的输入力（N）；F_1是助力器回位弹簧的作用力（N）；F_2是控制推杆回位弹簧的作用力（N）；P_0是平衡时前后腔的压力差（MPa）；P是前腔的最大真空度（MPa）；A_1是膜片的有效总面积（mm^2）；A_2是控制阀的套管截面积（mm^2）；A_3是橡胶反作用盘的截面积（mm^2）；A_4是控制活塞面积（mm^2）；A_5是主缸推杆柄部的截面积（mm）；η是效率系数，一般取$0.9 \sim 0.95$。

式（7-17）、（7-18）即为真空助力器的静特性方程，通过上述公式即可绘制真空助力器的特性曲线，该公式适用于在最大助力点之前的输入输出关系的计算。

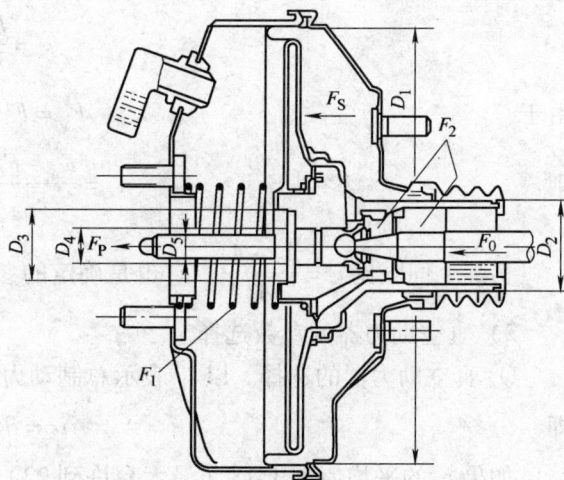

图7-33　真空助力器计算图

当助力器达到最大助力点时，前后腔的气压差达到最大值并等于前腔的真空度（$P_0 = P$），则

$$F_p = (F_0 - F_2) + P(A_1 - A_5)\eta - F_1 \tag{7-19}$$

当助力器的输出力超过最大助力点时，前腔的最大真空度保持不变，上式 $P(A_1 - A_5)\eta$ 是一常数，输出力和输入力将同步变化。计算最大助力点以后的输出力用式 (7-19)。

输入力首先要克服弹簧力 F_2，才能打开控制阀门产生输出力，所以最小输入力即助力器始动值必须大于 F_2。

图 7-34 所示为真空助力器在不同的真空度条件下的输入输出特性曲线，助力器的随动作用可以一直保持到发动机产生的最大真空度充分利用时。当汽车要求的输出力大于最大助力点时，继续增加踏板力助力器空气阀依然打开，由助力器产生一个固定的附加助力，该力与制动踏板的推力和加在一起，则产生更高的输出力。

真空助力器的助力比，即助力器的输出力与有效输入力 $(F_0' = F_0 - F_2)$ 的比值为

$$i_z = F_p / F_0' \tag{7-20}$$

在发动机最大真空度一定的条件下，助力器直径不变时，能取得的最大助力效果基本是确定的。助力比选择越大，曲线斜率越陡，踏板力越轻，踏板力的操纵范围越窄，可操纵和可控制性能不好。一般设计到最大助力点时，对轿车踏力范围可取 $F_{max} = 200 \sim 250N$，对货车可取 $F_{max} = 300 \sim 450N$。

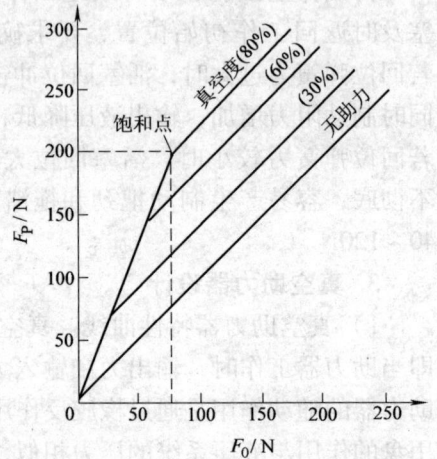

图 7-34　真空助力器特性曲线

真空助力器的伺服比 i_s 由伺服气室膜片受气压差的作用产生有效伺服力 F_s' 与有效输入力的比确定

$$i_s = \frac{F_s'}{F_0'}$$

由于

$$F_p = F_s' + F_0'$$

则

$$i_s = \frac{F_p - F_0'}{F_0'} = i_z - 1 \tag{7-21}$$

实际上伺服比 $i_s = \dfrac{A_3 - A_4}{A_4}$，它也是确定的参数，助力比则为 $i_z = A_3 / A_4$。

2) 真空助力器的参数选择。

① 真空助力器的选择。以 i_k 表示总制动力 B 与踏板力 F_F 的比值

即

$$i_k = B / F_F$$

如果 i_k 的平均值大于 18（最大允许到 22），该汽车则应安装真空助力器。

② 助力比的确定。汽车可能达到的总制动力是

$$B = F_F \frac{S_F}{2\lambda} K_{ec} \frac{R}{R_k} \eta_A i_z \tag{7-22}$$

式中，F_F 是踏板力（N）；对于轿车，$F_F = 200 \sim 250N$；对于货车，$F_F = 300 \sim 450N$；S_F 是

踏板行程（mm）；2λ 是一个制动器的动作行程（mm）；K_{ec} 是制动器的效能因素；R 是制动器作用半径（mm）；R_k 是轮胎有效半径（mm）；η_A 是效率。

无助力时，$i_z = 1$，总制动力 B 与踏板力 F_F 的比值 $i_{ko} = \dfrac{S_F}{2\lambda} K_{ec} \dfrac{R}{R_k} \eta_A$。

德同 Teves 公司提供上述参数的经验数据如表7-4所示。根据上面公式当总制动力 B 及踏板力 F_F 确定后，利用这些数据则可求出助力器助力比。

表7-4 部分参数的经验数据

参　数	盘式制动器	简单鼓式制动器
S_F/mm	$120 \sim 160$	$120 \sim 160$
λ/mm	$0.65 \sim 0.70$	$2.2 \sim 2.6$
K_{ec}	$0.68 \sim 0.76$	$2.0 \sim 2.4$
$\dfrac{R}{R_k}$	$0.32 \sim 0.36$	$0.34 \sim 0.40$
η_A	$0.72 \sim 0.76$	$0.70 \sim 0.74$
i_{kn}	$18^{+7.5}_{-5.5}$	17^{+7}_{-6}

真空助力器助力比 i_z 的典型值范围一般为 $2.5 \sim 8.0$，它能保证安全减速的汽车最大质量和真空助力比成线性关系。设计时必须考虑如果助力比 i_z 太大，能出现真空度失控现象，减速度的明显降低将是无法接受的。表7-5列出部分真空助力器的直径规格与助力比参数。

表7-5 部分真空助力器的参数

型　号	直径/mm	行程/mm	助力比	安装尺寸/mm
天津夏利	150	32	3.1	80×60
CA1046	225	33	4.0	80×60
CA7220	225	38	3.4	72×72
标致505	225	36	3.9	86×86
JBC1040	150	30	2.6	80×60

③ 真空助力器直径的确定。忽略弹簧阻力及效率系数，真空助力器助力值与制动主缸的受力关系如下

$$\pi D_M^2 P_0 = p_{max} \pi d_0^2 \frac{i_z - 1}{i_z}$$

则

$$D_M^2 = \frac{p_{max} d_0^2 (i_z - 1)}{P_0 i_z} \tag{7-23}$$

式中，P_{max} 是设定最大助力点的主缸液压（MPa）；P_0 是膜片的前后压力差（MPa）；D_M 是真空助力器膜片直径（mm）。

为了充分利用真空助力器的伺服助力作用，选择真空助力器的直径应保证最大输出力等于或略大于汽车紧急制动所需要的主缸液压 P_{max} 确定的主缸活塞推力。另一种观点认为，考虑到制动强度 $q = 0.35$ 以下的制动次数占总制动次数的90%以上，为了在这样的制动强度范围内有足够大的助力作用，选择最大助力点对应的主缸推力应低于紧急制动需要的最大推力。

助力器的行程要保证略大于制动主缸的行程，保证制动主缸活塞到底而助力器膜片不碰到前壳体。

在确定助力器的直径、行程、伺服比，以及安装尺寸之后，即可进行结构设计。

4. 踏板机构设计

1）踏板机构的要求和结构形式。制动踏板通过杠杆传递驾驶员脚的踏力和行程到制动主缸。踏板机构设计应保证制动系正常操作。

设计制动踏板机构必须满足以下要求：

① 在驾驶员用最大踏力和强烈地紧急制动时必须保证踏板机构没有任何损坏和永久变形。

② 踏板机构不应有过大的摩擦和阻力。

③ 对制动主缸能提供适当的杠杆比。

④ 驾驶员、踏板机构、制动主缸和制动系统必须匹配，要有良好的操纵舒适性。

踏板机构大体上分吊挂式踏板和地板安装式踏板。吊挂式踏板已在大多数车型上采用，驾驶室有踏板支架，同时和转向柱常在同一构件上，具有驾驶室防撞击的功能。吊挂式踏板主要有以下布置形式（见图7-35、图7-36）。

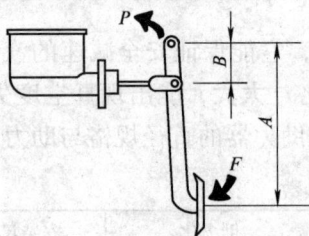

图7-35 推杆为与踏板力方向相同的踏板机构   图7-36 推杆力与踏板力方向相反的踏板机构

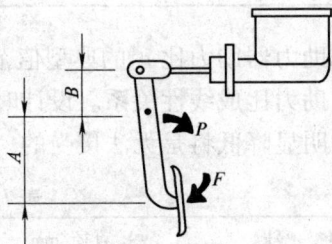

图7-35 所示是目前轿车应用最多的布置形式，贮液罐可以和主缸连接，安装维修最为方便。

图7-36 所示形式适用于平头货车和旅行车，主缸在仪表板下包容，接近性较差，为了添加制动液往往需要在仪表板上表面加一堵盖。当主缸带有真空助力器，长度较大不易直接布置时，可采用铰链轴进行方向转换布置，如图7-37 所示。当踏板杠杆比较小，又必须将制动主缸布置在较高位置时，可以用两级踏板摇臂，如图7-38 所示。

地板安装式踏板在一些重心较高的货车和旅游客车上采用。制动主缸设计在车身底板下面，如图7-39 所示。

2）踏板力、行程和踏板比的设计。制动过程控制是靠不断调整踏板力和踏板行程实现的。驾驶员通过敏感的身体感觉对道路行驶过程提出改变踏板力的控制，有经验驾驶员通过熟练的技术可以取得最短的制动距离和制动稳定性。

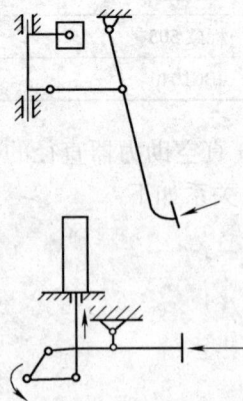

图7-37 横置布置主缸的踏板机构

液压制动踏板机构的设计受驾驶员能发挥的踏板力影响，这取决于人体的因素。考虑到女性和身体较弱的驾驶员，设计选取200～250N 的踏板力产生1.0g 的减速度是合适的； 对

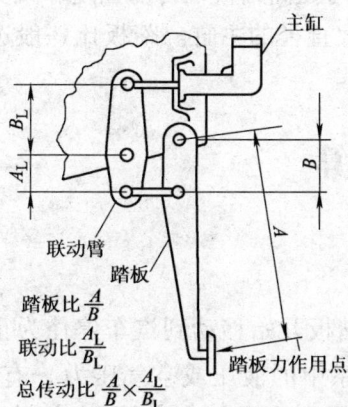

图 7-38 两级摇臂的踏板机构

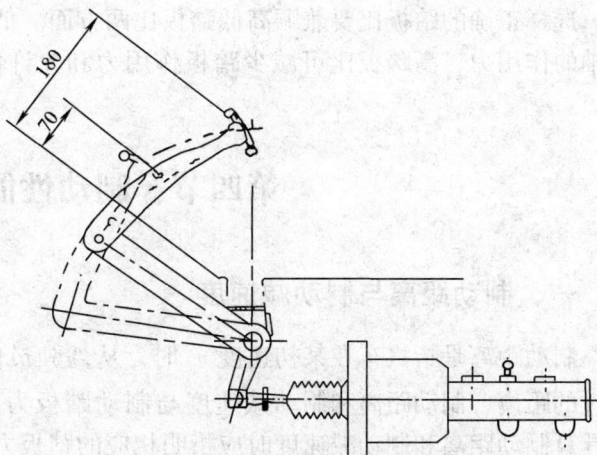

图 7-39 地板下安装制动踏板结构

于大型载货汽车允许设计更大的踏板力，$300 \sim 450N$ 踏板力产生 $0.6g$ 减速度基本合理。采用伺服制动或动力制动踏板力也不宜设计过小，这样使驾驶员失去踏板感而难以控制制动强度。

踏板全行程是安全和舒适的界限，受人体工程学的限制，它应在人腿的合理活动范围之内。踏板最大行程一般轿车为 $100 \sim 150mm$，货车为 $150 \sim 200mm$。

踏板比即为主缸或助力器推杆力与制动踏板力之比。制动时在主缸和助力器需要的推杆力比驾驶员施加在踏板上的力要高许多，因此踏板必须用杠杆以提高作用力。实际上踏板比可直接用力的作用线和杠杆尺寸求出，踏板比为铰链到踏板力的作用线的垂直距离 A 与铰链轴到推杆力的作用线的垂直距离 B 之比。如图 7-40 所示。

如果踏板有两个杠杆传递机构（参见图 7-38），则踏板比应为两个比率的乘积。

注意踏板比在踏板的不同位置是变化的，它不是一个固定的数值。设计时可以在几个不同的位置计算踏板比，画出不同位置的踏板比变化曲线，如图 7-41 所示。图中实线的踏板比变化说明几何尺寸设计良好，虚线表示踏板比的变化则不理想。

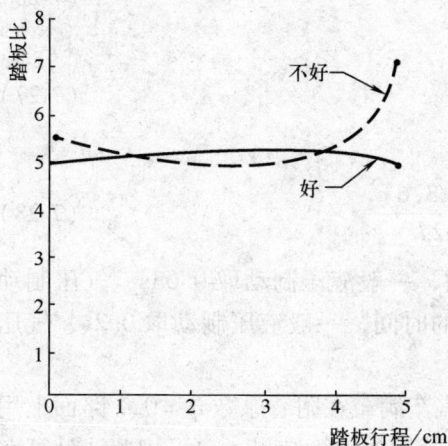

图 7-40 踏板比的计算图

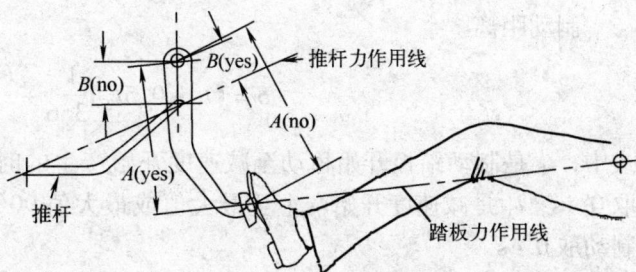

图 7-41 踏板比变化曲线

选择正确的踏板比要兼顾高低踏板比两方面。低踏板比可提高踏板杠杆的强度和减少铰链轴的作用力，高踏板比可减少踏板作用力和允许使用较大直径的主缸。踏板比一般选择 $2 \sim 5$。

第四节 制动性能的计算

一、制动距离与制动减速度

制动距离是指汽车在某初速度 v_a 时，从驾驶员使制动踏板开始移动到汽车停住为止所驶过的距离，制动距离和制动减速度与制动踏板力（制动系中的液压或空气压力）有关。故计算制动距离和制动减速度时应指明相应的踏板力或制动系中的压力。制动距离和制动减速度与路面的种类、状况（干燥或潮湿、清洁或有污泥）有关，技术文件中给出的制动距离或制动减速度都是平坦、良好、干燥、清洁的路面上的数值。制动距离和制动减速度与制动器的热状况有关系，若无特殊说明，一般制动距离和减速度是指制动器在冷状态（温度在100℃以下）的数值。

当不计入滚动阻力和回转质量的影响时，制动减速度（m/s²）。

$$J = \frac{P_T}{W} g \tag{7-24}$$

式中，P_T 是有效的总制动力（N）；W 是汽车总重（N）；g 是重力加速度，为 9.81m/s^2。

当前、后制动力矩均小于前、后附着力距，即 $M_1 < M_f$ 和 $M_2 < M_r$ 时

$$P_T = (M_1 + M_2)/r_k$$

式中，r_k 是车轮滚动半径（m）。

当 $M_1 \geqslant M_f$ 和 $M_2 < M_r$ 时

$$P_T = (M_f + M_2)/r_k \tag{7-25}$$

当 $M_1 < M_f$ 和 $M_2 \geqslant M_r$ 时

$$P_T = (M_1 + M_r)/r_k \tag{7-26}$$

当 $M_1 \geqslant M_f$ 和 $M_2 \geqslant M_r$ 时

$$P_T = (M_f + M_r)/r_k \tag{7-27}$$

制动距离

$$S = (t_1 + 0.5t_2)\frac{V_a}{3.6} + \frac{(V_a/3.6)^2}{2J} \tag{7-28}$$

式中，t_1 是制动踏板开始移动至减速度开始产生的时间，一般液压制动取 0.05s，气压制动取 0.1s；t_2 是减速度开始产生至最大值或最大值 90% 的时间，一般液压制动取 0.2s，气压制动取 0.4s。

在图 7-42 中列出了用上述方法计算的某中型载货汽车满载在附着系数 $\phi = 0.7$ 路面上用各种不同制动气压进行紧急制动时，制动距离和制动减速度的计算结果。也可用此法计算空载时的制动距离和制动减速度。

用上述方法计算时，先计算出在某种特定路面上（如在干燥、清洁的沥清路面，$\phi = 0.7$）时的前轮两轮和后轮两轮的附着力矩 M_f 和 M_r；再计算出在各种踏板力（制动系中的液压或气压）下的前轴两轮和后轴两轮的制动力矩 M_1 和 M_2，比较 M_f 与 M_1、M_r 与 M_2 的大小，计算出有效的总制动力 P_T，最后计算出相应的制动减速度和制动距离。

至目前为止，在技术文件中给出的制动距离和制动减速度均是车轮允许抱死下的数值，但先进国家检测制动距离和制动减速度时，是在不允许有车轮抱死，同时不允许跑出 3.7m 通道的前提下检测的，我国的强制性国家标准（汽车制动系结构、性能和试验方法）中也有相同的规定。所以，在图 7-42 的计算结果中，既可得到在额定制动压力（该车为 637kPa）下，前后轮均已抱死下的制动距离和制动减速度，又可得到前后轮均不允许抱死时的制动距离和制动减速度。按额定制动气压，车轮允许抱死时的最大制动减速度为 $0.7g$，50km/h 初速度下制动距离为 18.2m，30km/h 初速度下制动距离为 7.6m；按车轮不允许抱死时的最大制动减速度为 $0.67g$，50km/h 时为 19m，30km/h 时为 8m。

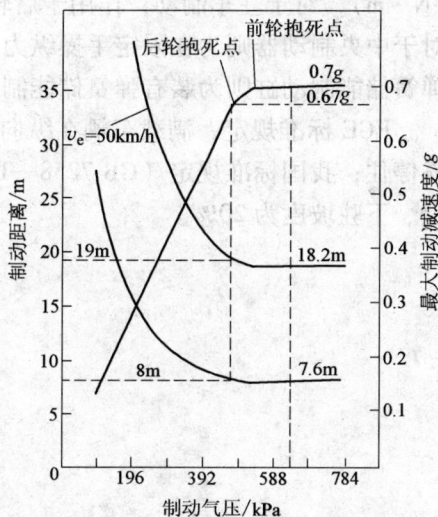

图 7-42 某中型货车制动性能计算结果

二、同步附着系数

汽车制动时的转向稳定性最终结果只能在试验检测时确定。设计时，欧洲常用前、后轴的附着系数利用曲线是否在限定范围内来评价。我国则把同步附着系数作为汽车制动系设计时评价制动时转向稳定性的一个重要参数，这样虽有一定局限性，但对于具有固定前后制动力分配比或装用具有辐射特性感载阀的汽车来讲，仍是一种简捷的方法。

同步附着系数

$$\phi_0 = \frac{a\dfrac{M_f}{M_r} - b}{h_g\left(1 + \dfrac{M_f}{M_r}\right)} \tag{7-29}$$

式中，a 是汽车重心至前轴的距离（mm）；b 是汽车重心至后轴的距离（mm）；h_g 是汽车重心高度（mm）；M_f/M_r 是前后制动力或制动力矩之比。

上式汽车空载和满载时同样适用，但空载时一般用 ϕ_0' 来表示。

根据目前的我国道路等情况，ϕ_0 和 ϕ_0' 的推荐值为：轿车取 $0.65 \sim 0.80$；轻型客车、轻型货车取 $0.55 \sim 0.70$；大型客车及中重型货车取 $0.4 \sim 0.65$。

三、最大驻坡度

最大驻坡度

$$\alpha = \arcsin\frac{M}{Wr_k} \tag{7-30}$$

式中，W 是汽车满载总重（N）；r_k 是车轮滚动半径（m）；M 是后轴总的手制动力矩（N·m），对于驻车制动，作用于后轮的车辆为在限定的手操纵力下后轴两轮的制动力矩；对于中央制动器则为在限定手操纵力下中央制动器的制动力矩乘上后驱动桥的主传动比；对弹簧储能制动缸则为装有弹簧储能制动缸的车轮制动器在其弹簧力作用下的制动力矩之和。

ECE 标准规定，满载车辆在纵向坡度为 18% 的坡道上，在上坡和下坡两个方向均能可靠停住；我国标准规定（GB 7258—1997），在附着系数不小于 0.7 的坡道上，空载车辆的上、下驻坡度为 20%。

附录　课程设计题目

题目一　载货汽车汽车动力总成匹配与总体设计

1. 整车性能参数

设计一辆用于长途运输固体物料或集装箱、载重质量为 20t 的重型载货汽车。

整车尺寸（长×宽×高）　　　11976mm×2065mm×3390mm

轴数 4　轴距　　　　　　　　（5750+1350）mm

额定载质量　　　　　　　　　20000kg

整备质量　　　　　　　　　　12000kg

公路行驶最高车速　　　　　　90km

最大爬坡度　　　　　　　　　≥30%

2. 具体设计任务

1）查阅相关资料，根据设计题目中的具体特点，进行发动机、离合器、变速箱传动轴驱动桥以及车轮的选型。

2）根据所选总成进行汽车动力性、经济性的估算，实现整车的优化匹配。

3）绘制设计车辆的总体布置图。

4）完成至少 1 万字的设计说明书。

题目二　轿车离合器设计

1. 整车性能参数

驱动形式　4×2 前轮

轴距　2471mm

轮距前/后　1429/1422mm

整备质量　1060kg

最高车速　180km/h

最大爬坡度　35%

最小转向直径　11m

最大功率/转速　74/5800kW/rpm

最大转矩/转速　150/4000N·m/rpm

轮胎型号　185/60R14T

手动 5 挡

2. 具体设计任务

1）广泛查阅离合器资料，根据使用条件，确定离合器的结构，进行膜片弹簧离合器的总体结构设计。

2）确定膜片弹簧的结构参数，对压盘、摩擦盘和离合器壳体的结构、参数及材料进行选择，对主要零部件进行强度计算。

3）绘制所有零件图和装配图。

4）完成6千字的设计说明书。

题目三　轿车后轮制动器设计

1. 整车性能参数

驱动形式　4×2 前轮

轴距　2471mm

轮距前/后　1429/1422mm

整备质量　1060kg

空载时前轴分配负荷　60%

最高车速　180km/h

最大爬坡度　35%

制动距离（初速30km/h）　5.6m

最小转向直径　11m

最大功率/转速　74/5800kW/rpm

最大转矩/转速　150/4000N·m/rpm

轮胎型号　185/60R14T

手动5挡

2. 具体设计任务

1）查阅汽车制动的相关资料，根据后轮的制动要求，确定后轮鼓式制动器的结构。

2）在 $\varphi=0.7$ 的路面上制动时，计算地面制动力、制动器制动力，制动力矩等。

2）设计制动操纵机构（包括驻车制动操纵机构），对制动主缸、制动轮缸进行选型，绘制液压管路图等。

3）绘制所有零件图和装配图。

4）完成6千字的设计说明书。

题目四　轿车前悬架设计

1. 整车性能参数

驱动形式　4×2 前轮

轴距　2471mm

轮距前/后　1429/1422mm

整备质量　1060kg

空载时前轴分配负荷60%

最高车速　180km/h

最大爬坡度 35%

制动距离（初速 30km/h） 5.6m

最小转向直径 11m

最大功率/转速 74/5800kW/rpm

最大转矩/转速 150/4000N·m/rpm

轮胎型号 185/60R14T

手动 5 挡

2. 具体设计任务

1）查阅汽车悬架的相关资料，确定捷达轿车前悬架的结构尺寸参数。

2）确定车辆的纵倾中心，计算悬架摆臂的定位角，对导向机构进行受力分析。

3）设计减振弹簧，选定减振器。

4）根据设计参数对主要零部件进行设计与强度计算。

5）绘制所有零件图、二维装配图、三维装配图。

6）完成 8 千字的设计说明书。

题目五 轻型货车驱动桥设计

1. 整车性能参数

驱动形式 6×2 后轮

轴距 3800mm

轮距前/后 1750/1586mm

整备质量 4310kg

额定载质量 5000kg

空载时前轴分配负荷 45%，满载时前轴分配负荷 26%

前悬/后悬 1270/1915mm

最高车速 110km/h

最大爬坡度 35%

长、宽、高 6985、2330、2350mm

发动机型号 YC4E140—20

最大功率 99.36kW/3000rpm

最大转矩 380N·m/1200~1400rpm

变速器传动比 7.7 4.1 2.34 1.51 0.81

倒档 8.72

轮胎规格 9.00—20

离地间隙 >280mm

2. 具体设计任务

1）查阅相关资料，根据其发动机和变速箱的参数、汽车动力性的要求，确定驱动桥主减速器的减速形式，对驱动桥总体进行方案设计和结构设计。

2）校核满载时的驱动力，对汽车的动力性进行验算。

3）根据设计参数对主要零部件进行设计与强度计算。

4）绘制所有零件图和装配图。

5）完成6千字的设计说明书。

题目六　轿车转向系设计

1. 整车性能参数

驱动形式　4×2前轮

轴距　2471mm

轮距前/后　1429/1422mm

整备质量　1060kg

空载时前轴分配负荷60%

最高车速　180km/h

最大爬坡度　35%

制动距离（初速30km/h）　5.6m

最小转向直径　11m

最大功率/转速　74/5800kW/rpm

最大转矩/转速　150/4000N·m/rpm

手动5挡

2. 基本要求

1）汽车转弯行驶时，全部车轮应绕瞬时转向中心旋转。

2）操纵轻便，作用于转向盘上的转向力小于200N。

3）转向系的角传动比在15～20之间，正效率在60%以上，逆效率在50%以上。

4）转向灵敏。

5）转向器和转向传动机构中应有间隙调整机构。

6）转向系应有能使驾驶员免遭或减轻伤害的防伤装置。

3. 具体设计任务

1）查阅相关资料，选定转向器，对动力转向系统总体方案设计。

2）对液压式动力转向机构进行设计计算。

3）设计转向梯形机构。

4）绘制所有零件图和装配图。

5）完成6千字左右的设计说明书。

题目七　四驱车辆传动轴系统的设计

1. 整车性能参数

某型越野汽车传动线路如图3-19所示。

满载重量　　　　　　　　　$G = 18433N$

前轴载荷	$G_f = 8295\text{N}$
后轴载荷	$G_r = 10138\text{N}$
驱动桥传动比	$i_f = 4.11$；$i_r = 4.55$
满载重心高度	$h = 0.52\text{m}$
静态滚动半径	$R_{stat} = 0.296\text{m}$
动态滚动半径	$R_{dyn} = 0.301\text{m}$
轴距	$l = 2.576\text{m}$
发动机最大功率	$P_{emax} = 70\text{kW}/3800\text{rpm}$
发动机最大扭矩	$M_{emax} = 173\text{N}\cdot\text{m}/2200\text{rpm}$
分动箱速比	$i_{vmax} = 2.522$，$i_{vmin} = 1.095$
路面附着系数	$\mu = 0.85$
振动系数	$K_s = 1.2$
承载系数	$K_t = 1.33$

各挡匀速行驶时，发动机输出转矩为发动机最大转矩的 2/3

各挡的利用率 1~5 挡分别是 1%、6%、18%、30% 和 45%。

2. 基本要求

汽车传动轴系统至少应有 100000km 的寿命。

3. 具体设计任务

1) 汽车前轮驱动、后轮驱动和四轮驱动球式万向节和中央传动轴的设计。

2) 绘制传动轴的装配图和有零件图。

3) 完成 6 千字左右的设计说明书。

参 考 文 献

[1] 《汽车设计标准资料手册基础篇》编辑委员会. 汽车设计标准资料手册 [M]. 长春：吉林科学技术出版社，1992.

[2] 田其铸. 汽车设计手册（整车·底盘卷）. 长春汽车研究所，1998.

[3] 徐石安，江发潮. 汽车离合器设计 [M]. 北京：清华大学出版社，2005.

[4] 王望予. 汽车设计 [M]. 4 版. 北京：机械工业出版社，2004.

[5] 陈家瑞. 汽车构造 [M]. 3 版. 北京：机械工业出版社，2009.

[6] 刘惟信. 汽车设计 [M]. 北京：清华大学出版社，2003.

[7] 余志生. 汽车理论 [M]. 4 版. 北京：机械工业出版社，2004.

[8] F. Schmelz，Graf VonH. C. Sehear-Thoss，E. Aucktor. 万向节和传动轴 [M]. 伍德荣，肖生发，陶健民，等译. 北京：北京理工大学出版社，1997.

[9] 黄金陵. 汽车车身设计 [M]. 北京：机械工业出版社，2007.

[10] 机械设计手册编委会. 机械设计手册（新版）[M]. 北京：机械工业出版社，2004.

[11] 中华人民共和国汽车行业标准委员会. QC/T25—2004 汽车干摩擦式离合器总成技术条件 [S]. 北京：中国标准出版社，2004.

[12] 中华人民共和国汽车行业标准委员会. QC/T29082—1992 汽车传动轴总成技术条件 [S]. 北京：中国标准出版社，1992.

[13] 中华人民共和国国家标准委员会. GB/T7258—2004 机动车运行安全技术条件 [S]. 北京：中国标准出版社，2004.

[14] 中华人民共和国汽车行业标准委员会. QC/T6—1992 汽车产品明细表编制规则 [S]. 北京：中国标准出版社，1992.